EDUCAÇÃO AMBIENTAL

perspectivas
para uma prática
integradora

Aline Lopes e Lima

inter
saberes

Conselho editorial
- Dr. Ivo José Both (presidente)
- Dr. Alexandre Coutinho Pagliarini
- Drª. Elena Godoy
- Dr. Neri dos Santos
- Dr. Ulf Gregor Baranow

Editora-chefe
- Lindsay Azambuja

Gerente editorial
- Ariadne Nunes Wenger

Assistente editorial
- Daniela Pereira Viroli Pinto

Preparação de originais
- Natasha Saboredo

Edição de texto
- Mycaelle Albuquerque Sales
- Palavra do Editor

Capa
- Iná Trigo (*design*)
- LedyX/Shutterstock (imagem)

Projeto gráfico
- Iná Trigo

Diagramação
- Maiane Gabriele de Araujo

Equipe de *design*
- Débora Gipiela
- Iná Trigo

Iconografia
- Regina Claudia Cruz Prestes

Rua Clara Vendramin, 58 | Mossunguê
CEP 81200-170 | Curitiba | PR | Brasil
Fone: (41) 2106-4170
www.intersaberes.com
editora@intersaberes.com

1ª edição, 2021.
Foi feito o depósito legal.
Informamos que é de inteira responsabilidade da autora a emissão de conceitos.
Nenhuma parte desta publicação poderá ser reproduzida por qualquer meio ou forma sem a prévia autorização da Editora InterSaberes.
A violação dos direitos autorais é crime estabelecido na Lei n. 9.610/1998 e punido pelo art. 184 do Código Penal.

Dados Internacionais de Catalogação na Publicação (CIP)
(Câmara Brasileira do Livro, SP, Brasil)

Lima, Aline Lopes e
  Educação ambiental: perspectivas para uma prática integradora/ Aline Lopes e Lima. Curitiba: Editora InterSaberes, 2021. (Série Biologia na Educação)

  Bibliografia.
  ISBN 978-65-5517-444-1

  1. Cidadania 2. Ecologia 3. Educação ambiental 4. Meio ambiente – Preservação 5. Política ambiental 6. Sustentabilidade I. Título II. Série.

21-78554   CDD-304.2

Índices para catálogo sistemático:
1. Educação ambiental   304.2

Cibele Maria Dias – Bibliotecária – CRB-8/9427

SUMÁRIO

6 Apresentação
11 Como aproveitar ao máximo este livro

Capítulo 1
17 **História da educação ambiental (EA)**
19 1.1 Definição de EA
39 1.2 Histórico da EA no mundo e no Brasil
47 1.3 Objetivos da EA
55 1.4 Concepções de meio ambiente

Capítulo 2
75 **Vertentes contemporâneas e políticas de educação ambiental (EA)**
77 2.1 Principais vertentes de EA
79 2.2 Correntes de EA criadas entre 1970 e 1980
85 2.3 Correntes de EA posteriores à década de 1990
98 2.4 Políticas de EA do final do século XX
112 2.5 Política Nacional de Educação Ambiental (Pnea)

Capítulo 3
133 **Educação ambiental (EA) em espaços urbanos, rurais e unidades de conservação (UCs)**
136 3.1 EA nas escolas de educação básica
147 3.2 EA nas universidades
154 3.3 EA em territórios indígenas

162 3.4 EA nas empresas
172 3.5 EA em unidades de conservação (UCs)

Capítulo 4
187 Relações disciplinares e interdisciplinares em educação ambiental (EA)
190 4.1 A disciplinaridade na EA
194 4.2 A interdisciplinaridade na EA
198 4.3 A transdisciplinaridade na EA
201 4.4 Perspectivas de EA nas escolas de educação básica

Capítulo 5
221 A humanidade e o mundo natural
225 5.1 O conceito de ambiente
230 5.2 Relações entre natureza, sociedade e cultura
254 5.3 Desenvolvimento sustentável
262 5.4 Questão ambiental no Brasil
271 5.5 Ética e cidadania em educação ambiental (EA)

Capítulo 6
296 Projetos de educação ambiental (EA)
300 6.1 Diagnóstico socioambiental
305 6.2 Roteiro para a elaboração de um projeto de EA
309 6.3 Elaboração de recursos didáticos para a EA
322 6.4 Desenvolvendo um projeto de EA
323 6.5 Avaliando projetos de EA

338 Considerações finais
341 Lista de siglas
348 Referências
374 Bibliografia comentada
378 Apêndice
396 Respostas
398 Sobre a autora

APRESENTAÇÃO

Quantos realmente se mobilizam pela causa ambiental? É lamentável, mas a pauta ambientalista, infelizmente, não causa tanta comoção, de modo que acaba tendo pouca importância para o público em geral. A preocupação e o debate, muitas vezes, ficam restritos a cientistas, especialistas e pequenos grupos engajados na causa. Isso porque a humanidade, embora seja semeadora e protetora da vida na Terra, ainda não tem plena consciência de seu papel com relação ao meio ambiente, visto que as pessoas pouco se informam sobre as relações de causa e efeito de suas ações individuais e coletivas. A pandemia de covid-19, por exemplo, que marcou o início da década de 2020, evidenciou essa ruptura e ampliou as reflexões nesse sentido. Por isso, a cada dia que passa, reconhecemos mais a urgência e a importância da educação ambiental (EA), cujos processos de desenvolvimento e prática buscam reposicionar a humanidade em benefício de todos os seres vivos mediante a manutenção e a melhoria da qualidade ambiental.

De modo geral, toda ação em EA e nas áreas dos campos ambiental e socioambiental visa entender o desenvolvimento humano e integrá-lo à manutenção e à conservação da qualidade dos ecossistemas. Por essa razão, grande parte dessas áreas se dedica aos ecossistemas naturais originários – onde remanesce a parte principal da biodiversidade e os quais asseguram a continuidade da prestação dos serviços ecossistêmicos (SE) mais essenciais, como a produção de água, a purificação do ar e a recomposição dos solos. Essa biodiversidade abrange a manutenção das espécies e de ecossistemas especialmente originários, autóctones e nativos dos territórios, considerando-se a diversidade genética das populações e as áreas necessárias de ocorrência e propagação natural, conforme a concepção da Convenção sobre Diversidade Biológica (CBD, 2014).

Observamos que as ações educativas, ligadas ou não a programas de ensino formal, permeiam toda e qualquer prática efetiva de gestão de preservação e conservação do meio ambiente. A sensibilização que a EA promove favorece ações de longo prazo que, de fato, buscam recuperar ou manter a qualidade ambiental e, consequentemente, a biodiversidade e os ecossistemas. Dessa forma, a EA pode ser encarada como um campo estratégico e fundamental, em termos teóricos e práticos, no âmbito de qualquer plano de gestão que vise à sustentabilidade e à conservação da natureza. Por isso, a proposta desta obra é analisar e discutir temas fundamentais da EA, a fim de potencializar os atributos humanos, construindo novas competências para a conservação da natureza.

O mundo precisa de pessoas engajadas em encontrar meios para restaurar a conexão humanidade-natureza. Para tanto, é crucial que mais indivíduos reconheçam a relevância da EA diante das consequências do modelo vigente de intensa exploração da natureza, que vem sendo continuamente intensificado desde o século XIX. Dessa maneira, o objetivo central desta obra é, mediante a apresentação dos conceitos basilares da área, contribuir para a promoção de ações práticas que permitam um desenvolvimento humano integrado ao meio ambiente, de modo a garantir a conservação da biodiversidade e dos ecossistemas naturais.

O conteúdo enfocado aqui é pertinente a diversas áreas de formação, especialmente aos cursos de Ciências Biológicas, Pedagogia, Técnico em Meio Ambiente e Gestão Ambiental, visto que contempla novas perspectivas e possibilidades de atuação. Nesse sentido, buscamos estimulá-lo, leitor, a encontrar ferramentas que favoreçam uma atuação diferenciada e integradora em sua área. Para isso, a princípio, contextualizamos a EA conceitual e historicamente.

No Capítulo 1, apresentamos a história e os marcos temporais da construção da EA no Brasil e no mundo, a fim de evidenciar a diversidade de definições e objetivos considerados nesse campo. O conjunto de perspectivas e arcabouços teóricos e práticos dessa área é vasto, de modo que você, leitor, pode optar pelas melhores estruturas para o desenvolvimento de práticas integradoras. Assim, pode delinear seu próprio trajeto na EA, tendo em vista as concepções mais alinhadas a seus propósitos.

No Capítulo 2, aprofundamos a análise dos arcabouços teóricos construídos por pesquisadores pertencentes a vertentes contemporâneas e políticas de EA, distinguindo, posteriormente, as principais correntes da área desde a década de 1970. Além disso, versamos sobre as políticas de EA implementadas no final do século XX, como o Tratado do Meio Ambiente para Sociedades Sustentáveis, a Agenda 21, a Convenção da Diversidade Biológica (CDB) e a Carta da Terra.

No Capítulo 3, abordamos as referências de EA em espaços urbanos, rurais e unidades de conservação (UCs), considerando, portanto, as principais esferas existentes para sua atuação profissional. Já no Capítulo 4, demonstramos que, mesmo em interações disciplinares, a sinergia em EA é ainda mais potente em abordagens reconhecidamente inter e transdisciplinares.

No Capítulo 5, esclarecemos o que é, de fato, o meio ambiente, bem como as relações que se estabelecem entre natureza, sociedade e cultura. Ademais, explicamos como as referências do desenvolvimento sustentável e da ética podem orientar sua atuação profissional, tendo em vista a resolução dos principais problemas e desafios deste século, como as mudanças climáticas (MCs), a perda avassaladora da biodiversidade e a ruptura dos limiares planetários de segurança.

Por fim, no Capítulo 6, ensinamos a você, leitor, como estruturar um projeto de EA, desde a fase de diagnóstico socioambiental até o uso de um roteiro de base para realizar e, posteriormente, avaliar sua intervenção. Se você já atua em projetos ou na análise de ações, encontrará nesse capítulo uma referência adicional para aprimorar seu trabalho e o de outras equipes profissionais; afinal, é necessário implementar boas iniciativas coletivas para efetivar os objetivos da EA.

As perspectivas aqui exploradas favorecem a atuação e a comunicação na rede coletiva de educadores, pesquisadores e gestores tanto no Brasil quanto no exterior. Procuramos articular conceitos de arcabouços teóricos que, em parte, se desenvolvem de modo paralelo aos coletivos de atuação específica em EA. Além disso, pretendemos fomentar a busca por abordagens inter ou transdisciplinares e a integração de diferentes sistemas de conhecimento, mesmo em circunstâncias limitadoras, indo além do que é atualmente preconizado nas políticas de EA no Brasil (Brasil, 2012c, 2018). Ao se compreender o percurso já trilhado por outros profissionais, pode-se "pegar um atalho" e ultrapassar mais rapidamente as dificuldades comuns já vivenciadas, de forma a adotar estratégias mais adequadas para cada contexto.

Assim, nesta obra, apresentamos uma síntese dos estudos e levantamentos em EA, com o fito de estimular, leitor, seu interesse e seu desenvolvimento para atuar nessa área. Esperamos que, a partir desta leitura e do diálogo com seus professores, você possa aperfeiçoar abordagens, meios, atividades e recursos relevantes para seu trabalho.

Boa leitura.

‘ COMO APROVEITAR AO MÁXIMO ESTE LIVRO

Empregamos nesta obra recursos que visam enriquecer seu aprendizado, facilitar a compreensão dos conteúdos e tornar a leitura mais dinâmica. Conheça a seguir cada uma dessas ferramentas e saiba como estão distribuídas no decorrer deste livro para bem aproveitá-las.

‘ Introdução do capítulo

Logo na abertura do capítulo, informamos os temas de estudo e os objetivos de aprendizagem que serão nele abrangidos, fazendo considerações preliminares sobre as temáticas em foco.

> **Importante!**
>
> Algumas das informações centrais para a compreensão da obra aparecem nesta seção. Aproveite para refletir sobre os conteúdos apresentados.

> **Preste atenção!**
>
> Apresentamos informações complementares a respeito do assunto que está sendo tratado.

❛ **Perguntas & respostas**

Nesta seção, respondemos a dúvidas frequentes relacionadas aos conteúdos do capítulo.

❛ **Consultando a legislação**

Listamos e comentamos nesta seção os documentos legais que fundamentam a área de conhecimento, o campo profissional ou os temas tratados no capítulo para você consultar a legislação e se atualizar.

Para refletir

Aqui propomos reflexões que estimulam o aprofundamento de sua análise sobre os temas abordados.

Síntese

Ao final de cada capítulo, relacionamos as principais informações nele abordadas a fim de que você avalie as conclusões a que chegou, confirmando-as ou redefinindo-as.

Indicações culturais

Para ampliar seu repertório, indicamos conteúdos de diferentes naturezas que ensejam a reflexão sobre os assuntos estudados e contribuem para seu processo de aprendizagem.

Atividades de autoavaliação

Apresentamos estas questões objetivas para que você verifique o grau de assimilação dos conceitos examinados, motivando-se a progredir em seus estudos.

Atividades de aprendizagem

Aqui apresentamos questões que aproximam conhecimentos teóricos e práticos a fim de que você analise criticamente determinado assunto.

Bibliografia comentada

Nesta seção, comentamos algumas obras de referência para o estudo dos temas examinados ao longo do livro.

CAPÍTULO 1

HISTÓRIA DA EDUCAÇÃO AMBIENTAL (EA),

Quando beber água, lembre-se da fonte.

Provérbio chinês

Educação ambiental (EA), *educação sobre o meio ambiente, formação em meio ambiente, educação ecológica, educação para o desenvolvimento sustentável, ecopedagogia, ecoeducação* e *alfabetização ecológica* são algumas das denominações associadas às abordagens que englobam, de forma ampla, campos teóricos e práticos relacionados à formação do ser humano no que se refere ao complexo biológico, ecológico e ambiental. A diversidade de designações e conceitos revela a multiplicidade de entendimentos que compõem esse campo com relação à atuação profissional e à participação de cada um dos atores sociais envolvidos.

A EA popularizou-se pela soma de esforços multi-institucionais ligados direta ou indiretamente aos mais variados arcabouços e concepções. Trata-se de uma área de caráter abrangente, capaz de incluir dimensões comuns a toda essa diversidade terminológica e conceitual, fruto do trabalho árduo e sério de muitos pesquisadores e profissionais.

Por isso, neste capítulo, esclareceremos o que é a EA e quais são seus objetivos, tendo em vista seus diferentes arcabouços e momentos históricos. Para isso, apresentaremos um compilado com os principais atores da EA. Cabe informar que no Apêndice há uma linha do tempo que reúne os principais marcos da EA nos níveis nacional e internacional, considerando-se o contexto socioecológico, as organizações envolvidas, os eventos sobre meio ambiente e os documentos e acordos estabelecidos.

1.1 Definição de EA

Em que consiste, de fato, a EA? Antes de apresentar uma resposta "fechada" – algo impossível para essa temática –, reflita sobre esse conceito com base em suas experiências.

 Para refletir

Anote o resultado da reflexão anterior para compará-lo a diferentes momentos de seu processo de construção conceitual. Esse exercício inicial possibilitará que, mais adiante, você consiga elencar os fatores que modificaram sua compreensão sobre as possibilidades teóricas e práticas com relação à EA.

Feito o exercício proposto, primeiramente, gostaríamos de salientar que o conceito de EA é bastante abrangente, visto que há várias escolas teóricas formais que investigam o tema. Por isso, seria cansativo listar todas as fontes bibliográficas ou institucionais que expressam uma definição importante de EA.

Para facilitar a compreensão desse conceito, apresentaremos definições amplas de autores e organizações que lideram o desenvolvimento da EA nos níveis nacional e internacional, tendo em vista três principais momentos históricos: (1) primeira fase – do final do século XIX ao início do século XX; (2) fase de institucionalização – da década de 1970 aos anos 2000; e (3) fase adaptativa – século XXI.

De forma geral, essas definições externam perspectivas que contemplam a diversidade e as especificidades locais e regionais dos subsistemas sociais e ambientais. Assim, examinando-as, pode-se chegar a um entendimento convergente entre elas.

Essa abordagem possibilita o estudo de conteúdos e escolas com concepções apropriadas e integradoras, de acordo com as necessidades e concepções dos atores sociais envolvidos com determinado ambiente. Afinal, a EA engloba conceitos, processos e práticas dinâmicos, em constante modificação, adequação e construção.

1.1.1 Primórdios do conceito de EA: final do século XIX ao início do século XX

Especula-se que, desde os primórdios, há instruções práticas "educativas" concernentes ao meio ambiente, visto que a degradação ambiental não é algo recente. Estas eram passadas de geração em geração de forma integrada à diversidade cultural dos povos. Encontram-se normas de conduta sobre as relações ecológicas e ambientais em textos antigos ligados à filosofia e às religiões. De acordo com Palmer (2006), entre os primeiros ambientalistas que tiveram suas ações registradas, podemos destacar: Sidarta Gautama (Buda – século V a.C.); Chuang Tzu (século IV a.C.); Aristóteles (384-322 a.C.); Virgílio (70-19 a.C.); São Francisco de Assis (ca. 1181-1226); Wang Yang-Ming (1472-1528); Michel de Montaigne (1533-1592); Baruch Espinosa (1632-1677); Bashô (1644-1694); e Jean-Jacques Rousseau (1712-1778). Infelizmente, esses séculos de produção não foram suficientes para evitar a poluição e a extinção de uma enorme diversidade de espécies.

Você pode estar se perguntando: As regulamentações para o uso e o controle dos recursos e ecossistemas naturais podem ser consideradas meios ou instrumentos de EA? Definitivamente, essa é uma dúvida plausível e de difícil resolução por vários motivos. Na prática, podem ser instrumentos que ordenam e, de certa forma, são educativos, mas não no campo subjetivo emancipatório dos agentes sociais participantes – o que está na base das definições de EA. Como, então, esses mecanismos podem ser de EA? Quais são seus objetivos? Por quem essas primeiras regras formais e informais foram estabelecidas? Se a EA surgiu com as primeiras regras sobre os recursos e o meio ambiente, ela é proveniente das primeiras **instituições sociais**, ou seja, advém do conjunto de práticas formais (regulamentos, normas, leis e entidades organizacionais) e informais (regras de comportamento, convenções, códigos de conduta, mitos e tabus) que estruturam as relações humanas (North, 1991). Contudo, a própria EA nos instrui a explorar mais essa questão.

Patrick Geddes, o fundador da educação ambiental

Patrick Geddes (1854-1932) é considerado o fundador da EA. Seu símbolo pessoal são três pombinhas com ramos nos bicos que, além de representarem a paz, referem-se a três "Ss": **s**impatia, **s**íntese e **s**inergia. Simpatia pelas pessoas e ambientes afetados por quaisquer ações humanas; síntese de todos os fatores relevantes para o caso; e sinergia como ação cooperativa integrada de todos os envolvidos para alcançar o melhor resultado (Kitchen, 1975, citado por Ballater Geddes Project, 2004).

Segundo o Ballater Geddes Project 2004, Geddes nasceu em Perth, na Escócia, em 2 de outubro de 1854. Estudou Botânica na Universidade de Edimburgo e tornou-se aluno de T. H. Huxley. Atuou como biólogo, ecologista, sociólogo, urbanista, educador e "guerreiro da paz".

Começou a trabalhar antes dos 20 anos na University College London, onde conheceu Charles Darwin (1809-1882) e Alfred Russel Wallace (1823-1913). Deixou as pesquisas em laboratório depois de perder a visão em um processo de adoecimento repentino e passou a dedicar-se ao desenvolvimento de técnicas de pensamento abstratas, inclinando-se às ciências sociais para estudar a vida sob um ângulo diferente. Sua visão foi gradualmente retornando, o que permitiu que pudesse trabalhar em botânica, ainda que durante poucas horas por dia.

Morou com sua esposa, Anna Morton, na periferia de Edimburgo, onde começou a elaborar seus conceitos em teoria social de vizinhança e comunidade (*neighbourhood and community*). Com base nos esboços de Ramsay Gardens, ele implementou a moradia estudantil universitária. Em 1892, fundou o Museu Outlook Tower, considerado o primeiro laboratório sociológico do mundo – local apontado como a chave dos trabalhos de planejamento regional de Geddes. Atualmente, essa é a maior atração turística da cidade e ficou conhecida como *Câmera Obscura* e *Mundo de Ilusões*.

Com uma carga de trabalho reduzida na University of Dundee, Geddes dedicou seu tempo ao estudo do funcionamento social das vilas e cidades, tornando-se uma referência no urbanismo, inclusive em nível nacional. Realizou exibições e implementações também em outros países, como na Índia, o que permitiu seu encontro com Mahatma Gandhi (1869-1948) e Rabindranath Tagore (1861-1941).

Seu mantra "Diagnóstico antes do tratamento" ressoou no campo social em virtude de sua formação como cientista, reverberando com mais influência na arquitetura do que na biologia. Estimulado por sua esposa, Geddes manteve seu interesse em artes (música, poesia, mística) e no progresso de comunidades, nutrindo sua saúde física e espiritual enquanto se tornava um cientista generalista, quando a tendência era o aumento da especialização em Ciências.

Devotou-se ao planejamento de vilas e cidades melhores para uma vida em harmonia, inspirando-se comumente em ideias medievais. Para ele, a maior necessidade humana era conhecer a vida como um todo. Geddes foi prestigiado com o título de cavaleiro por seus serviços prestados à educação.

Figura 1.1 – (A) Castelo Ramsay e (B) placa turística da passagem de Patrick Geddes na escadaria que conecta o Castelo de Edimburgo ao Grassmarket

 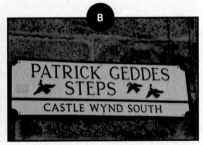

Enquanto Geddes assumia uma atuação de vanguarda, outras terras continuaram a ser devastadas mundo afora, especialmente nos territórios coloniais europeus na América, na Ásia e na África.

Em 1850, Dom Pedro II proibiu a exploração de madeira no Brasil; apesar disso, a destruição das florestas se seguiu e abriu espaço para a monocultura, como a de café para a exportação. Imagine o grau de insensibilidade associado a essas doses de café – chiques e estimulantes da intelectualidade e do empreendedorismo europeu, porém bem regados pela devastação das matas e por muito sangue humano.

A compreensão da finitude de alguns recursos para as densidades populacionais humanas em crescimento já assombrava a Europa desde o início do século XIX, tendo em vista os estudos do economista Thomas Robert Malthus (1766-1834), que analisou os censos populacionais e as publicações sobre o tema. Essa pesquisa também estimulou a publicação de outros ensaios e o progresso das ciências de maneira integrada às questões ambientais. Nesse século, avanços importantes ocorreram nas ciências naturais, tanto que propuseram o termo *ecologia* (derivado do grego *oikos*, que significa "casa") para designar os estudos das inter-relações complexas entre as espécies e sua circunvizinhança imediata ou seu ambiente, composto por elementos bióticos e abióticos, conforme proposto por Ernst Haeckel em 1869.

Foi nesse contexto que pensamentos como os de Geddes se destacaram, tendo em conta o entendimento de que a humanidade é capaz de transcender limites para o bem-estar amplo, não apenas de suas nações, de modo a incluir pautas de vanguarda em prol da paz, da justiça entre as pessoas e entre estas e o ambiente. Infelizmente, esse viés de atuação pouco mobilizou a coletividade para evitar os avanços destrutivos do meio ambiente pela humanidade e remanesceu em poucos intelectuais e pequenos grupos de vanguarda na Europa e nos Estados Unidos.

É muito relevante pesquisar a obra de pensadores e ambientalistas como William Wordsworth (1770-1850), John Clare (1793-1864), Henry David Thoreau (1817-1862), Karl Marx (1818-1983), John Ruskin (1819-1900), Frederick Law Olmsted (1822-1903),

John Muir (1838-1914), Anna Botsford Comstock (1854-1930) e Black Elk (1862-1950) para entender como eles contribuíram para a construção do que se entende por **ambientalismo**, área que deu origem à EA. Afinal, até meados do século XX, a concepção da EA estabelecida de forma direta e delimitada como um campo de conceitos e de atuação estava em seus estágios embrionários.

Ambientalismo

De acordo com a ecologia, trata-se do "conjunto de ideias, ideologia ou movimento em defesa da preservação do meio ambiente"; na política, refere-se ao "movimento político cujas principais preocupações são os efeitos da poluição ambiental e o consequente comprometimento da qualidade de vida; movimento ecológico" (Houaiss; Villar; Franco, 2009, p. 112).

A análise de processos ambientalistas, com ênfase nos cenários internacional e brasileiro e sua comparação, foi realizada por Acselrad (2010). Ela está relacionada aos movimentos sociais que lutam pela garantia de justiça ambiental, como abordado por diversos outros estudiosos das áreas de meio ambiente e sociedade.

1.1.2 Conceitos de EA institucionalizados entre as décadas de 1970 e 2000

O mundo mudou bastante nos últimos séculos: personalidades e ações marcantes despontaram, propiciando as bases do movimento ecológico e ambiental em múltiplos setores e níveis da sociedade. No início do século XX, os danos dos sistemas econômicos e industriais eram sentidos na Europa, com um atraso de meio século nos países subdesenvolvidos, sujeitos, muitas vezes, a outras formas (mais perversas) de exploração de seus recursos e ecossistemas naturais e do trabalho das pessoas e comunidades autóctones.

Foi necessário o acúmulo de inúmeros conflitos político-econômicos, a poluição de diversos componentes dos ecossistemas, a ocorrência de acidentes e catástrofes ambientais e a destruição ampla das fisionomias da vegetação natural e do meio ambiente para o surgimento de grupos de oposição a essas práticas. Estes constituíram o "movimento ambientalista" e a rede diversa que deu forma à "educação ambiental" em meados do século XX.

Os danos ecológicos e ambientais passaram a compor uma dimensão abrangente, impactando os sistemas hídricos e atmosféricos em nível transfronteiriço, com graves prejuízos aos componentes e fatores estruturantes e às relações dos ciclos biogeoquímicos em múltiplos níveis geográficos. Para o filósofo e professor Mauro Grün (1996), a crise ecológica reflete a ética ambiental da sociedade contemporânea. Por isso, é preciso promover uma educação direcionada ao meio ambiente, que destaque sua função ética e seu papel histórico.

A EA é o próprio reflexo do quanto a humanidade está desconectada, uma vez que revela de que maneira os campos do saber e as ações humanas encobriram as falhas no tratamento da esfera ambiental, indissociável de qualquer um que vive na Terra (Grün, 1996).

Comunidade humana

Grupo social dispondo de alguns valores e crenças compartilhadas e a expectativa de interações contínuas, podendo ser homogêneo ou heterogêneo. Uma comunidade pode ser delimitada geograficamente por meio de fronteiras políticas ou ligadas ao uso de determinados recursos, mesmo socialmente, em termos de uma comunidade de indivíduos compartilhando interesses comuns.

Fonte: Vieira; Berkes; Seixas, 2005, p. 408.

Em meados do século XX, já havia campos científicos integradores que, com o devido embasamento, explicavam as transformações em voga na época, estruturando e conferindo ferramentas para os **estudos e monitoramentos ambientais**. Os códigos florestais, eventos e delimitações de áreas para proteção ambiental já estavam sendo estabelecidos em escala global, mas não por uma espontaneidade e um ganho de consciência ecológica (com algumas exceções), e sim pela perda acelerada dos estoques de recursos, por ameaças diretas ao "progresso" e ao lucro de setores de influência e dos Estados e/ou por pressão de agentes influentes ou do mercado internacional.

Contudo, os danos ambientais só aumentaram, apesar das iniciativas pontuais. A entrada na segunda metade do século XX ficou marcada pela criação de órgãos voltados à conservação ambiental, com uma amplitude de conferências intergovernamentais e nacionais fundamentais para a institucionalização da EA (confira essa lista no Apêndice).

A **Conferência das Nações Unidas para o Meio Ambiente**, também chamada de *Conferência de Estocolmo*, realizada em junho de 1972, uniu chefes de Estado com o fito de estabelecer conceitos, princípios, recomendações e agendas prioritárias para o uso racional dos recursos e ecossistemas naturais, visando garantir a preservação e a qualidade de vida. Todavia, grande parte dos documentos desse período, que perdurou até o final do século XX, é verticalizada e instrui sobre "o comportamento a ser adotado".

 Preste atenção!

A tendência de estimular políticas ambientais por meio de uma orientação vertical, ou seja, "de cima para baixo", embora guie para posturas coletivamente mais adequadas, revela um ponto de vista centralizador e ainda pouco influente no que se refere ao questionamento e às ações efetivas para estancar o sistema capitalista, cujo cerne é o ganho econômico imediato e a qualquer custo.

Apesar da continuidade dos processos de degradação, a EA ganhou força institucionalmente também para resolver essas tendências destruidoras provenientes do modelo geopolítico capitalista. Além disso, como já ressaltamos, as estratégias da EA propõem, em grande parte, ações simples que podem ser executadas por qualquer pessoa ou organização, tendo em vista a disposição e as mínimas condições para o entendimento de situações-problema que exigem a elaboração e a implementação de ações que impactem, direta e indiretamente, desde o nível local até o global.

Na **Carta de Belgrado** (1975), a EA é concebida como um dos elementos fundamentais para enfrentar e, efetivamente, modificar as relações sociais concernentes ao meio ambiente, considerando-se uma nova ética e ordem mundial. A carta apresenta a estrutura global para a EA, determinando os objetivos da ação ambiental, área em que se insere a EA.

A EA deve ser contemplada pela educação formal e pela não formal, em prol de um "um novo conceito de desenvolvimento, que leve em consideração a satisfação das necessidades e os desejos de todos os habitantes da Terra, o pluralismo das sociedades e o equilíbrio e harmonia entre o homem e o ambiente" (Carta..., 1975, p. 1).

Em 1976, foi realizada a Conferência Sub-regional de Educação Ambiental para a Educação Secundária, ocorrida em Chosica, no Peru (citada por Magalhães; Borges; Souza, 2019, grifo nosso), a qual assim definiu a EA:

> Ação educativa permanente pela qual a comunidade educativa tem a tomada de consciência de sua realidade global, do tipo de relações que os homens estabelecem entre si e com a natureza, dos problemas derivados de ditas relações e suas causas profundas. Ela desenvolve, mediante uma prática que vincula o educando com a comunidade, **valores e atitudes que promovem um comportamento dirigido a [sic] transformação superadora dessa realidade**, tanto em seus aspectos naturais como sociais, desenvolvendo no educando as habilidades e atitudes necessárias para dita transformação.

O mais importante evento dessa época, por sua referência à formalização da EA em diversos países, foi a Conferência Intergovernamental de Tbilisi, em 1977 (citada por Portal Educação, 2021, grifo nosso):

A educação ambiental é um processo de reconhecimento de valores e clarificações de conceitos, objetivando o **desenvolvimento das habilidades e modificando as atitudes em relação ao meio**, para entender e apreciar as inter-relações entre os seres humanos, suas culturas e seus meios biofísicos. A educação ambiental também está relacionada com a prática das tomadas de decisões e a ética que conduzem para a melhora da qualidade de vida.

A partir do Congresso Internacional sobre Educação e Formação Relativas ao Meio Ambiente, realizado em Moscou, na Rússia, em 1987, a Organização das Nações Unidas para a Educação, a Ciência e a Cultura (Unesco) caracterizou a EA como "um processo permanente em que cada indivíduo e a comunidade desenvolvem uma consciência ambiental e adquirem conhecimentos, valores, habilidades, experiências e a determinação que os habilitará a agir – individual ou coletivamente – para solucionar problemas ambientais presentes e futuros" (Unesco, 1988, p. 6, tradução nossa).

Desde os anos 1970, a Unesco vem produzindo materiais e promovendo seminários regionais por todo o mundo, tendo tal grau de abrangência pela difusão em diferentes línguas (Reigota, 2009). Apesar de perdurar um caráter "comportamentalista" e "conservacionista" em suas ações institucionais, a Unesco, por meio do Programa das Nações Unidas para o Meio Ambiente (Pnuma), permanece dinâmica e influente em todo o globo, orientando macro e micropolíticas para a educação e o meio ambiente.

No Brasil, os trabalhos com definições de EA surgiram, ainda que informalmente, na década de 1960 e foram formalizados nas décadas de 1970 e 1980 mediante esforços de acadêmicos, de esferas do governo federal e da sociedade civil. Em 1994, Marcos Reigota, professor da Universidade de Sorocaba e membro da Associação Promissense de Proteção Ambiental Olho d'Água, publicou um dos primeiros materiais específicos sobre EA no Brasil, intitulado *O que é educação ambiental?* (Reigota, 2009). De acordo com o autor, a EA é uma perspectiva pedagógica e política capaz de unir profissionais latino-americanos, a despeito das divergências e da separação ou rompimento de concepções que seguiram na linha da educação do milênio, do século XXI ou do desenvolvimento sustentável, sobretudo nas instituições internacionais. Essas correntes apresentam-se como mais ou menos passíveis de desvinculação da ação política crítica e reflexiva sobre o sistema hegemônico que engrena a degradação ambiental e as desigualdades sociais.

Para Reigota (2009), manter-se na EA a partir de meados dos anos 2000 tornou-se uma questão de manutenção da trajetória percorrida por essa área, consolidada como um campo do saber e do agir participativo. Nesse campo, os envolvidos são sujeitos ativos, e não meros receptores, como o autor avalia ter ocorrido em parte do movimento e das organizações previamente envolvidos com a EA que discutiam as abordagens e as terminologias nas Conferências Internacionais da Unesco sobre Meio Ambiente e Sociedade, de 1997 em diante.

A EA é, como temos reiterado, diversa e entendida em consonância com a maneira como a educação e o meio ambiente são concebidos, tendo em vista um leque de correntes teóricas. Abraçando essa diversidade, Reigota (2009) mantém sua concepção de EA como educação política fundamentada no entendimento do meio ambiente, para além do meio natural, como "um lugar determinado e/ou percebido onde estão em relação dinâmica e em constante interação os aspectos naturais e sociais. Essas relações acarretam processos de criação cultural e tecnológica e processos históricos e políticos de transformações da natureza" (Reigota, 2009, p. 36).

Ainda de acordo com o autor, a EA não é uma disciplina, mas uma perspectiva pedagógica e política capaz de ampliar a participação política dos cidadãos para a construção de uma democracia na qual possam exercer sua voz e expressar-se livremente, a fim de solucionar problemas ambientais e assegurar condições dignas de vida a todos. Nessa perspectiva, a ética e o diálogo entre conhecimentos, gerações e culturas são obrigatórios, condição *sine qua non* nas relações econômicas, políticas, sociais e pessoais.

Como educação política, a EA se revela um processo analítico que considera prioritariamente "as relações políticas, econômicas, sociais e culturais entre a humanidade e a natureza e as relações entre os seres humanos, visando à superação dos mecanismos de controle e dominação que impedem a participação livre, consciente e democrática de todos" (Reigota, 2009, p. 13).

De modo simplificado, a EA orienta-se pela e para a comunidade, receptora e influenciadora direta de projetos econômicos e políticos. Para Reigota (2009), são as comunidades em interação interna e externa que devem definir os critérios, os problemas e as alternativas a serem discutidos, ao passo que a EA deve incentivar a participação cidadã para resolvê-los e buscar alternativas adequadas às realidades específicas cotidianas.

A formação direcionada à EA passa pelo aprofundamento e pela ampliação do entendimento das complexas relações sociais e ambientais e das bases teóricas e empíricas de pesquisas comprometidas e sérias (Reigota, 2009).

Diversos pensadores e pesquisadores divulgaram em publicações variadas entendimentos valiosos para o arcabouço da EA, dado que integram e valorizam a diversidade nos próprios fundamentos da definição da área: "A Educação Ambiental é uma complexa dimensão da educação, que pode ser caracterizada por uma **grande diversidade de teorias e práticas, originadas em função de diferentes concepções de educação, de meio ambiente, de desenvolvimento social e de EA**" (Sauvé, 1996, citada por Sauvé; Orellana, 2001, p. 274, grifo nosso).

> A educação ambiental como campo teórico em construção e como motivação para práticas cotidianas diversificadas é **apropriada de formas diferenciadas pelos grupos e pessoas que atuam na área e pela população em geral**. Uns dizem que não é necessário adjetivar "educação" se ela for compreendida em toda a sua abrangência e extensão; outros propõem especificar o "ambiental" com expressões do tipo: social, conservacionista, participativa, emancipatória, para a gestão, para o desenvolvimento sustentável, para a construção de sociedades sustentáveis, dentre outras, que vão sendo enunciadas, para caracterizar suas propostas e práticas. (Sorrentino, 2005, p. VII, grifo nosso)

A Lei n. 9.795, de 27 de abril de 1999 (Brasil, 1999), dispõe sobre a EA e institui a **Política Nacional de Educação Ambiental (Pnea)**:

> Art. 1º Entendem-se por educação ambiental os processos por meio dos quais o indivíduo e a coletividade constroem valores sociais, conhecimentos, habilidades, atitudes e competências

voltadas para a conservação do meio ambiente, bem de uso comum do povo, essencial à sadia qualidade de vida e sua sustentabilidade.

Art. 2º A educação ambiental é um componente essencial e permanente da educação nacional, devendo estar presente, de forma articulada, em todos os níveis e modalidades do processo educativo, em caráter formal e não formal.

Já no art. 2º das Diretrizes Curriculares Nacionais para a Educação Ambiental (Brasil, 2012c, p. 2), define-se o seguinte:

Art. 2º A Educação Ambiental é uma dimensão da educação, é atividade intencional da prática social, que deve imprimir ao desenvolvimento individual um caráter social em sua relação com a natureza e com os outros seres humanos, visando potencializar essa atividade humana com a finalidade de torná-la plena de prática social e de ética ambiental.

Como visto, há diversas definições de EA, o que indica a pluralidade desse campo de atuação. Sato e Carvalho (2005, p. 1), por exemplo, apresentam uma pequena crônica sobre alguém que "quer saber o que é EA e percebe que há várias tipologias no contexto das diversas correntes". Afirmam que se trata de um "processo de aprendizagem jamais concluído" (Sato; Carvalho, 2005, p. 12). Porém, ainda que plural, a EA não está isenta da análise crítica comum a qualquer campo científico e área do conhecimento. É importante e pertinente a desconstrução de "epifanias" relacionadas à EA mediante a análise reflexiva e crítica, como a empreendida por Grün (1996) e outros autores.

1.1.3 O conceito de EA e os desafios do século XXI

Desde o final de 1988, a EA tem recebido bastante atenção e se tornado foco de ações, encontros e eventos nacionais e internacionais, enraizando-se com maior significância (e significado) nos movimentos sociais, nas escolas, nos núcleos universitários, em segmentos de secretarias e em alguns ministérios do país. Para Reigota (2009), com o aumento desse interesse, cresceu também a necessidade de aprofundar as teorias sobre o tema e determinar sua relevância política e social:

> O claro posicionamento político de nossas atividades pedagógicas e de intervenção cidadã precisa estar pautado na difusão de noções de bem comum, responsabilidade, autonomia, liberdade, participação, solidariedade, ética e cidadania. Essas noções [...] precisam impregnar nosso cotidiano, nossas ações, nosso corpo, nossas práticas sociais e pedagógicas cotidianas. (Reigota, 2009, p. 86)

No final do século XX, as políticas em EA deram uma guinada para enfatizar a esfera econômica, inclusive se refletindo notavelmente no histórico e nas vertentes que difundiram o fortalecimento das correntes do "desenvolvimento sustentável", cujos objetivos e direcionamentos foram muito criticados pelos atores latino-americanos de EA (Reigota, 2009).

Reigota (2009) indica que a mudança do campo de atuação de *educação ambiental* para *educação para o desenvolvimento sustentável* tornou-se um ponto polêmico na Conferência Internacional da Unesco sobre Meio Ambiente e Sociedade, realizada em 1997, o qual foi concretizado no 30º aniversário da Carta de Tbilisi. Há autores que distinguem os dois termos citados, menos pelos interesses político-econômicos que os subjazem e mais pela abrangência que evidenciam. Gadotti (2009a) esclarece que a EA é um pressuposto para a ecopedagogia, ao passo que a holística educação pedagógica, movimento sociocultural posterior, apresenta uma "perspectiva da educação maior do que uma pedagogia do desenvolvimento sustentável", estando "mais para a educação sustentável, para uma ecoeducação" (Gadotti, 2009a, p. 2) – consideradas mais amplas do que a EA:

> A educação sustentável não se preocupa apenas com uma relação saudável com o meio ambiente, mas com o **sentido** mais profundo do que fazemos com a nossa existência, a partir da vida cotidiana.
>
> Numa época de convergência de crises, com o advento do aquecimento global e de profundas mudanças climáticas, a ecopedagogia tem tudo a ver com uma **educação para a sustentabilidade**. (Gadotti, 2009a, p. 2, grifo do original)

Contudo, os próprios termos *educação* e *ambiental* podem contemplar dimensões profundas e envolver níveis maiores de integração cotidiana – o que Gadotti (2009a) aponta ser limitado nas abordagens de EA convencionais. Os conceitos que fundamentam a EA devem ser continuadamente debatidos, de forma a preservar o aspecto central da área, que são as condutas práticas e seus objetivos locais para ampliação e escalonamento de seus efeitos.

Assim como Carlos Loureiro (2006) e outros pesquisadores da corrente de EA crítica, entendemos que a EA só terá sucesso após a devida contextualização da complexidade ambiental de cada conjuntura. É certo que as instituições sociais se alicerçam em conceitos, admitidos ou não em bases formais – o que reforça a importância desta seção em revelar diferenças e convergências mediante a exposição das definições de autores e órgãos importantes no campo da EA.

Experiência da autora

A EA está presente em meu cotidiano, em minha trajetória pessoal e profissional e nos objetivos que busco atingir nos espaços em que atuo: em casa, nos grupos de estudos, no ensino fundamental, na universidade, no distrito e na cidade onde moro. Uma diversidade de dimensões que impactam e são impactadas direta e indiretamente pelas minhas ações de EA, distinguindo-se conforme meu próprio papel, está atrelada à especificidade de meu potencial de realização como cidadã, bióloga, educadora, ambientalista, consumidora, vegetariana, ser vivo metabolizante etc. Um mesmo agente apresenta, portanto, múltiplas facetas para compreender e perceber o contexto em que está inserido, bem como para estabelecer estratégias para a integração em prol do meio ambiente e da biodiversidade.

 O agente ou educador ambiental pode assumir uma atuação adaptativa e integrada considerando o sistema em foco como um **sistema socioecológico (SSE)**, conforme definição de Berkes e Folke (1998) e Holling, Berkes e Folke (1998). Esse arcabouço teórico encontra-se aberto para contribuições diretas de EA que possam reduzir mudanças sociais e ecológicas indesejadas e favorecer ações necessárias no contexto espaço-temporal, beneficiando o maior número de atores sociais, espécies e ambientes em vários níveis. Esse alinhamento pode viabilizar o desenvolvimento de projetos com resultados mais duradouros, contrapondo-se à tão frequente "ação pontual da EA", que gera benefícios limitados, dada a reprodução imediata, geralmente em uma pequena área de convívio de um ou poucos participantes.

Em oposição a essa tendência, a EA propicia o estabelecimento de processos que objetivam uma conexão maior entre as pessoas, vistas como iguais, pois, ao mesmo tempo, podem ser educadoras e educandas. É possível promover uma transformação coletiva para encarar, reduzir e solucionar problemáticas socioambientais de determinado cenário. Todos os envolvidos são, assim, difusores de saberes transformadores que têm efeito cascata na formação de seres humanos integradores e integrados.

 Para refletir

E agora, você se sente mais preparado(a) para identificar um conceito de EA adequado à sua perspectiva e ao seu desejo de atuação?

Realize novamente o exercício proposto no início do capítulo. Você consegue detectar mudanças em seu entendimento? Quais fatores acarretaram uma nova interpretação do conceito em questão? Sintetize essa interpretação e busque fundamentá-la teoricamente.

Antes de iniciar a próxima seção, selecione um local de sua preferência e anote as mudanças – representando-as com alguma cor – que você sabe que ocorreram nele, do século XIX até os dias de hoje.

É bem provável que as transformações elencadas por você tenham transcorrido de maneira intensamente disruptiva, com alterações extremas da paisagem, em períodos relativamente muito curtos e, muitas vezes, instantaneamente para a formação das cidades e das indústrias, principalmente neste último século – tal como ocorreu no caso do desmatamento da Mata Atlântica no Brasil. Essas mudanças são drásticas, sobretudo, se considerarmos os milhares de anos de formação e evolução que moldaram as paisagens naturais mencionadas, as quais, apesar de modificadas pela humanidade, não se tornavam tão monocromáticas e abrangentes na superfície do planeta como as observadas em decorrência do avanço da sociedade industrial capitalista.

Muitos profissionais da educação e das áreas ambientais e socioambientais têm se empenhado para corrigir ou reduzir essa homogeneidade cromática das paisagens humanas. Antes desses profissionais, pessoas indignadas com tal problemática foram as primeiras a agir em defesa do meio ambiente e da manutenção das cores vivas que asseguram a qualidade ambiental.

1.2 Histórico da EA no mundo e no Brasil

Nesta seção, abordaremos o histórico da EA para possibilitar a compreensão de seu surgimento e sua manutenção como campo interdisciplinar de atuação profissional. Nela, sintetizaremos os principais marcos para institucionalização e o progresso da EA identificados nos níveis internacional e nacional, destacando o período a partir da década de 1970 em virtude da institucionalização e da formalização da área.

É válido ressaltar que nem todos os marcos da EA foram exitosos e efetivos; muitos foram os encontros intergovernamentais e multi-institucionais que reconheceram limitações gerais, poucos avanços e insuficiência e ineficácia diante das expectativas e possibilidades da EA. Dias (2004) detalha, de forma crítica, as principais limitações e os eventos que comprovam o insucesso da implantação de políticas de EA tanto no âmbito nacional quanto no internacional.

Gostaríamos de destacar que instituições formais e informais educadoras para o controle do uso de recursos e ecossistemas, seja por sanção, seja por tabus culturais e capacitações técnico-profissionais, estão presentes na base das regras e do funcionamento da organização social dos seres humanos.

Buscando os elementos históricos da EA, Dias (2004) inicia sua cronografia a partir de 40 mil anos a.c., bem como apresenta a Carta Régia do Brasil de 1542 como a primeira norma disciplinar do território para o corte de madeira e a definição de punições para casos de sobre-exploração. A estrutura, o funcionamento e o estabelecimento de relações de uso e regramentos amplos, contudo, serão caracterizados nesta obra como complementares e indiretos para o campo profissional da EA, dado que são muito abrangentes e articuláveis com incontáveis frentes institucionais sobre a utilização de recursos e ecossistemas.

Seria inviável, dessa maneira, listar todos os eventos do campo ambiental que estão vinculados ao tema. Para resolver isso, listamos no Apêndice aqueles mais diretamente relacionados à EA como campo de atuação profissional, tendo em vista o interesse de um estudante, pesquisador ou gestor da área.

Ecossistemas

Os conjuntos de organismos com seus ambientes físicos e químicos formam um **ecossistema**. Os ecossistemas são sistemas ecológicos complexos e grandes, às vezes incluindo muitos milhares de diferentes tipos de organismo vivendo numa grande variedade de meios individuais.

Fonte: Ricklefs, 2003, p. 3, grifo do original.

A história do desenvolvimento da EA é paralela à intensificação dos problemas ambientais, que exigiram a proposição de políticas preventivas e punitivas com relação à degradação dos ecossistemas. Dias (2004) aponta marcos históricos da degradação e de acidentes ambientais, das bases legais e das macro e micropolíticas, relacionando-as direta e indiretamente aos avanços da EA nas agendas institucionais formais no Brasil e no mundo.

 Preste atenção!

Segundo Dias (2004) e o Ministério do Meio Ambiente – MMA (Brasil, 2005a), o termo *educação ambiental* (*Enviromental Education*) foi registrado pela primeira vez na Grã-Bretanha, na Conferência de Educação da Universidade de Keele, em 1965, sendo na ocasião advogada como parte essencial da educação cidadã integrada à conservação ou à ecologia aplicada. Já em meados dos anos 1970, a EA era reconhecida como articuladora e integradora permanente da educação em nível mundial, consagrando-se como campo de políticas intergovernamentais na Conferência de Tbilisi.

Na América Latina, encontros e esforços para a internalização da EA nas políticas e nos currículos da educação formal (básica e superior) foram intensificados por meio desses impulsos, articulações e redes internacionais, esbarrando, porém, em uma série de obstáculos e limitações das conjunturas socioeconômica, política e cultural (Dias, 2004).

De forma geral, a EA é totalmente relacionada à sociedade contemporânea ocidental, demasiadamente urbana e cientificista, e sua compreensão de meio ambiente e as possibilidades que oferece, sobretudo práticas, limitam-se aos próprios circunspectos. Assim, é preciso considerar que mesmo a EA e sua crítica podem, muitas vezes, estar engessadas em barreiras disciplinares, das "especializações profissionais" e/ou das instâncias "departamentais", que impedem a inovação necessária e proveniente do contato com outros sistemas de conhecimento, como os de comunidades locais e tradicionais e de diversas iniciativas locais ainda pouco valorizadas.

Foram muitas as conferências que integraram a EA, com maior ou menor crítica, às discussões sobre meio ambiente, como a Conferência das Nações Unidas sobre o Ambiente Humano (1972 – Estocolmo), o Seminário de Educação Ambiental (1974 – Finlândia), o Encontro Internacional em Educação Ambiental (1975 – Belgrado) e, ainda, a Conferência de Tbilisi (1977). Nas fases iniciais de institucionalização da EA, essas discussões destacaram-se por sua competência técnica e reflexiva sobre a conjuntura dos problemas socioambientais globais.

Os diversos eventos internacionais abriram agendas e definiram arcabouços orientadores para o desenvolvimento da EA no mundo. No Brasil, segundo o MMA (Brasil, 2018), esses eventos foram fundamentais para construir, na década de 1980, as bases da EA e oferecer subsídios para efetivar ações de ensino em uma perspectiva interdisciplinar.

Biodiversidade (ou diversidade biológica)

Conforme Díaz et al. (2015, p. 12, tradução nossa), biodiversidade é

> "A variabilidade existente de organismos vivos de todos os componentes, incluindo terrestres, marinhos e outros ecossistemas aquáticos, e a complexidade ecológica da qual fazem parte. O termo inclui a variação nos atributos genéticos, fenotípicos, filogenéticos e funcionais, bem como as mudanças na abundância e distribuição ao longo do tempo e do espaço dentro e entre espécies, comunidades biológicas e ecossistemas.

Essa citação foi extraída da primeira publicação da Intergovernmental Science-Policy Platform on Biodiversity and Ecosystem Services (IPBES), documento que apresenta as bases conceituais para alinhar a linguagem de profissionais de diversas áreas em prol da biodiversidade e dos serviços ecossistêmicos (SE). Essa terminologia deve ser mais bem aproveitada e utilizada nos diversos setores sociais públicos e privados voltados à interface homem-natureza.

Ainda que os primeiros encontros de EA nos anos 1980 fossem locais e regionais, eles agrupavam personalidades importantes da história da área no Brasil. No contexto nacional, cabe destacar as ações de Paulo Nogueira-Neto (1922-2019), professor emérito da Universidade de São Paulo (USP), homenageado em diversas frentes por suas ações e lideranças no movimento e nas políticas ambientais. Deixou grande legado especialmente por participar da estruturação da área ambiental e da conservação da biodiversidade no Brasil, desde o estabelecimento da Secretaria Especial do Meio Ambiente (Sema) até a organização atual.

Nogueira-Neto representou o Brasil na Comissão Mundial sobre Meio Ambiente e Desenvolvimento (presidida por Gro Harlem Brundtland, então primeira-ministra da Noruega), a qual publicou o relatório *Nosso futuro comum*, importante documento que apresenta a perspectiva do **desenvolvimento sustentável** – primeira menção registrada dessa expressão.

Sustentabilidade (ou desenvolvimento sustentável)

Sustentabilidade é o processo de desenvolvimento humano orientado por três imperativos (aspectos ecológicos, socioculturais e econômicos) que visa ao atendimento das necessidades das gerações atuais sem que se prejudique a capacidade de atender às das futuras gerações – tendo em vista o que foi consolidado pela Comissão Brundtland (1983-1986).

De acordo com Drummond e Vargas (2008, p. 14), a sustentabilidade está fundamentada no "duplo imperativo ético de solidariedade diacrônica com as gerações futuras [...]. Ela nos compele a trabalhar com escalas múltiplas de tempo e espaço, o que desarruma a caixa de ferramentas do economista convencional". Na concepção adotada por esses autores, o desenvolvimento sustentável apresenta cinco pilares: o social, o ambiental, o territorial, o econômico e o político.

A sustentabilidade não norteia apenas o uso de recursos, visto que abrange todo o ecossistema para todos os setores sociais (ciência, política, ações civis etc.). Além disso, integrando o arcabouço da teoria dos SSEs, é necessária a consideração dos ciclos dinâmicos dos sistemas, compostos por quatro fases principais: renovação, conservação, destruição criativa e reorganização (Holling; Berkes; Folke, 1998).

A sustentabilidade nos SSEs é medida por alguns atributos relacionados aos distúrbios e à renovação, ao passo que o desenvolvimento é medido por atributos de crescimento e produção, ambos associados à maior diversidade e complexidade dentro do ecossistema (Holling; Berkes; Folke, 1998). Para tanto, tais atributos estão atrelados a componentes e relações entre níveis das principais escalas que afetam tais sistemas de alta complexidade, como as dimensões espaciais e temporais, comumente utilizadas para mensurar e examinar, quantitativa ou analiticamente, qualquer fenômeno em foco a fim de orientar e garantir a sustentabilidade.

Não foi por acaso que, em 1987, a Estratégia Internacional de Ação no Campo da Educação Ambiental e da Formação em Educação Ambiental para o Decênio de 1990 – documento final do Congresso Internacional sobre Educação e Formação Relativas ao Meio Ambiente, promovido em Moscou pela Unesco – ressaltou a importância da formação de recursos humanos nas áreas formais e não formais da EA, bem como da inclusão da dimensão ambiental nos currículos de todos os níveis. Nesse mesmo ano, o Plenário do Conselho Federal de Educação (CFE) apresentou o Parecer n. 226, de 11 de março de 1987 (Brasil, 1987), com posicionamento favorável à inclusão da

EA nas propostas curriculares das escolas de 1º e 2º graus, como sugeriam os Centros de Educação Ambiental, abrindo os canais que instituíram a inclusão da EA em todos os níveis de ensino na Constituição Federal de 1988 (ver Apêndice).

Outros marcos nacionais se seguiram a esses, mas institucionalmente, na esfera nacional, os maiores foram a Pnea, implementada pela Lei n. 9.795/1999, e as orientações da Diretoria de Educação Ambiental do Ministério da Educação (MEC) e do MMA.

Também foram importantes as recomendações da Diretoria de Educação Ambiental do Instituto Brasileiro do Meio Ambiente e dos Recursos Naturais Renováveis (Ibama) e de outros órgãos que contemplam a educação no processo de gestão, embasando a produção e as ações da EA em vários segmentos.

No Brasil, o reconhecimento da EA foi gradual, e as agendas e as determinações ficaram vulneráveis às mudanças político-partidárias ao longo dos anos. Ainda assim, a EA passou a constituir diferentes campos e áreas após os anos 2000, mesmo que de maneira mais limitada em alguns casos. Para Reigota (2009), esse reconhecimento ficou claro, por exemplo, em razão da elevação do Grupo de Educação Ambiental à condição de Grupo de Trabalho (GT22) na Associação Nacional de Pesquisa em Educação (Anped), que destacou a EA como área do conhecimento, didática, currículo, filosofia da educação, entre outros, ampliando sua influência e suas possibilidades nas esferas cultural, social e política.

As diferentes referências institucionais e do campo científico à EA foram e ainda são fundamentais para sua consolidação no país. Aprofunde seus estudos conforme o reconhecimento gradual de seus objetivos, bem como dos objetivos das organizações sociais nas quais você está inserido(a). Esses estudos orientarão a escolha dos arcabouços teóricos e práticos que embasarão sua atuação, articulando-se adequadamente à sua percepção/visão de mundo e às suas metas.

1.3 Objetivos da EA

Qual seria, para você, o principal objetivo da EA? Os objetivos se articulam conforme a concepção delimitada e adotada de EA, como ocorre em qualquer contexto ou sistema de conhecimento em que teoria e prática se complementam. Eles são o coração do planejamento, da execução e do monitoramento de projetos e ações em EA, sendo fundamentais na educação que confere à área ambiental o enfoque necessário.

É válido ressaltar que os objetivos da EA se relacionam aos diversos fatores percebidos e abordados pelos **atores sociais** envolvidos. Esses fatores são definidos na combinação das intenções subjetivas individuais, da missão e dos papéis formais e informais das organizações em contato com cada SSE. Eles são mantidos e conduzidos conforme o arcabouço de conhecimentos e as práticas vislumbradas e, geralmente, vivenciadas previamente pelos atores sociais.

Atores sociais

Indivíduos ou grupos (incluindo organizações governamentais e não governamentais, comunidades tradicionais, universidades, instituições de pesquisa, agências de desenvolvimento, bancos e financiadores) que manifestam algum tipo de interesse ou alguma reivindicação no processo de apropriação e gestão de recursos naturais.

Fonte: Vieira; Berkes; Seixas, 2005, p. 414.

Justamente pelo caráter dinâmico e múltiplo da EA, essa área emerge como uma "preciosa oportunidade na construção de novas formas de ser, pensar e conhecer que constituem um novo campo de possibilidade de saber" (Sato; Carvalho, 2005, p. 12). Não está evidente para você, leitor, que os propósitos da EA concernem à forma como é concebida? Por isso, é muito importante que a reflexão acerca das ações esteja apoiada em arcabouços conceituais afins aos atores, às necessidades e aos objetivos que se pretende atingir. Essa clareza favorece orientações teóricas e a condução de ações e trocas profissionais para adequar, ajustar ou criar novas possibilidades e projetos.

A Declaração da Conferência das Nações Unidas sobre o Meio Ambiente Humano, realizada em Estocolmo em 1972, estabeleceu como visão, entre seus 23 princípios para inspirar e orientar a humanidade, a convicção comum de que

> A educação em questões ambientais, tanto para as gerações mais jovens quanto para os adultos, dando a devida atenção aos menos privilegiados, é essencial para **ampliar as bases de uma opinião pública esclarecida e de uma conduta responsável dos indivíduos, das empresas e das comunidades, na proteção e melhoria do meio ambiente, em toda a sua dimensão humana**. (Unep, 1972, p. 3, tradução e grifo nossos)

Referência fundamental da institucionalização da EA, a Carta de Belgrado apresenta como meta geral da ação ambiental "Melhorar todas as relações ecológicas, incluindo a relação da humanidade com a natureza e das pessoas entre si" (Carta..., 1975, p. 2). Esse documento revela os anseios da humanidade em construir, de forma ampla, uma nova ética individual e coletiva em nível global, "que reconheça e responda com sensibilidade as relações complexas, e em contínua evolução, entre o homem e a natureza" (Carta..., 1975, p. 1), recolocando a espécie humana na biosfera e possibilitando a paz duradoura mediante a coexistência e a cooperação entre as nações.

A Carta de Belgrado apresenta como meta da EA formar "uma população mundial consciente e preocupada com o meio ambiente e com os problemas associados, e que tenha conhecimento, aptidão, atitude, motivação e compromisso para trabalhar individual e coletivamente na busca de soluções para os problemas existentes e para prevenir novos" (Carta..., 1975, p. 2). Com relação ao estabelecimento de metas e objetivos ambientais para a EA, o documento é muito enfático em sua concepção "formalístico-comportamentalista" – algo comum aos documentos das fases iniciais da institucionalização da EA. Essa análise fica evidente nos objetivos que a carta determina para a EA, conforme demonstrado a seguir.

Objetivos da EA

- **Tomada de consciência.** Ajudar às pessoas e aos grupos sociais a adquirir maior sensibilidade e consciência do meio ambiente em geral e dos problemas.
- **Conhecimentos.** Ajudar às pessoas e aos grupos sociais a adquirir uma compreensão básica do meio ambiente em sua totalidade, dos problemas associados e da presença e função da humanidade neles, o que necessita [de] uma responsabilidade crítica.
- **Atitudes.** Ajudar às pessoas e aos grupos sociais a adquirir valores sociais e um profundo interesse pelo meio ambiente

que os impulsione a participar ativamente na sua proteção e melhoria.
- **Aptidões.** Ajudar às pessoas e aos grupos sociais a adquirir as aptidões necessárias para resolver os problemas ambientais.
- **Capacidade de avaliação.** Ajudar às pessoas e aos grupos sociais a avaliar as medidas e os programas de educação ambiental em função dos fatores ecológicos, políticos, sociais, estéticos e educativos.
- **Participação.** Ajudar às pessoas e aos grupos sociais a desenvolver seu sentido de responsabilidade e a tomar consciência da urgente necessidade de prestar atenção aos problemas ambientais, para assegurar que sejam adotadas medidas adequadas.

Fonte: Carta..., 1975, p. 2-3, grifo do original.

Ainda que sujeitos à reflexão crítica, também se verifica a importância positiva desses documentos para o público em geral no que se refere a duas categorias de processos educativos: o ensino formal e o ensino não formal (Carta..., 1975). Foi fundamental a integração da EA na educação formal – pré-escola, ensino básico, médio e superior –, embora seja relevante o reconhecimento da educação não formal que envolve "jovens e adultos, tanto individual como coletivamente, de todos os segmentos da população, tais como famílias, trabalhadores, administradores e todos aqueles que dispõem de poder nas áreas ambientais ou não" (Carta...,1975, p. 3).

Para o educador, é fundamental avaliar se as concepções e os métodos selecionados favorecem uma formação significativa e transformadora, aberta e integrada a todos os níveis geográficos, jurisdicionais e educacionais, destinada à constituição de sociedades cidadãs, emancipadas e criticamente engajadas.

De acordo com Philippi Jr. e Pelicioni (2004), a EA ambiciona criar cidadãos ativos, motivados, com ações voltadas à criação de condições sustentáveis, transformando a sociedade não apenas em uma entidade consciente, mas ativa.

Entre as correntes teóricas de EA, cumpre destacar primeiramente a educação ambiental crítica, por ser uma das vertentes dedicadas à promoção de ambientes educacionais capazes de mobilizar processos de intervenção que ultrapassem visões e modos de vida hegemônicos. Busca-se, nessa vertente, atenuar e solucionar problemas socioambientais vividos em diferentes níveis (Loureiro, 2006; Reigota, 2009).

Atualmente, falar de conceitos muito amplos para tratar dos objetivos de reduzir a pobreza e as desigualdades e amenizar os problemas ambientais tem se tornado a moda da EA e de posições superficiais de profissionais da área ambiental. Loureiro (2006) alerta sobre a apropriação de conceitos e o uso da EA de forma hegemônica em circunstâncias de alta complexidade, em que eles deveriam justamente contrapor-se e favorecer o movimento dialético/dialógico para a readequação das forças, a identificação dos conflitos e o estabelecimento de consensos e relações de poder para um processo totalizante necessário e condizente com o campo efetivo da EA.

Para Reigota (2009, p. 13), como educação política, a EA tem como compromisso "a ampliação da cidadania, da liberdade, da autonomia e da intervenção direta", bem como visa encontrar soluções e alternativas à convivência e ao bem comum, desnaturalizando toda forma de comportamento agressivo. O princípio motor da EA é a utopia da mudança radical das "relações que conhecemos hoje, sejam elas entre a humanidade, sejam elas entre a humanidade e a natureza" (Reigota, 2009, p. 17). Conforme o autor,

> a educação ambiental não pode se limitar ao acúmulo de conhecimentos, mas sim selecionar e interpretar os conhecimentos disponíveis e sem perder de vista que o objetivo principal é fazer com que esse conhecimento possibilite e amplie a participação política e social [...] de todos os sujeitos [...] do processo educativo. (Reigota, 2009, p. 98)

Na perspectiva da **ecopedagogia**, surgida em meados dos anos 1990, a finalidade da EA é

> reeducar o olhar das pessoas, [...] desenvolver a atitude de observar e evitar a presença de agressões ao meio ambiente e aos viventes e o desperdício, a poluição sonora, visual, a poluição da água, do ar etc. para intervir no mundo no sentido de reeducar o habitante do planeta e reverter a cultura do descartável. (Movimento pela Ecopedagogia, 1999, citado por Gadotti, 2009b, p. 185-186)

Desde a década de 1970, a discussão sobre o bem-estar e o **desenvolvimento humano sustentável** apresenta-se como de fundamental importância para os sistemas de educação, visto que busca conduzir os processos necessários para as mudanças e transformações socioeconômicas com vistas à construção e à implantação das agendas de cultura de paz, de proteção à natureza e da sociodiversidade.

Thelma Krug (2019), pesquisadora brasileira do Instituto Nacional de Pesquisas Espaciais (Inpe), que constitui o Painel Intergovernamental sobre Mudanças Climáticas (IPCC), encara a educação como a estratégia mais efetiva para a mudança do comportamento humano em todos os níveis. De acordo com a cientista, trata-se de uma peça-chave ante as limitações das soluções tecnológicas, caríssimas e hercúleas, que foram listadas em sua exposição para mitigar o aquecimento global e reduzir a concentração de gases de efeito estufa (GEEs).

A pesquisadora ainda reforçou a urgência com relação ao aspecto atitudinal da humanidade em todos os âmbitos para que se possa efetivamente reduzir ou amenizar os efeitos catastróficos e imprevisíveis da elevação da temperatura do planeta, estimada entre 1,5 °C e 2 °C até meados do século XXI, segundo projeções e modelagens dos relatórios do IPCC, que são publicados desde 1990.

O relatório do IPCC publicado em 2018 traçou, com base nas pesquisas empreendidas nos últimos anos, panoramas ainda mais críticos decorrentes das mudanças climáticas (MCs), conforme modelagens que anteveem a permanência dos mesmos níveis de emissão de GEEs em cenários futuros (Davenport, 2018). De acordo com essas projeções, haverá escassez de alimentos, perda dos recifes de corais, aumento de incêndios, inundações e secas, soerguimento do nível das águas – com encobrimento de regiões costeiras e países-ilhas –, entre outros efeitos.

Diante da insuficiência da atuação individualista da EA, como se pode esperar que os educadores freiem os próprios impactos de emissões e influenciem as pessoas quando todas, juntas, formam, operam e nutrem direta e indiretamente um grande sistema político-econômico em grande parte movido por fontes energéticas fósseis, não renováveis? Segundo os pesquisadores que contribuíram com o relatório do IPCC, para impedir esse aquecimento mínimo, a poluição por GEEs precisaria decair em 45% de 2010 até 2030 e em 100% até 2050. Contudo, no ano de 2018 houve um recorde de emissões, mesmo após todos os avanços institucionais e todos os esforços feitos desde os anos 1960. As emissões de CO_2, por exemplo, aumentaram 2,7%, atingindo 37,1 gigatoneladas, um recorde na história da humanidade (Emissões..., 2019). Os analistas creem que a transformação da economia mundial, a curto prazo, seria viável, mas reconhecem que talvez seja politicamente improvável.

Como é possível perceber, atualmente, já precisamos lidar com agendas absurdas, adaptativas e pouco mitigadoras, no caminho da precaução e da formação para transformar a sociedade tal como esta se encontra. Preste atenção às tendências e prefira mudar o *status quo*.

 Preste atenção!

A seguir, listamos algumas possibilidades para fomentar as mudanças amplas que podem estar contempladas em objetivos específicos da EA:

- desenvolver projetos para a energia sustentável descentralizada e compartilhar seus avanços;
- consumir produtos locais e de cadeias produtivas sustentáveis, a fim de interagir com produtores e, consequentemente, estimular práticas de EA nesse sentido;

- promover pontos de cultura e de instrução para combater a pseudociência e a disseminação de mentiras, de modo a reduzir os riscos e os efeitos desastrosos das mudanças ambientais;
- reduzir ou substituir fontes de energia não renováveis fósseis e desenvolver meios coletivos de produção de combustíveis renováveis e formas alternativas de transporte;
- participar das redes de debate e ações, incluindo as político-partidárias que tratam do clima;
- engajar a juventude internacional e disseminar conhecimentos entre os níveis local e regional.

1.4 Concepções de meio ambiente

As diversas correntes, concepções e metodologias de EA são dinâmicas e desenvolvem-se conforme a conjuntura e as problemáticas socioambientais, respondendo aos novos desafios e às oportunidades decorrentes dos avanços tecnológicos e do impacto das mídias sociais dos últimos anos. Esforços já realizados para entender a diversidade dessas frentes da EA são inúmeros, sobretudo nos polos acadêmicos epistemológicos ao redor do mundo.

Nesta seção, descreveremos as principais concepções de meio ambiente, de modo que você possa vislumbrar e compreender, leitor, o amplo espectro que compõe a área de EA, bem como suas maiores diferenças.

No Brasil, são muitas as pesquisas que tratam dos conceitos de *meio ambiente* e *natureza*. No que se refere à EA como campo de estudo e representação social, destaca-se a sistematização proposta por Marcos Reigota (1995) e por Philippe Layrargues e Gustavo Lima (2014), constituída, respectivamente, pelas seguintes categorias: naturalista, antropocêntrica e globalizante (Reigota, 2001, citado por Pinho et al., 2017); e conservacionista, crítica e pragmática (Layrargues; Lima, 2014). Elas aparecem em inúmeras publicações e são importantes para o estudo da percepção e das orientações das práticas de EA. Vamos detalhá-las nos próximos tópicos.

Naturalista

Os aspectos naturais do ambiente (a natureza) são mais enfatizados nessa concepção (Reigota, 1991, citado por Pinho et al., 2017). De acordo com essa perspectiva, o meio ambiente está voltado apenas à natureza, sendo marcantes as relações e evidências dos aspectos naturais que se confundem com conceitos ecológicos. Nessa abordagem, dá-se enfoque aos aspectos físico-químicos, à fauna e à flora dos ecossistemas. Comumente se exclui o ser humano desse contexto, visto que ele aparece como um observador externo.

Globalizante

"Ressalta a relação de reciprocidade que há entre o social e a natureza" (Pinho et al., 2017, p. 299). Essa concepção permeia o trabalho de muitos pesquisadores de EA, para os quais o meio ambiente se caracteriza pelas relações entre a natureza e a sociedade, envolvendo, consequentemente, aspectos ecológicos, naturais, políticos, sociais, econômicos, filosóficos, éticos e culturais.

Nessa abordagem, o ser humano é compreendido como ser social que vive em comunidade. Essa visão converge com o entendimento e a forma comum abordada na EA. Dias (2004), por exemplo, reforça que o meio ambiente não é formado apenas pelos componentes bióticos (como flora e fauna) ou abióticos (como água, solo e ar); para o autor, todos os aspectos citados são necessários para engendrar uma visão mais abrangente.

Antropocêntrica

Trata-se de uma categoria que dá enfoque aos recursos naturais como fonte de sobrevivência do ser humano (Reigota, 1991, citado por Pinho et al., 2017). Justamente por isso, é a concepção mais comum, mesmo para educadores ligados à área ambiental. Nessa direção, a natureza e o meio ambiente são reconhecidos predominantemente pelos seus recursos naturais e pela oferta de serviços diretos de utilidade para a sobrevivência da espécie humana.

Natureza e meio ambiente

De acordo com o *Dicionário Houaiss* (Houaiss; Villar; Franco, 2009, p. 1344), **natureza** é um "conjunto de elementos (mares, montanhas, árvores, animais etc.) do mundo natural; cenário natural; o universo com todos os seus fenômenos; a realidade, em detrimento de quaisquer artifícios ou elementos artísticos"; e **meio ambiente** é o "conjunto de fatores físicos, biológicos e químicos que cerca os seres vivos, influenciando-os e sendo influenciado por eles" (Houaiss; Villar; Franco, 2009, p. 1266).

Conservacionista

Essa macrotendência do campo da EA emerge do cenário plural e dinâmico das políticas brasileiras, que visam identificar possibilidades mais ligadas à dimensão ambiental para lidar com a crise ambiental contemporânea.

A concepção conservacionista está relacionada às primeiras fases da EA (até a década de 1990), fundamentada em "uma prática educativa que tinha como horizonte o despertar de uma nova sensibilidade humana para com a natureza" (Layrargues; Lima, 2014, p. 27). Nesse sentido, trata-se de uma categoria que busca a mudança de comportamento por meio da conscientização possibilitada pelo conhecimento da ciência ecológica (a **alfabetização ecológica** de Fritjof Capra) e da "pauta verde" ligada às instituições de pesquisa sobre a biodiversidade, os ecossistemas naturais, as unidades de conservação, o ecoturismo, a agroecologia etc. (Layrargues; Lima, 2014).

Pragmática

Potencialmente derivada da vertente conservacionista, a pragmática orienta-se a práticas referentes ao tratamento direto de determinados problemas, como a ação individual e escolar com relação aos rejeitos sólidos urbanos e industriais. No entanto, essa categoria não apresenta questionamentos e inserções práticas maiores sobre os contextos socioeconômicos da sociedade industrial e tecnológica, ainda que abranjam as tendências do **desenvolvimento sustentável** e do **consumo sustentável**.

Caracteriza "esse cenário pragmático a dominância da lógica do mercado sobre as outras esferas sociais" (Layrargues; Lima, 2014, p. 31), de modo a promover reformas setoriais com a ajuda de mecanismos de incentivo à adesão voluntária e de soluções tecnológicas. Porém, essa vertente não aborda a questão das desigualdades nem as causas e as irresponsabilidades que geram a própria crise ambiental (Layrargues; Lima, 2014).

Crítica

Essa vertente recebeu mais destaque após a redemocratização do Brasil, em meados dos anos 1980, aglutinando "as correntes da Educação Ambiental Popular, Emancipatória, Transformadora e no Processo de Gestão Ambiental" (Layrargues; Lima, 2014, p. 33). Essas correntes partem primeiro da reflexão crítica acerca do que provoca a dominação do ser humano, "buscando o enfrentamento político das desigualdades e da injustiça socioambiental" (Layrargues; Lima, 2014, p. 33).

Além da ênfase política, a ecologia ambiental crítica reconhece a complexidade dos sistemas sociais e ecológicos, ressaltando as falhas de abordagens reducionistas ou cartesianas. Por isso, exige "abertura, inclusão, diálogo e capacidade de ver o novo e de formular respostas para além do conhecido" (Layrargues; Lima, 2014, p. 33).

Essas concepções, sobretudo a globalizante, a conservacionista e a crítica, fundamentam-se nas discussões do campo da ética, que aborda diretamente o direito à vida, à qualidade e à justiça ambiental. Albert Schweitzer (1875-1965), por exemplo, popularizou a ética ambiental e ganhou o Nobel da Paz pelo movimento mundial de **reverência aos seres vivos** (Dias, 2004). Por sua vez, Aldo Leopold, em *The Land Ethic* (*A ética da Terra*), apresenta uma das fontes fundamentais da ética holística ou do biocentrismo, em um momento no qual o ambientalismo estava em crescimento no mundo, no final dos anos 1950, após a organização social e um acúmulo da degradação ambiental, que levou a graves fatalidades resultantes da poluição industrial (Dias, 2004). Uma dessas fatalidades foi a morte de 1.600 pessoas pela contaminação do ar (*smog*) em Londres, em 1952, citada por Dias (2004) como marco desencadeador da conscientização mediante ações e políticas para a qualidade ambiental, como a aprovação da Lei do Ar Puro quatro anos depois do incidente.

Nota-se também que muitas das correntes e vertentes da EA, como o ecodesenvolvimento e o desenvolvimento sustentável, têm um arcabouço convergente, que visa proporcionar uma vida humana mais integrada e questionadora da modernidade. Elas começaram a ganhar proeminência a partir das décadas de 1960 e 1970, impulsionadas pelas mudanças da época (socioeconômicas, políticas e ambientais) e pelo surgimento de movimentos sociais (pacifistas, feministas, ativistas dos diretos humanos etc.).

Foi deixado um grande legado para a história da conservação da natureza, cujos pensamentos e ações remanescem nos campos sutis e concretos da cultura, mesmo nas sociedades urbanas, industriais, ocidentalizadas, globalizadas, contemporâneas etc. As pessoas, de forma geral, têm seus espíritos conectados à natureza por meio das áreas rurais e das matas originais. Uma personalidade do ambientalismo cuja obra é emblemática no que se refere ao movimento transecular é Henry David Thoreau.

1.4.1 *Walden ou A vida nos bosques*, de Henry D. Thoreau

Estadunidense, filho abastado de uma família burguesa industrial do século XIX, Henry David Thoreau foi um poeta naturalista influenciado pelo conhecimento acumulado e desenvolvido por Alexander von Humboldt (1769-1859) e Charles Darwin (1809-1882). Sua produção fertilizou, em uma das culturas mais consumistas do mundo, o respeito e a gratidão à natureza como parte indissociável da própria existência humana.

Tendo em vista a firmeza do ambientalista Thoreau diante da sociedade industrial americana, nesta seção buscaremos demonstrar de que maneira as concepções de EA apresentadas em *A vida nos bosques* podem favorecer a atual ideia de sustentabilidade. Para ampliar seus conhecimentos sobre a linha naturalista, apresentaremos um breve resumo da vida e da obra desse autor, que buscou, por meio de sua conduta e produção literária, inspirar a sociedade americana ultradesenvolvimentista do período.

Thoreau foi um excêntrico e um visionário para sua época. Apesar de não fazer nada diferente em comparação com muitos anônimos que buscam a integração cósmica e o autoconhecimento, Thoreau o fez como estadunidense rico em uma época de afirmação da ostentação, do consumo e do progresso (postura que ainda perdura). Soube utilizar suas habilidades de escrita para envolver qualquer leitor com os sentimentos descritos no encontro subjetivo com as florestas e o lago de seu convívio: Walden. *A vida nos bosques* (1854) despertou, já naquela época, a percepção de como atitudes conscientes integradas à natureza favorecem o entendimento do que é ético nas relações humanas, para construir sociedades equilibradas, harmônicas e pacíficas. Essa obra foi e ainda é muito lida no mundo e tem influenciado transecularmente jovens, comunidades alternativas e movimentos ambientalistas em diferentes níveis no que se refere à sustentabilidade.

A biografia e a obra de Thoreau com certeza valem a leitura – são uma inspiração para agir com determinação em um contexto filosófica e eticamente desestruturante. Você passaria, por exemplo, dois meses e dois dias na cadeia por se recusar a pagar impostos que seriam empenhados em financiar guerras e escravidão? Thoreau fez exatamente isso, o que despertou a revolta para escrever *Resistance to Civil Government* (*A resistência ao governo civil*). Após sua morte, a obra teve o título alterado para *Civil Disobedience* (*Desobediência civil*) e tornou-se popular ao ser adotada por Mahatma Gandhi. Nessa obra, Thoreau convida o leitor a refletir e a alimentar sua coragem para impulsionar ações, ainda que **rompam formalizações institucionais, em prol do justo e do correto para a dignidade e o bem-estar humano e natural**.

Ainda hoje, no início da década de 2020, parece que ambientalistas, conservacionistas e educadores são excluídos ou vivem à margem de instituições que tanto apregoam o discurso da sustentabilidade, mas que permanecem rígidas e desconectadas das questões ambientais e da conservação da natureza na realidade. A desobediência civil contrapõe as bases que sustentam o sistema hegemônico capitalista, em seu cerne político, econômico e legal/jurídico.

Como demonstraremos no próximo capítulo, profissionais e cidadãos que atingem esse nível de aprofundamento reflexivo encontrarão refúgio na vertente crítica da EA para pensar e atuar com a necessária coerência, criando novas instituições sociais a fim de alcançar a resolução de problemáticas e o direcionamento para a sustentabilidade *de facto*.

Se tivesse se formado em Harvard e viesse de uma família industrial, você viveria como um monge, de maneira simples e integrada com a natureza? Aos 27 anos, Thoreau foi morar entre campos, colinas, lagos, fazendas e florestas em Walden

Pond – ainda hoje há peregrinação e visitas turísticas a esse vilarejo em Massachusetts, nos Estados Unidos, sobretudo pelo estabelecimento do Parque Estadual Walden e pela importância dos textos sobre a natureza local redigidos por Thoreau. Lá ele aprendeu com indígenas, ao passo que seus contemporâneos empunhavam armas contra esses povos. Ele impactou o mundo apesar de sua curta vida, pois morreu aos 44 anos de tuberculose. As experiências tão marcantes vividas em campo por esse estudioso encerram-se na obra *Walden*.

Décadas mais tarde, as obras de Thoreau impulsionaram o movimento ambientalista nos Estados Unidos, somando-se à influência de Ralph Waldo Emerson (1803-1882) e John Muir (1838-1914). O fato é que, a despeito da consolidação das hegemonias político-econômicas do capitalismo, houve brechas que permitiram alcançar algumas conquistas socioambientais, de conservação e de sustentabilidade, ainda que diante de tanta apropriação e de usos oportunistas.

Síntese

Neste primeiro capítulo, apresentamos as origens e a pluralidade que definem a educação ambiental (EA) como um campo de atuação teórico e prático dedicado ao debate e à realização de ações em prol do meio ambiente, conferindo especial atenção à conservação da biodiversidade e dos ecossistemas em benefício da humanidade.

Conforme demonstramos, a EA é dinâmica e responde às demandas atuais relacionadas ao meio ambiente, tendo como base diversas vertentes e correntes teóricas e metodológicas.

As demandas e os problemas socioambientais mais evidentes em determinados períodos e localidades podem apresentar pontos em comum. Valendo-se de conceitos e caminhos diferentes, as ações de EA convergem para traçar objetivos amplos de promoção da cultura de paz e da integração harmoniosa dos seres humanos com relação ao ambiente em que vivem.

Para lidar com componentes e processos dinâmicos, no que tange tanto à formação e ao desenvolvimento do ser humano, concernentes à educação, quanto aos fatores biológicos e ecológicos do ambiente, é preciso haver abertura e contínua capacitação dos profissionais que atuam no campo da EA. Isso possibilita a integração efetiva de saberes de outras disciplinas e setores técnico-científicos e de outros sistemas de conhecimento, como os de comunidades locais e tradicionais, permitindo a adequação de propostas e projetos de EA a cada contexto socioecológico.

Conhecer o caminho já trilhado e aberto por profissionais de diferentes setores desde meados do século XX até os dias atuais é um passo importante no processo de formação crítica com relação à rede de EA, visto que contribui com ações formais ou não que influenciarão diferentes níveis geográficos e jurisdicionais.

Tendo em vista o que já foi realizado institucionalmente no nível macro, é possível mensurar o que falta ser feito no nível micro e como as pontes podem ser estabelecidas para obter maior efetividade em programas, projetos e atividades de EA.

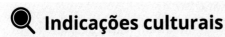# Indicações culturais

Artigos

BEZERRA, T. M. de O.; GONÇALVES, A. A. C. Concepções de meio ambiente e educação ambiental por professores da Escola Agrotécnica Federal de Vitória de Santo Antão-PE. **Biotemas**, v. 20, n. 3, p. 115-125, set. 2007. Disponível em: <http://www.conhecer.org.br/download/EDUCACAO%20AMBIENTAL/Leitura%201.pdf>. Acesso em: 7 abr. 2021.
Nesse artigo, é apresentada a percepção de professores de uma escola agrotécnica federal acerca dos termos *meio ambiente* e *educação ambiental* (EA), na qual remanescem visões tradicionais e naturalistas. Essa perspectiva se reflete fortemente nas práticas adotadas em sala de aula, que ainda carecem de abordagens que amplifiquem e efetivem vínculos mais profundos com base no senso de pertencimento das questões ambientais trabalhadas. O artigo é um bom exemplo de pesquisa capaz de gerar informações que podem orientar ações futuras em um programa de EA.

DIAS, G. F. Os quinze anos da educação ambiental no Brasil: um depoimento. **Em Aberto**, Brasília, ano 10, n. 49, p. 3-14, jan./mar. 1991. Disponível em: <http://portal.inep.gov.br/documents/186968/485895/Educa%C3%A7%C3%A3o+ambiental/37cbac3e-3bc6-4783-bc30-017a350437b5?version=1.3>. Acesso em: 13 abr. 2021.
Esse artigo apresenta um panorama histórico sobre o início da educação ambiental (EA) no Brasil, relacionando-o ao contexto mundial e aos avanços para a institucionalização da área com a produção internacional.

PINHO, M. F. M. et al. Representações de ambiente e educação ambiental: implicações na práxis educativa de professores de ensino fundamental em Moju, PA, Brasil. **Terræ Didatica**, v. 13, n. 3, p. 295-302, 2017. Disponível em: <https://periodicos.sbu.unicamp.br/ojs/index.php/td/article/view/8651224/17550>. Acesso em: 7 abr. 2021.

Esse artigo é um exemplo da possível conciliação de atividades escolares com a vida acadêmica, sendo uma publicação liderada por professores de Ciências que fizeram da escola um campo de pesquisa para discussões teóricas sobre educação ambiental (EA). Os autores investigaram as representações de meio ambiente e EA dos professores de uma escola municipal de ensino fundamental do município de Moju (Pará) e avaliaram como suas visões interferem no fazer pedagógico. Com isso, reconheceram que são necessárias maiores conexões com questões culturais, políticas, econômicas, sociais e históricas e verificaram uma perspectiva de EA adicional, chamada de *concepção instrutiva*.

Documentos

CONFERÊNCIA DAS NAÇÕES UNIDAS SOBRE O MEIO AMBIENTE HUMANO. **Relatório da Delegação do Brasil à Conferência das Nações Unidas sobre Meio Ambiente**. Estocolmo, 1972. Disponível em: <https://cetesb.sp.gov.br/proclima/wp-content/uploads/sites/36/2013/12/estocolmo_72_Volume_I.pdf>. Acesso em: 14 mar. 2021.

O relatório da delegação brasileira permite compreender o posicionamento e os interesses do Brasil na Conferência de Estocolmo, um marco fundamental para o desdobramento das políticas de meio ambiente e da educação ambiental (EA) no mundo.

Sites

ÁGUA, SUA LINDA. Disponível em: <https://agua-sua-linda.tumblr.com>. Acesso em: 11 de mar. 2021.

ÁRVORE, SER TECNOLÓGICO. Disponível em: <https://arvoresertecnologico.tumblr.com/>. Acesso em: 11 de mar. 2021.

A jornalista Patrícia Kalil e o ilustrador Tom Bojarczuk uniram forças para criar dois canais informativos nas redes sociais, a fim de difundir conhecimento ambiental. São eles: *Água, Sua Linda* e *Árvore, Ser Tecnológico*. A urgência dessa ação veio do contato com o trabalho do pesquisador Antonio Donato Nobre em outubro de 2014. Desde então, eles divulgam ilustrações muito didáticas, apresentando resultados e reflexões extraídos de pesquisas recentes, bem como projetos e políticas vigentes que interferem na qualidade do meio ambiente, na saúde e na biodiversidade.

UNESCO MONTEVIDEO. Disponível em: <www.unesco.org.uy/phi>. Acesso em: 11 de mar. 2021.

Navegue no *site* do Escritório Regional de Ciência da Unesco para a América Latina e o Caribe, sediado em Montevidéu. Trata-se de um vasto campo de informações sobre os objetivos e as ações para o desenvolvimento sustentável, as agendas internacional e regional, os marcos de ação da educação até 2030, as formas de cooperação científica e internacional atuais para a ampliação do conhecimento, para a solução dos problemas ambientais, para a cultura e a paz mundial. Publicações atualizadas sobre temas como segurança hídrica e alimentar, direito à ciência e soluções baseadas em conhecimentos indígenas e locais estão disponíveis para *download* em inglês, português e espanhol.

Vídeos

CLIMATE Emergency: Feedback Loops. Direção: Susan Gray. EUA: Northern Lights Productions, 2021. Documentário de 5 episódios. Disponível em: <https://feedbackloopsclimate.com/introduction/?fbclid=IwAR3a22IFSHHDjMQRdVf6cymgSNcINs8n8w1l9hIZ0sYs5D-u-EDIl7F-n8A>. Acesso em: 28 mar. 2021.

Em 2021, a empresa Moving Still Productions disponibilizou cinco episódios sobre as mudanças climáticas (MCs) e a emergência das transformações socioeconômicas para a redução das emissões de gases de efeito estufa (GEEs) e dos impactos antrópicos já causados, que desequilibram os mais variados ecossistemas globais. Os episódios do documentário tratam de temas fundamentais: florestas, *permafrost* (pergelissolo ou solo ártico), atmosfera e albedo. Os vídeos contam com legendas em português e mais 20 outras línguas.

PROJETO VOLUME VIVO. Direção: Caio Silva Ferraz. Brasil, 2015-2016. Websérie de 3 episódios. Disponível em: <https://www.youtube.com/playlist?list=PLJQePrH7VSkU0JNtEjkGsvhouYNffsNqk>. Acesso em: 11 abr. 2021.

O Projeto Volume Vivo integra a Aliança pela Água, organização criada pela sociedade civil em 2014 para enfrentar a crise hídrica ocorrida na Região Metropolitana de São Paulo. As questões concernentes à conservação e à preservação dos recursos hídricos são o escopo do projeto, que tem, em seu canal no YouTube, uma rica e diversa produção que vale a pena ser conferida. São exemplares a organização e o espectro enfatizado em cada um dos três episódios.

O primeiro episódio, "A negação da crise", apresenta uma compilação de dados, notícias e depoimentos de especialistas e de quem sentiu a limitação das estratégias de racionamento e de remediação dos danos causados pela falta de água com a redução do volume do Sistema Cantareira na crise de 2014.

O segundo episódio, "A água de dentro", revela os impactos profundos que uma má gestão de recursos hídricos pode ter sobre as pessoas e o meio ambiente como um todo, sendo a água o veio integrador da vida em todos os níveis.

Por fim, o terceiro episódio, "De onde vem a água?", conta com entrevistas e imagens que explicitam a forte relação entre o desmatamento e as formas de ocupação do solo com a redução dos serviços ecossistêmicos (SE) essenciais, como qualidade e disponibilidade de água nos âmbitos local e continental.

Atividades de autoavaliação

1. O conceito de educação ambiental (EA) é discutido:

    A na academia para que uma única compreensão, abrangente e universal, possibilite aplicações alinhadas em todo o mundo.

    B por todos os setores da sociedade para que uma única compreensão, abrangente e universal, possa ser inserida nas convenções internacionais.

    C por diversos setores da sociedade para evitar o reconhecimento da pluralidade de compreensões advindas de diferentes vertentes.

D por diversos setores da sociedade para que se reconheça e se legitime a pluralidade de interpretações conforme as vertentes e os objetivos dos atores sociais.

E na academia para se estabelecer um entendimento único e abrangente, capaz de abarcar a pluralidade de vertentes e objetivos.

2. A educação ambiental (EA) surgiu no mundo:

A como reflexo do descontentamento das sociedades humanas com relação ao avanço tecnológico industrial e da economia globalizada, iniciado no século XIX e intensificado no século XX.

B por meio do movimento ambientalista que unificou vários segmentos da sociedade diante da intensificação da crise ecológica, sobretudo a partir de meados do século XX.

C como reflexo do descontentamento de grupos ambientalistas avessos ao avanço tecnológico e da economia globalizada, iniciado no século XIX e intensificado no século XX.

D por meio do movimento de organizações civis que unificaram o setor privado e governos de diferentes países para ampliar a conscientização sobre a crise ecológica do século XX.

E por meio do movimento ambientalista que integrou sociedades, governos e empresas exclusivamente para comunicar internacionalmente os riscos da crise ecológica do século XX.

3. Para Reigota (2009), a educação ambiental (EA) se limita ao acúmulo de conhecimentos sociais e ambientais, visto que:

   A) tem como objetivo principal instruir a prática crítica dos atores técnico-científicos para que possam assegurar o cumprimento dos parâmetros de desenvolvimento sustentável por todos os setores da sociedade.

   B) seu objetivo principal é possibilitar a interpretação de informações disponibilizadas pelos atores governamentais para que possam criar políticas e fiscalizar o cumprimento dos parâmetros para o desenvolvimento sustentável.

   C) tem como objetivo principal ampliar a participação política e social dos atores locais envolvidos no processo educativo oferecido por profissionais técnico-científicos capazes de obter e interpretar informações referentes à área.

   D) está voltada à inclusão e participação política e social das comunidades locais mais fortemente envolvidas no processo educativo proporcionado por programas e projetos de ensino formal ofertados por governos e empresas.

   E) seu objetivo principal é possibilitar e ampliar a participação política e social dos atores envolvidos em todo o processo educativo por meio da seleção e interpretação das informações.

4. Relacione as correntes teóricas a seguir às respectivas definições.

   1. Antropocêntrica
   2. Naturalista
   3. Globalizante

( ) Sociedade humana e natureza são interligadas. Enfatiza os aspectos ecológicos, naturais, políticos, sociais, econômicos, filosóficos, éticos e culturais.

( ) Natureza e meio ambiente são fonte de recursos naturais, a qual deve ser cuidada para que não se inviabilize a oferta direta desses recursos às sociedades humanas.

( ) Enfatiza os componentes e o funcionamento do meio ambiente, como os aspectos físico-químicos, a fauna e a flora dos ecossistemas, excluindo-se frequentemente o ser humano.

Agora, assinale a alternativa que apresenta a sequência correta:

A 1 – 3 – 2.
B 3 – 2 – 1.
C 2 – 1 – 3.
D 3 – 1 – 2.
E 1 – 2 – 3.

5. Sobre o legado de Henry D. Thoreau, é correto afirmar que:

A suas obras e seu exemplo de vida fortaleceram o movimento ambientalista nos Estados Unidos e no mundo.

B suas obras e seu exemplo de vida fortaleceram o movimento social e ambientalista, o que acarretou a interrupção do financiamento de guerras pelos Estados Unidos.

C suas obras e seu exemplo de vida impulsionaram o movimento ambientalista por todo o mundo, tornando Walden Pond um centro internacional de educação ambiental (EA).

D suas obras e seu exemplo de vida criaram um movimento preservacionista, Walden, que definiu as principais áreas de proteção florestal nos Estados Unidos.

E ele influenciou a juventude, as comunidades alternativas e todo o movimento ambientalista, que, já em sua época, aclamava e discutia o termo *sustentabilidade*.

Atividades de aprendizagem

Questões para reflexão

1. Para você, qual é o papel do biólogo na educação ambiental (EA)?
2. Pesquise em fontes secundárias qual foi a influência das ciências biológicas no desenvolvimento da educação ambiental (EA). Em seguida, compare os resultados de sua pesquisa com sua resposta à primeira questão e responda: Quais definições de EA apresentam uma perspectiva mais integrada à biologia?
3. Em seu entendimento, quais são as áreas complementares à biologia necessárias para a atuação eficaz em educação ambiental (EA)?

Atividades aplicadas: prática

1. Elabore um relatório de pesquisa local seguindo o roteiro a seguir.

   - Pesquise quem são os líderes e as principais iniciativas locais que empreendem ações de referência em educação ambiental (EA), formais ou não formais.
   - Descreva as iniciativas e seus participantes e representantes (atores sociais) no que se refere aos aspectos identitários e aos contextos socioculturais e ecológicos.

- Descreva os principais processos históricos e/ou filosóficos responsáveis pela emergência da EA no micronível escolhido.

Por fim, responda às seguintes questões:

(A) Há relações com os marcos temporais da EA no macronível? Destaque-as, quando houver.

(B) Quais aprendizagens em EA você extraiu deste exercício de resgate e reconhecimento de atores locais mais próximos?

2. Faça uma análise crítica dos seis objetivos da Carta de Belgrado, que orientaram diversos planos de educação ambiental (EA), como o Programa Internacional de Educação Ambiental (PIEA). Em seguida, compare sua análise com os comentários de Reigota (2009, p. 53-61). Por fim, construa um mapa conceitual sobre a Carta de Belgrado.

Mapa conceitual

Trata-se de uma estrutura esquemática, com representação visual e/ou textual, "para representar um conjunto de conceitos imersos numa rede de proposições" e relações (Tavares, 2007, p. 72). Essa técnica tem como função estruturar o conhecimento, "na medida em que permite mostrar como o conhecimento sobre determinado assunto está organizado na estrutura cognitiva de seu autor, que assim pode visualizar e analisar a sua profundidade e a extensão" (Tavares, 2007, p. 72).

CAPÍTULO 2

VERTENTES CONTEMPORÂNEAS E POLÍTICAS DE EDUCAÇÃO AMBIENTAL (EA),

É fundamental diminuir a distância entre o que se diz e o que se faz, de tal forma que, num dado momento, a tua fala seja a tua prática.

Paulo Freire

No capítulo anterior, discorremos sobre o processo histórico de desenvolvimento da educação ambiental (EA), seus objetivos e suas concepções. Neste capítulo, analisaremos as principais vertentes de EA e as políticas relacionadas à área. É importante ressaltar que este capítulo é uma compilação de informações por meio das quais buscamos incentivar seu encontro, leitor, com os fundamentos da EA, de modo a entender seu funcionamento teórico e prático. A saturação das discussões político-pedagógicas da EA e o detalhamento de temas e análises frequentemente desenvolvidos não são o escopo desta obra, sendo objeto de pesquisas de pós-graduação que visam preencher também as lacunas epistemológicas da EA.

Nesta fase inicial dos estudos em EA, é importante saber que há pesquisadores dedicados a compreender as diferentes ramificações desse campo de estudo, concentrando esforços para a delimitação, a comparação e a síntese de suas vertentes nos âmbitos nacional e internacional.

Sauvé (2005) explora 15 correntes de EA, das quais 7 foram enunciadas nas primeiras décadas (1970 e 1980). As demais surgiram mais recentemente em resposta a questões emergentes no final do século XX e início do XXI, como demonstraremos nas próximas seções. Além disso, correntes complementares ao modelo teórico de Sauvé (2003, 2005) serão apresentadas e discutidas para evidenciar o avanço e a atualização das ideias nessa área no contexto sul-americano e brasileiro.

2.1 Principais vertentes de EA

As vertentes de EA são diversas e delineiam-se em resposta à conjuntura socioambiental, às definições e aos avanços nos campos teórico-metodológicos, ganhando corpo prático em função da forma de adoção, da familiaridade e da exposição a experiências e percepções prévias dos participantes. Essas vertentes podem ser mais ou menos próximas, de acordo com os parâmetros e/ou critérios para a observação de padrões de semelhança, divergência e complementaridade. A análise e a discussão dessas vertentes ajudam a promover a efetividade da EA.

De acordo com o professor Marcos Reigota (2009), há vertentes que alcançaram grande visibilidade pública, embora não estejam ligadas a um projeto político-pedagógico sério e comprometido. São intervenções rasas, bastante frequentes nas últimas décadas, que confundem os profissionais da área. Trata-se do que o autor chama de *boom*, caracterizando um "modismo". Os profissionais devem estar atentos a essas vertentes que seguem em ondas acríticas e oportunistas, geralmente associadas à produção de megaeventos que buscam visibilidade a qualquer custo.

Há, ainda, correntes cujos projetos pedagógicos são equivocados, como as escolas ecológicas de base conservacionista que surgiram até 1995. Segundo Reigota (2009), essas abordagens são distintas da EA voltada à consolidação da cidadania, construída com base em uma opção pedagógica crítica inserida em diversos campos de atuação, como o das artes, da mídia, da publicidade, da política e da educação.

A pesquisadora canadense Lucie Sauvé (2003, 2005) agrupa as correntes segundo o grau de sua tradição, inicialmente em consideração ao período em que foram criadas. Além disso, a autora lista quatro parâmetros principais: (1) concepção predominante de meio ambiente; (2) intenção central; (3) enfoques e exemplos ilustrativos da estratégia; e (4) modelo.

Quadro 2.1 – Categorias identificadas nos parâmetros que definem as principais correntes de EA

Parâmetro	Exemplos de categorias
Concepções de meio ambiente	Natureza; recurso/problema; sistema; objeto de estudo; meio de vida; objeto de valores; totalidade (seres vivos); lugar de pertença/projeto comunitário; cadinho de ação/reflexão; objeto de transformação ou lugar de emancipação; objeto de solicitude; território ou lugar de identidade natural-cultural; polo de interação para formação pessoal/cadinho de identidade; recursos para o desenvolvimento econômico ou recursos compartilhados.
Objetivos da EA	• Reconstruir uma ligação com a natureza; • Adotar comportamentos de conservação ou desenvolver habilidades para a gestão ambiental; • Desenvolver habilidades de resolução de problemas, do diagnóstico à ação; • Desenvolver o pensamento sistêmico (análise e síntese para uma visão global) ou compreender as realidades ambientais, tendo em vista decisões apropriadas; • Adquirir conhecimentos em ciências ambientais ou aprimorar habilidades para a experiência científica.
Enfoques dominantes	Sensorial; experiencial; afetivo; cognitivo; criativo/estético; pragmático; experimental; moral; holístico; orgânico; intuitivo; criativo; práxico; reflexivo; dialogístico; simbólico; espiritual.

(continua)

(Quadro 2.1 – conclusão)

Parâmetro	Exemplos de categorias
Estratégias/ práticas	Imersão; interpretação; jogos sensoriais e atividades de descoberta; guia ou código de comportamentos; auditoria ambiental; projeto de conservação/de gestão; estudo de casos referentes aos sistemas ambientais (análise de situações-problema); experiência; resolução participativa de problemas associada a um projeto; estudo de casos para a análise de sistemas ambientais; estudo de fenômenos; observação, demonstração e experimentação; atividade de pesquisa hipotético-dedutiva; estudo do meio, itinerário ambiental, leitura da paisagem etc.

Fonte: Elaborado com base em Sauvé, 2003, 2005.

Pelo menos 15 correntes de EA foram definidas por Sauvé com base nesses parâmetros. De acordo com a autora, entre 1970 e 1980, destacaram-se as correntes naturalista, conservacionista ou recursista, resolutiva, sistêmica, científica, humanista e moral/ética. Após 1990, foram delimitadas as correntes holística, biorregionalista, práxica, crítica, feminista, etnográfica, da ecoeducação e da sustentabilidade.

Agrupar e comparar iniciativas empíricas com base em arcabouços como esses tornou-se um campo de investigação para os pesquisadores e teóricos da EA. Definições como a de Sauvé (2005) são interessantes para comparar e relacionar casos empíricos às vertentes de EA e facilitar novos processos de aprendizagem, que você, leitor, pode percorrer como agente de EA.

2.2 Correntes de EA criadas entre 1970 e 1980

Nesta seção, abordaremos as correntes tradicionais de EA, a fim de que você, leitor, conheça melhor a diversidade que configura esse campo, para não cair em enrijecimentos e, assim, manter uma postura articuladora e/ou integradora de diferentes vertentes na execução de suas ações.

As correntes naturalista, conservacionista, sistêmica, científica, humanista e moral/ética são as mais antigas e serão brevemente resumidas nos tópicos a seguir, conforme o modelo teórico de Sauvé (2003, 2005). Cada uma estará acompanhada por uma imagem ilustrativa e gostaríamos de propor a você, leitor, que acrescente outra imagem que remeta, em sua opinião, à corrente sintetizada.

Corrente naturalista

Enfatiza a relação com a natureza e adota enfoques e práticas que se relacionam diretamente com o sentir e o viver em contato com os elementos e as dinâmicas naturais. Há o reconhecimento do valor intrínseco da natureza como meio direto para a aprendizagem.

Insira aqui a imagem escolhida.

oceanfishing/Shutterstock

Corrente conservacionista/recursista

Enfatiza a manutenção dos recursos naturais bióticos e abióticos quanto à quantidade/abundância e à qualidade, devotando especial atenção ao patrimônio genético e à conservação da biodiversidade. Destaca, especialmente, a administração dos recursos e do ecossistema mediante a prática da gestão ambiental. As práticas dedicadas à economia de recursos materiais são muito comuns nessa corrente.

Insira aqui a imagem escolhida.

Corrente resolutiva

Essa corrente surgiu em resposta ao agravamento dos problemas ambientais, transformando-se na visão central da Organização das Nações Unidas para a Educação, a Ciência e a Cultura (Unesco) em seu Programa Internacional de EA, entre 1975 e 1995. Associada ou não à corrente conservacionista, dá enfoque à prevenção e à resolução de problemas crescentes mediante a modificação de comportamentos e da implementação de projetos coletivos.

Insira aqui a imagem escolhida.

YAKOBCHUK VIACHESLAV/Shutterstock

Corrente sistêmica

Concentra-se na identificação das relações entre os componentes dos subsistemas sociais e ecológicos e favorece uma compreensão sintético-analítica integradora e dinâmica dos sistemas complexos em foco. Destaca a habilidade cognitiva para otimizar os processos e a tomada de decisões, tendo como base as ciências biológicas em suas vertentes mais integradoras e influentes (década de 1970), como a ecologia, incluindo a ecologia humana.

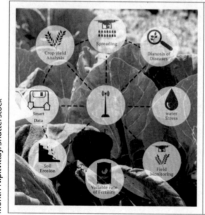

Insira aqui a imagem escolhida.

Montri Nipitvittay/Shutterstock

Corrente científica

Nessa abordagem, o objetivo principal é entender as relações de causa e efeito concernentes à estrutura, à dinâmica e à problemática ambientais na interação com os sistemas sociais humanos, por meio da pesquisa sistemática trans ou interdisciplinar. Busca-se, assim, compreender para planejar e orientar as ações de forma eficaz, destacando-se, sobretudo, as ciências da natureza (física, química e biologia), com vistas ao desenvolvimento cognitivo e experimental.

Insira aqui a imagem escolhida.

bokan/Shutterstock

Corrente humanista

Nessa vertente, os aspectos histórico-cultural, político-econômico e estético têm grande peso na percepção humana do que é a natureza. Nela, destacam-se os valores simbólicos dos elementos e das dinâmicas ambientais, de modo que se apreendam as relações emergentes, principalmente com base na paisagem antropicamente modificada, sendo essa perspectiva frequentemente adotada por educadores ligados à geografia e outras ciências humanas. Volta-se às aprendizagens cognitivas, mas também sensoriais, despertando a afetividade, a criatividade e o desenvolvimento estético para maior e melhor significação e representação.

Insira aqui a imagem escolhida.

Corrente moral/ética

Nessa vertente, destacam-se os valores e as percepções morais e éticas das pessoas com relação ao meio ambiente. Como é a compreensão ética que estabelece ou não as relações que afetam positiva ou negativamente o meio ambiente, é ela que precisa ser desenvolvida para garantir as condutas desejadas no que se refere à proteção ambiental, conforme proposto no ecocivismo. Os sistemas de valor moral e ético são analisados para a definição de estratégias apropriadas (por exemplo, antropocentrismo, biocentrismo, sociocentrismo e ecocentrismo), ainda que conflitem com as regras e os padrões de valor social imperantes nas conjunturas econômica e política.

Insira aqui a imagem escolhida.

Observe novamente as imagens escolhidas para cada corrente abordada e exercite a fixação da aprendizagem também de forma visual. Selecionar novas imagens o ajudará, leitor, a reconhecer com quais correntes você tem maior afinidade ou pretende se alinhar futuramente.

2.3 Correntes de EA posteriores à década de 1990

As primeiras correntes impulsionaram ou favoreceram a criação de novas teorias para atender a objetivos potencializados ou, ainda, que ganharam destaque no final do século XX e início do século XXI. Nesta seção, trataremos das correntes mais recentes de EA.

As principais correntes em emergência após os anos 1990 foram, segundo Sauvé (2003, 2005), a holística, a biorregionalista, a prática (ou práxica), a crítica, a feminista, a etnográfica, a da sustentabilidade e a da ecoeducação. De acordo com Sato, Gauthier e Parigipe (2005), há também uma vertente complementar denominada *sociopoética*, a qual enfatiza as construções coletivas do conhecimento e das práticas em EA.

Há outra corrente influente na contemporaneidade cuja base é religiosa e espiritual. Por apresentar características próprias e um grande reflexo em práticas de vida em comunidades urbanas e rurais e em áreas naturais, trataremos de suas conexões diretas nos âmbitos formal e não formal de EA.

A seguir, sintetizaremos essas vertentes e a cada uma associaremos um ícone. Ao longo da leitura, à semelhança da seção anterior, sugerimos que você, leitor, crie novos ícones ou símbolos, com desenhos abstratos ou concretos, que remetam às respectivas correntes de EA.

Corrente holística

O tratamento linear, que analisa estritamente as realidades e condições socioambientais, é visto nessa vertente como o cerne inicial da desunião e do desacoplamento dos múltiplos fatores complexos que dimensionam essa conjuntura. As perspectivas também são diversas, contemplando desde aspectos subjetivos e psicológicos dos indivíduos até interações e influências cósmicas. De acordo com Sauvé (2005), essa corrente engloba múltiplos termos, conceitos e abordagens com objetivos comuns. Gadotti (2009a, 2009b) destaca, nesse sentido, a ecopedagogia, a pedagogia da Terra, a pedagogia da sustentabilidade, a educação ambiental e a educação para a cidadania planetária.

Desenhe aqui seu ícone.

magic pictures/Shutterstock

Corrente biorregionalista

Abrange tanto as características estruturais e funcionais do espaço geográfico quanto as identidades e os conhecimentos socioculturais das comunidades humanas associadas – aspectos que fundamentam o termo *biorregião*. Ecocêntricas e proativas, as práticas de EA dessa corrente buscam reconhecer as problemáticas e as potencialidades locais e regionais, visando ao resgate, à proteção e à valorização dos saberes da

sociobiodiversidade local e regional e do sentimento de pertencimento e de integração ao meio.

castanha-do-brasil

Desenhe aqui seu ícone.

Sociobiodiversidade

Trata-se de um conceito que expressa a inter-relação entre a diversidade biológica e a diversidade de sistemas socioculturais. Os aspectos culturais atrelados à biodiversidade se encontram ameaçados de forma preocupante, sendo necessárias ações para o levantamento e a valorização dos aspectos bioculturais para a conservação dos conhecimentos e memórias tradicionais e da biodiversidade (Nazarea, 1998).

Corrente prática ou práxica

A ideia dessa vertente é a efetivação do aprendizado mediante a elaboração de um projeto. Nesse caso, o aprendizado cognitivo, a pesquisa e as reflexões para a solução de um problema identificado de forma comum em comunidades ocorrem diretamente na ação participativa e múltipla, envolvendo pessoas e organizações diversas. De modo simplificado, há muito processo de auto e retroalimentação (*feedbacks*) com relação ao desenvolvimento das atividades, das etapas e das fases para compreender e ajustar os objetivos, as decisões, a qualidade das dinâmicas, entre outros aspectos.

Corrente crítica ou de crítica social

Associada à corrente anterior, a corrente crítica destaca as realidades e as problemáticas socioambientais de forma direta e explícita, além de avaliar como os atores, as organizações e as instituições se relacionam com esses temas e como podem potencializar as ações para efetivar os projetos comunitários.

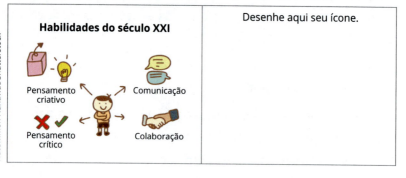

Corrente feminista

Essa vertente busca refletir sobre as relações de poder exercidas nos grupos sociais, sobretudo nos campos político e econômico. Dessa maneira, procura integrar perspectivas que valorizam as mulheres – seus conhecimentos, suas perspectivas e suas ações – com relação à natureza. Pelo enfoque afetivo, intuitivo, simbólico, espiritual e/ou artístico, essa vertente torna possível a valorização de outras dimensões insensíveis à racionalidade estrita. Nela, destaca-se a **ética da responsabilidade** (o cuidado com os demais e com o meio) de maneira afetuosa e contínua. Apesar da menor participação das mulheres nos eventos internacionais que levaram à consolidação da EA, acreditamos que essa vertente seja a base prévia, ainda que informal, do **ecofeminismo**, surgido na década de 1970 (Osório, 2018).

Desenhe aqui seu ícone.

nikhilmishra_creations/Shutterstock

Corrente etnográfica

Destacando a diversidade e a riqueza cultural humana, nessa corrente, a EA não manifesta imposições e visões hegemônicas em sua concepção e aplicação. Trata-se de uma vertente que adapta as práticas pedagógicas/educativas aos contextos sociais, integrando a cultura de referência das populações envolvidas, com dedicação especial àquelas autóctones, indígenas, entre outras comunidades tradicionais. Essas culturas enriquecem o campo de atuação por seu sistema de conhecimento próprio, botânico, biológico, ecológico, ambiental, linguístico, artístico, estético, cosmológico, entre outros. Grande parte desse universo é sincrética ou milenar, além de trazer identidade e inovação às ações.

Desenhe aqui seu ícone.

Naipez/Shutterstock

Corrente da sustentabilidade

Depois de emergir na década de 1980, essa vertente passou a dominar a atuação em políticas institucionais direta e indiretamente ligadas à EA, do micro ao macronível. Foi impulsionada em nível internacional desde a Cúpula da Terra, em 1992, reiterando a necessidade de uma reformulação completa da educação. Contudo, é válido ressaltar que a promoção geral do desenvolvimento econômico em equilíbrio com as dimensões sociais e ambientais passou a ser um "mantra" nas agendas institucionais, muitas delas passíveis de crítica severa em razão da apropriação indevida do termo *marketing verde* e do pouco comprometimento socioambiental.

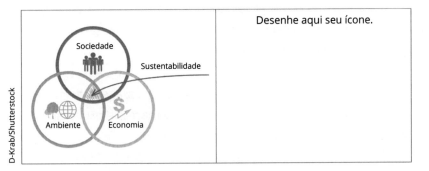

Desenhe aqui seu ícone.

Corrente da ecoeducação

Para Sauvé (2005), essa corrente não contempla uma perspectiva educacional convencional, visto que concebe o meio ambiente como espaço para o desenvolvimento pessoal. Nessa perspectiva, o objetivo é desenvolver uma identidade e uma atuação significativa e responsável mediante a ecoformação do indivíduo e o uso frequente de estratégias lúdicas (brincadeiras, relatos de vida, atividades de imersão, exploração, introspecção, entre outras). Assim, torna-se possível o surgimento espontâneo do sujeito ecológico interligado com seu ambiente e com o mundo.

Desenhe aqui seu ícone.

Corrente da sociopoética

Nessa categoria de EA, o conhecimento emerge e é produzido coletivamente entre os grupos sociais em interação. Desses grupos surge um novo "grupo-sujeito" como autor e ator da pesquisa, da ação ou da aprendizagem. A principal relação articuladora é o diálogo, que estimula e favorece a participação das culturas na construção dos objetos de aprendizagem. A integração do conjunto emocional, intuitivo, racional, gestual e imaginativo ocorre no corpo grupal, o qual apresenta marcas e processos históricos e fonte de conhecimento próprios.

Nessa corrente, técnicas artísticas de produção de dados e saberes (até mesmo inconscientes e desconhecidos) são empregadas no aprofundamento das subjetividades e no reconhecimento de cada um dos sujeitos participantes, ao mesmo tempo que este é tecido em um todo coletivo. Indivíduos fortalecidos compõem redes fortalecidas mediante formas efetivas de socialização no sentido político, ético, humano e espiritual, sejam quais forem os tipos de ação executados.

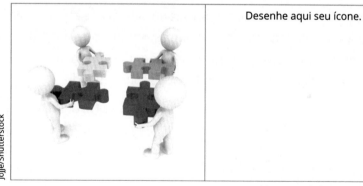

Desenhe aqui seu ícone.

Jojje/Shutterstock

Corrente religiosa

De acordo com Sato, Gauthier e Parigipe (2005), essa corrente apresenta aspectos comuns às primeiras instituições sociais da história da humanidade, ainda que com caráter amplo e informal, tendo em vista regras comunitárias, tabus e concepções religiosas e/ou espirituais. Na contemporaneidade, as ações de EA no contexto religioso ou espiritual têm recebido destaque tanto em organizações religiosas formais quanto em organizações não formais, combativas ou reflexivas, inclusive nas antropocêntricas.

Conforme ressalta Sauvé (2003, 2005), é importante atentar para o papel dessa corrente especialmente no contexto latino-americano, tendo em conta o crescimento de conceitos e práticas de cunho religioso ligados à proteção ambiental, bem como o propósito de construção de identidades humanas mais integradas e harmoniosas. No Brasil, essa linha é explicitada, entre outras, nas obras de Nancy Mangabeira Unger e Leonardo Boff.

Podemos citar como exemplos dessa vertente:

- as atividades realizadas no âmbito da filosofia religiosa japonesa Seicho-No-Ie e no budismo, que incluem iniciativas de construção de ecovilas e escolas, inclusive reconhecidas pelo Ministério da Educação (MEC), como a Escola Vila Verde, a Escola Caminho do Meio e o Centro de Desenvolvimento Infantil do Jardim do Castelo – Cedin (Cebb, 2021);
- a Comissão Pastoral da Terra, que atende comunidades vulneráveis e projetos socioambientais;
- a Confederação Nacional dos Bispos do Brasil (CNBB), que frequentemente realiza as Campanhas da Fraternidade com temas ambientais (Nandi, 2015);

- a Igreja Batista no Jardim Ambiental;
- as comunidades lactovegetarianas Hare Krishna, que oferecem cursos, retiros e vivências integradoras.

Há diversas expressões asiáticas, africanas e latino-americanas no campo da religião e da espiritualidade com ações de EA, como o taoísmo, as inúmeras correntes de ioga, as culturas panteístas, os movimentos do *reggae* e o jaísmo. Essas vertentes aprofundam as relações ambientais mediante o modo de vida, a alimentação, a interconexão do divino com recursos, elementos e funções naturais etc.

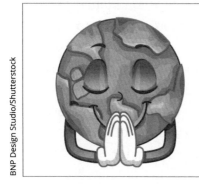

Desenhe aqui seu ícone.

BNP Design Studio/Shutterstock

Corrente artística

Essa corrente parece proeminente no contexto brasileiro e está ligada a espaços intelectuais e da juventude. No campo musical, apareceu na música popular brasileira (MPB) já nos anos 1970, em trabalhos com temáticas centrais referentes à conservação da natureza e do meio ambiente, como os realizados por Tom Jobim, Milton Nascimento e Chico Buarque. Embora ainda se manifeste na MPB, essa corrente se estendeu a outros estilos, como o *reggae*, o *rap* e o *hip-hop*. Além disso, pode ser identificada em outras formas de expressão artística mais engajadas.

Desenhe aqui seu ícone.

Enola99d/Shutterstock

 Exemplo prático

Há dois exemplos interessantes de crítica e exposição das grandes problemáticas socioambientais no cenário musical: os trabalhos do *rapper* BranKobran e do MC Leonel Vinhas. Confira a seguir alguns desses trabalhos.

BRANKOBRAN. **Agrotóxico | Rap Geográfico (#05)**. 14 fev. 2016. Disponível em: <https://www.youtube.com/watch?v=4TEWTO01igU>. Acesso em: 16 mar. 2021.

BRANKOBRAN. **Sem barreiras [Beat by Distinkbeats]**. 2018. Disponível em: <https://soundcloud.com/brankobran/sem-barreiras-beat-by-distinkbeats>. Acesso em: 2 ago. 2021.

MC LEONEL. **S.O.S. Natureza**. 11 jun. 2012. Disponível em: <https://www.youtube.com/watch?v=lI1_66Xgyq8>. Acesso em: 16 mar. 2021.

Corrente da juventude ativista

Trata-se de uma nova vertente que luta pelo direito de jovens e crianças terem um futuro. Desde 2018, suas ações têm crescido em diversos locais, sobretudo na Europa. Podemos citar como exemplos de eventos as Marchas Mundiais do Clima, realizadas em diversos países na década de 1990, e a Greve Climática Global, com 40 países participantes, puxada pela jovem sueca Greta Thunberg (Nunes, 2019).

Desenhe aqui seu ícone.

Nicola_K_photos/Shutterstock

 Para refletir

Você conhece, já pesquisou ou integra outras correntes recentes – por exemplo, ligadas ao poder das redes sociais ou à alimentação (como o veganismo)? Podemos definir um campo da EA empresarial e da gestão de responsabilidade socioambiental (RSA), como as pautadas por organizações certificadoras?

É possível constatar que as correntes não são excludentes entre si e, muitas vezes, são convergentes e/ou articuláveis. Sauvé (2005) explicita a necessidade de abertura e de complementação, discussão e modificação das correntes atuais. A autora reconhece que ainda faltam compilações sobre as correntes e as práticas de EA no contexto sul-americano, especialmente no brasileiro, que não foram vislumbradas em seu estudo realizado no começo do século XXI. Assim, outras contribuições, além das inseridas neste livro e sintetizadas de outros autores, são bem-vindas.

A seguir, indicamos uma lista de revistas indexadas sobre educação ambiental. Busque registrar as palavras-chave das buscas feitas, os filtros de pesquisa aplicados e o período de realização das consultas, pois isso será importante para detalhar e sistematizar suas buscas para redigir futuramente introduções, justificativas, métodos, entre outros pontos importantes de um projeto, relatório, trabalho de conclusão de curso (TCC) e, até mesmo, futuros artigos e publicações.

Lista de periódicos nacionais e internacionais indexados sobre educação ambiental

CANADIAN JOURNAL OF ENVIRONMENTAL EDUCATION. Disponível em: <https://cjee.lakeheadu.ca/>. Acesso em: 12 mar. 2021.
EDUCAÇÃO AMBIENTAL EM AÇÃO. Disponível em: <http://revistaea.org/index.php>. Acesso em: 12 mar. 2021.
ENVIRONMENT AND BEHAVIOR. Disponível em: <https://journals.sagepub.com/home/eab>. Acesso em: 12 mar. 2021.
ENVIRONMENTAL EDUCATION RESEARCH. Disponível em: <https://www.tandfonline.com/loi/ceer20>. Acesso em: 12 mar. 2021.
ERIC – Institute of Education Sciences. Disponível em: <https://eric.ed.gov/>. Acesso em: 12 mar. 2021.

JOURNAL OF OUTDOOR AND ENVIRONMENTAL EDUCATION. Disponível em: <https://link.springer.com/journal/42322>. Acesso em: 12 mar. 2021.

PESQUISA EM EDUCAÇÃO AMBIENTAL. Disponível em: <http://www.periodicos.rc.biblioteca.unesp.br/index.php/pesquisa/index>. Acesso em: 12 mar. 2021.

REVBEA – Revista Brasileira de Educação Ambiental. Disponível em: <https://periodicos.unifesp.br/index.php/revbea/index>. Acesso em: 12 mar. 2021.

REVISTA TÓPICOS EN EDUCACIÓN AMBIENTAL. Disponível em: <http://www.anea.org.mx/Topicos.htm>. Acesso em: 12 mar. 2021.

SUSTAINABILITY. Disponível em: <https://www.mdpi.com/journal/sustainability>. Acesso em: 12 mar. 2021.

THE JOURNAL OF ENVIRONMENTAL EDUCATION. Disponível em: <https://www.tandfonline.com/loi/vjee20>. Acesso em: 12 mar. 2021.

2.4 Políticas de EA do final do século XX

Diante das intensas mudanças socioeconômicas e tecnológicas das sociedades ocidentais, exacerbadas a partir de meados do século XIX, organizações internacionais se mobilizaram para construir marcos e diretrizes em prol do desenvolvimento da humanidade integrado ao meio ambiente.

A Rio-92, que uniu 120 chefes de Estado, múltiplos órgãos governamentais e não governamentais e a sociedade civil, tem uma importância histórica inquestionável, visto que foi o primeiro encontro internacional de grande abrangência sem caráter bélico, voltado à cultura de paz, ao desenvolvimento sustentável e à superação dos desafios vislumbrados para o século XXI. Essa conferência é considerada um dos principais marcos da conservação ambiental, pois conseguiu estabelecer vários acordos, protocolos e convenções.

Documentos e compromissos – como a Carta de Belgrado, a Declaração de Princípios sobre a Floresta, o Tratado da Educação Ambiental para Sociedades Sustentáveis, a Declaração do Rio sobre o Meio Ambiente e o Desenvolvimento, a Convenção da Biodiversidade, a Agenda 21, a Carta das Responsabilidades Humanas e a Carta da Terra – resultaram de esforços multi-institucionais do final do século XX e da forte participação cidadã de pessoas do mundo inteiro. Os eventos e documentos desse período foram de grande relevância para a institucionalização da EA, dado que, além de lhe conferirem visibilidade, ampliaram seus objetivos e fixaram princípios fundamentais norteadores, como os de responsabilidade, equidade, precaução e participação.

É essencial, contudo, que as organizações envolvidas estejam comprometidas, de fato, em modificar o *status quo* por meio do posicionamento e do engajamento político e emancipatório dos participantes (incluindo os educadores) – nesse sentido, não bastam documentos e conceitos engajados. É preciso uma ação intencionada para que haja uma EA verdadeira, como destacado por Loureiro (2006). Não há como aplicar os princípios e objetivos de todos esses documentos sem considerar seus contextos históricos e propósitos de conjuntura e das organizações sociais. Isso se aplica a cada um dos textos de referência da área. Logo, todos os conteúdos devem ser examinados criticamente.

Você já consegue notar como a EA é múltipla e deve ser analisada com base em referências, documentos e arcabouços teóricos? As experiências empíricas, da prática da EA, estão fundamentadas em suas concepções teóricas. Não é a prática a manifestação do pensar?

Considerando-se o tão vasto campo da EA e as correntes caracterizadas nas seções anteriores, é importante identificar as principais políticas de EA expressas na Carta da Terra, no Tratado do Meio Ambiente e Responsabilidade Global, na Agenda 21 e na Convenção da Biodiversidade. Isso porque é necessário reconhecer a importância e a influência que esses documentos e eventos exerceram em diferentes níveis políticos e na gestão de recursos naturais e ecossistemas desde sua definição.

Os documentos destacados foram implementados em 1992 no contexto da Conferência das Nações Unidas sobre Meio Ambiente e Desenvolvimento (Cnumad) e da Cúpula da Terra (também chamada *Fórum Global*, *Rio-92* e *Eco-92*), realizada no Rio de Janeiro em 1992. Esse foi um marco histórico internacional importantíssimo, considerado o maior evento pacífico e colaborativo entre as nações realizado pela Organização das Nações Unidas (ONU). Foram 178 países participantes para discutir e definir compromissos e orientações comuns para a redução e a solução de crises econômicas, sociais, políticas, culturais e ambientais que perpassam limites fronteiriços. A Rio-92 deu um grande impulso à diplomacia ambiental e iniciou negociações que resultaram em 230 tratados ambientais. Certamente, tornou-se a conferência mais importante do século XX.

2.4.1 Carta da Terra

O **Fórum Global** de 1992 ocorreu de maneira paralela ao evento formal da Cnumad, que envolvia entidades da sociedade civil de vários países. Contou com representantes de 10 mil organizações não governamentais (ONGs) em atividades, reuniões e encontros de diferentes áreas e temáticas socioambientais (Barbieri, 1997; Dias, 2004; Gadotti, 2010). O sucesso desse evento se deu pela participação de múltiplos atores de diferentes setores sociais fortemente alinhados à diversidade de outras redes, como a Rede Mata Atlântica, a Rede da Reserva da Biosfera e a Rede Mundial do Clima, que possibilitaram a fundação da Rede Brasileira de Educação Ambiental – Rebea (Ecoar, 2021).

Foi na Eco-92 que um dos documentos primordiais da EA e do ambientalismo, de forma geral, foi debatido e aprovado por representantes da sociedade civil mundial. Trata-se da Carta da Terra, cujos valores subjetivos e princípios holísticos e integradores amparam e despertam o desenvolvimento de ações práticas em diversos níveis, do individual ao coletivo, sobretudo por meio das ONGs signatárias, comprometidas em desenvolver a campanha Nós somos a Terra (Gadotti, 2010).

O teólogo Leonardo Boff (2006) destaca que o documento se apresenta como um referencial contra os "agressores da dignidade da Terra", tendo o mesmo valor que a Declaração dos Direitos Humanos, capaz de levar tais agressores aos tribunais internacionais por seus atos criminosos e injustos. Essa referência ganhou notoriedade e passou a ser inserida em diversas esferas jurisdicionais em março de 2000, quando a Carta da Terra foi aprovada na Unesco (Paris), depois de oito anos de discussão entre 46 países e pessoas de distintos setores e comunidades (Boff, 2006).

A Carta da Terra converteu-se em norte para a prática da EA, bem como para a construção de uma cultura de paz e de sustentabilidade em diversos contextos e instituições formais e não formais. Foi oficializada em alguns países (como Holanda, Costa Rica e México) e cidades (como Estocolmo, Xangai e Seattle), conforme indica Gadotti (2010).

No Brasil, o documento embasa programas curriculares de EA, comuns na maior parte das escolas, e iniciativas exemplares. De acordo com Gadotti (2010), em 2003, o Ministério do Meio Ambiente (MMA) passou a difundir e a promover a Carta da Terra de forma associada à **Agenda 21**, recebendo notoriedade como ação prioritária na **Agenda 21 Brasileira**.

O MEC e o MMA disponibilizam as versões impressa e digital desse e de outros documentos de referência, além de promoverem eventos que visam envolver e integrar diferentes setores sociais, tendo em vista os seguintes princípios: respeito e cuidado da comunidade da vida; integridade ecológica; justiça social e econômica; democracia, não violência e paz, de modo a criar uma responsabilidade universal. Todavia,

> **Isso requer uma mudança na mente e no coração. Requer um novo sentido de interdependência global e de responsabilidade universal.** Devemos desenvolver e aplicar com imaginação a visão de um modo de vida sustentável nos níveis local, nacional, regional e global. [...]
>
> [...] A parceria entre governo, sociedade civil e empresas é essencial para uma governabilidade efetiva.

Para construir uma comunidade global sustentável, as nações do mundo devem renovar seu compromisso com as Nações Unidas, cumprir com suas obrigações respeitando os acordos internacionais existentes e **apoiar a implementação dos princípios da Carta da Terra como um instrumento internacionalmente legalizado e contratual sobre o ambiente e o desenvolvimento.**

Que o nosso tempo seja lembrado pelo despertar de uma nova reverência face à vida, pelo **compromisso firme de alcançar a sustentabilidade, a intensificação dos esforços pela justiça e pela paz e a alegre celebração da vida.** (A Carta da Terra em Ação, 2021, grifo nosso)

Vale destacar que uma governabilidade efetiva requer a legitimação das instituições sociais em nível local e regional, garantindo a plena participação dos mais plurais atores sociais envolvidos. Essa inserção ocorre já nas fases iniciais de idealização e planejamento para o que será implementado e mantido com base em ações e programas de sustentabilidade. A Carta da Terra passa, assim, a ser um documento orientador inclusive de iniciativas populares educativas e políticas e de organizações comunitárias que direcionam reivindicações às esferas superiores, buscando o desenvolvimento sustentável local e a solução de possíveis problemas.

2.4.2 Tratado de Educação Ambiental para Sociedades Sustentáveis e Responsabilidade Global

O Tratado de Educação Ambiental para Sociedades Sustentáveis e Responsabilidade Global foi instituído em 1992, também na Eco-92. Nesse tratado, a EA foi reconhecida como um processo de aprendizagem contínuo baseado no respeito a todas as formas de vida e como um processo dinâmico, permanentemente em construção, orientado por valores alicerçados na mobilização e na transformação social. Esse documento tornou-se a principal referência de inúmeras organizações e redes de EA, como a Rebea no Brasil – que foi criada em 1992 e "articula uma grande malha nacional de redes de educadores ambientais [tecida] de ideais, sonhos, conhecimentos e objetivos [...] para a construção de uma cultura de paz e uma sociedade sustentável" (Rebea, 2021). Ademais, é compreendido como um dos mais importantes marcos mundiais para a EA, apesar de seu caráter não oficial, especialmente por ter sido elaborado pela sociedade civil do mundo todo.

O texto do tratado inicia com uma introdução, à qual se segue o estabelecimento de princípios, plano de ação, monitoramento e avaliação, grupos a serem envolvidos e recursos aplicáveis. Para exemplificar seu caráter integrador, os três primeiros princípios da Educação para Sociedades Sustentáveis e Responsabilidade Global são:

1. A educação é um direito de todos; somos todos **aprendizes e educadores**.

2. A educação ambiental deve ter como base o **pensamento crítico e inovador, em qualquer tempo ou lugar, em seu modo formal, não formal e informal, promovendo a transformação e a construção da sociedade.**

3. A educação ambiental é **individual e coletiva**. Tem o propósito de formar cidadãos com **consciência local e planetária, que respeitem a autodeterminação dos povos e a soberania das nações**. (Brasil, 2005a, p. 58, grifo nosso)

O Tratado de Educação Ambiental para Sociedades Sustentáveis e Responsabilidade Global é reconhecido pelo MMA como um dos principais marcos documentais para a EA no país (Brasil, 2018). Trata-se de um documento que promove o entendimento e a atuação crítico-reflexiva individual e coletiva não para reformar a sociedade atual, mas para transformá-la pelo exercício da cidadania e pela afirmação das identidades.

2.4.3 Agenda 21

Um dos programas de ação oficializados na Cnumad foi a Agenda 21, firmada por 179 países dispostos a utilizá-la para a implementação de políticas de desenvolvimento integrado ao meio ambiente. Os compromissos e recomendações ambientais consolidados nesse documento buscam um novo modelo de progresso, em que se enfatiza a importância da EA. Em outras palavras, é um "plano de ação para o século XXI visando a sustentabilidade da VIDA na Terra, como estratégia para a sobrevivência" (Dias, 2004, p. 522). Seus 40 capítulos estão organizados em quatro grandes temas: (1) dimensões econômicas e sociais; (2) conservação e manejo de recursos naturais; (3) fortalecimento da comunidade; e (4) meios de implementação.

A Agenda 21 também reforça a EA como processo dinâmico para a mobilização e a transformação social, conforme estabelecido no referido tratado e na Carta da Terra, conferindo poder aos grupos comunitários por meio do princípio da delegação de autoridade. Além disso, estimula organizações sociais de base, setor privado, indígenas, organizações comunitárias e ONGs a investir na melhoria da qualidade de vida e na redução da pobreza (Brasil, 2018).

A Agenda 21 foi revisada na **Rio+5**, realizada no Rio de Janeiro em julho de 1997. Nesse evento, constatou-se que nem um décimo dos recursos prometidos foi destinado ao cumprimento dos objetivos acordados. Por isso, foram colocadas em pauta formas mais efetivas para sua consecução. O plano de implementação da Agenda 21 foi analisado na **Rio+10**, também conhecida como Cúpula Mundial do Desenvolvimento Sustentável, realizada em 2002 em Joanesburgo. O evento contou com cerca de 280 iniciativas de parceria entre governos, instituições internacionais, ONGs, empresas, grupos trabalhistas e outros segmentos da sociedade.

O plano foi elaborado em dez capítulos, com objetivos a serem alcançados pelos signatários para a concretização do desenvolvimento economicamente sustentável, socialmente justo e ecologicamente equilibrado, tal como indicam suas cinco prioridades: (1) saneamento e (2) saúde – o propósito era reduzir à metade, até 2015, o número de pessoas sem serviços básicos (água e esgoto tratados); (3) biodiversidade – o objetivo era diminuir significativamente as perdas em biodiversidade até 2010; (4) energia – o intuito era elevar o uso de energias de fontes renováveis dentro dos prazos fixados; e (5) agricultura.

O Capítulo 36 da Agenda 21, intitulado "Promoção de ensino, da conscientização pública e do treinamento", trata da EA em todos os níveis de formação, cabendo à Unesco a responsabilidade por sua efetivação no macronível. As influências da Agenda 21 foram inúmeras nos âmbitos geográfico e jurisdicional e estão direta e indiretamente ligadas aos governos.

Com base nesse acordo, em 1997, iniciou-se a construção da **Agenda 21 Brasileira**, para a qual foram determinados os seguintes temas centrais:

1. Gestão dos recursos naturais
2. Agricultura sustentável
3. Cidades sustentáveis
4. Infraestrutura e integração regional
5. Redução das desigualdades sociais
6. Ciência e tecnologia para o desenvolvimento sustentável

As propostas e recomendações desse documento viraram instrumento e referência para diversas áreas das gestões pública e privada no país. Para avançar nos programas relacionados à EA, celebrou-se um acordo de cooperação entre o MEC e o MMA mediante a criação do Programa Nacional de Educação Ambiental (ProNEA).

A Agenda 21 Brasileira também refletiu em diversas propostas didáticas alinhadas a acordos e compromissos internacionais referentes ao desenvolvimento sustentável, às mudanças climáticas (MCs) e à atmosfera, à qualidade de vida e à qualidade ambiental e aos recursos hídricos. Um exemplo é o Projeto WET, criado em 1984 no estado de Dakota, nos Estados Unidos. Sem fins lucrativos, o projeto foi difundido em diversos países e, consequentemente, foi reconhecido internacionalmente pelas seguintes ações: valorização dos recursos hídricos e conscientização sobre sua importância; melhoramento da qualidade do apoio didático mediante a promoção de capacitações, de consultorias e de materiais didáticos voltados especialmente à atuação em sala de aula; e oferta de programas educativos em múltiplos níveis (do municipal ao internacional).

O Projeto WET está alinhado ao Programa Hidrológico Internacional (PHI) da Unesco, cujas ações são fundamentadas nos princípios da Agenda 21 (Capítulo 18) e em outros documentos. Seu objetivo geral consiste em "gerar, desde a infância, uma mudança de consciência em torno do conhecimento e do aproveitamento sustentável da água" (PHI, 2011, p. XIII). De acordo com seu marco pedagógico, o ensino e a aprendizagem partem de uma visão global e integradora para a construção de novos padrões culturais, a fim de que seja estabelecida uma convivência harmônica da sociedade com o meio ambiente – em particular, com a água.

2.4.4 Convenção da Diversidade Biológica (CDB)

Primeiramente, é importante destacar que a EA está prevista e imbricada nas macropolíticas voltadas à manutenção e à conservação da **biodiversidade** e dos **serviços ecossistêmicos (SE)**.

Serviços ecossistêmicos (SE)

São os benefícios [e, ocasionalmente, as perdas e os prejuízos] que as pessoas recebem dos ecossistemas. Estes incluem serviços de produção, como de água e alimentos; serviços de regulação, como o controle de enchentes, de secas, da degradação dos solos e de doenças; serviços de suporte, como a formação dos solos e os ciclos de nutrientes; e serviços culturais, como recreação, valores espirituais e religiosos e outros valores não materiais.

Fonte: ICMBio, 2018, p. 87.

A Convenção da Diversidade Biológica (CDB) foi firmada por 167 países durante a Cnumad com o objetivo de criar condições para efetivar a conservação e o uso sustentável da biodiversidade, bem como a divisão equitativa de benefícios advindos de recursos genéticos. O plano dessa convenção envolve cinco objetivos estratégicos e as **20 Metas de Aichi** (Brasil, 2000b; CBD, 2014).

A CDB foi um compromisso necessário para se estabelecerem possíveis soluções para a perda da biodiversidade, reconhecida em razão das taxas aceleradas e crescentes de degradação, indicadas pela comunidade científica como uma das maiores e mais sérias ameaças ao planeta.

No entanto, apesar dos compromissos assumidos, o cumprimento das metas de 2010 para a redução da perda da biodiversidade não foi atingido, como divulgado na 10ª Conferência das Partes (COP-2010), realizada em Nagoya, no Japão. Desde então, têm emergido planos estratégicos com prazos para o alcance dos objetivos e das metas – as Metas de Aichi, por exemplo, tinham como prazo o ano de 2020.

Há metas para a recuperação e a restauração de ecossistemas firmadas tanto no âmbito internacional, como o Desafio Bonn (*Bonn Challenge*), quanto nos âmbitos nacional e regional, como a Política Nacional da Biodiversidade (PNB), a Política Nacional de Recuperação da Vegetação Nativa (Proveg) e o Pacto pela Restauração da Mata Atlântica.

Tendo em vista esses compromissos e o reconhecimento das dificuldades de implementação e avaliação das metas, em 2012, foi criada a Intergovernmental Platform on Biodiversity and Ecosystem Services (IPBES), com 127 países-membros. A IPBES, desde seu surgimento, desenvolve de forma proativa as avaliações necessárias para atender a demandas políticas, além de apoiar processos de capacitação social (*capacity building*) que incluem ações de EA para a manutenção da biodiversidade e dos SE. O arcabouço conceitual da IPBES foi delineado de maneira transparente, inclusiva, participativa e multi e interdisciplinar.

Ela envolve atores de diversos segmentos e países (ao longo de dois anos), de modo a lidar com as complexidades intrínsecas à área de uma maneira simples, objetiva e confiável.

Capacity building

Segundo Seixas e Davy (2007), o termo *capacity building* é geralmente utilizado para definir esferas de governo, ONGs e outras figuras técnicas capazes de "educar" pessoas locais. Nos casos que investigaram, os autores perceberam tratar-se de um processo de construção/educação com duas etapas: primeiramente, governo, ONGs e setor privado compartilham informações técnicas com os membros das comunidades; em seguida, há o processo inverso, com o compartilhamento de conhecimentos locais com as entidades mencionadas.

A proposta da IPBES também é a de facilitar interoperações entre disciplinas e culturas variadas e possibilitar a identificação de opções para a ação, podendo ser mais bem aproveitadas pelos profissionais diretamente envolvidos na EA. Como resultado desse esforço, Díaz et al. (2015) apresentam um glossário fundamental para uma linguagem comum entre os atores sociais e o esquema de fluxo entre dimensões a serem utilizadas para pesquisa e ações na área. Os autores elencam características-chave e correlacionam os principais elementos da *IPBES Conceptual Framework*, que se constitui basicamente de seis principais elementos (ou componentes) interconectados, os quais representam os sistemas naturais e sociais operantes em escalas variadas de espaço e tempo. São eles:

1. natureza;
2. benefícios da natureza para as pessoas;
3. ativos antropogênicos;
4. instituições, sistemas de governança e outros fatores indiretos direcionadores de mudanças;
5. fatores de mudança direcionados diretamente (naturais ou antropogênicos);
6. boa qualidade de vida.

O contexto de conexão desses elementos é descrito no organograma da estrutura conceitual da IPBES, que conta também com exemplos de situações. Os processos que ocorrem e interagem em diferentes escalas e níveis de gestão são igualmente descritos e representados no mesmo esquema.

Após detalhada explicação sobre a atribuição de valores à natureza e aos seus recursos (e serviços), os referidos autores defendem que, independentemente da forma, isso tem despontado como um dos mais importantes mecanismos para a garantia de **sistemas socioecológicos (SSEs)** integrados à conservação. A despeito da abordagem escolhida, as técnicas de avaliação precisam se encaixar no sistema de valores de todas as partes envolvidas para garantir que suas preferências, interesses, percepções da natureza e ideias do que seria o legado para as gerações futuras sejam, de fato, considerados. Emparelhando-se diferentes sistemas de valores com diferentes abordagens e técnicas de avaliação, é possível obter um mapa de valor integrado dos benefícios da natureza.

Sistemas socioecológicos (SSEs)

Os SSEs são sistemas complexos e incertos, compostos pelos subsistemas sociais (humanos) e ecológicos (biofísicos) em relações de reforço e/ou inibição – *feedbacks*, retroalimentação ou respostas (Berkes; Folke, 1998) –, os quais revelam a inseparabilidade e a complexidade existente entre os subsistemas em coevolução (Holling; Berkes; Folke, 1998).

2.5 Política Nacional de Educação Ambiental (Pnea)

A efetiva inclusão da EA nas políticas públicas e o envolvimento dos órgãos governamentais federais na temática são questões sujeitas à crítica, sobretudo nas primeiras fases da EA no Brasil (Dias, 2004).

A EA passou a adquirir uma posição de destaque no cenário nacional especialmente a partir de meados da década de 1990, com a adesão institucional e o endereçamento da área aos órgãos ligados ao MEC e ao MMA. Com os avanços institucionais da EA, esses ministérios foram definidos como gestores da política direcionada à área, com o objetivo de promover a EA em todos os níveis e modalidades de ensino, em caráter formal e não formal. Nesta seção, abordaremos as principais diretrizes da Política Nacional de Educação Ambiental (Pnea), estabelecida pela Lei n. 9.795, de 27 de abril de 1999 (Brasil, 1999).

Consultando a legislação

Para que você, leitor, possa refletir criticamente sobre o arcabouço legal da Pnea e analisar as diretrizes discutidas após seu estabelecimento, é fundamental que leia o texto da lei na íntegra.

BRASIL. Lei n. 9.795, de 27 de abril de 1999. **Diário Oficial da União**, Poder Legislativo, Brasília, DF, 28 abr. 1999. Disponível em: <http://www.planalto.gov.br/ccivil_03/leis/l9795.htm>. Acesso em: 22 mar. 2021.

A Pnea foi criada em 1999, mas foi regulamentada apenas em 2002 pelo Decreto n. 4.281, de 25 de junho de 2002 (Brasil, 2002a). Tendo em vista as bases para a execução dessa política, a Coordenação Geral de Educação Ambiental (Cgea/MEC) ficou responsável pelas ações do ensino formal e o Departamento de Educação Ambiental (DEA/MMA) pelo ensino não formal – ações educativas de práticas sociais não escolares. A Figura 2.1 (mais adiante) resume a estruturação da Pnea e os respectivos órgãos gestores competentes, partindo do nível federal.

No que se refere aos estados e aos municípios, ficou ao encargo dos dirigentes dessas esferas de governo definir as diretrizes, as normas e os critérios para as ações de EA (com base na Pnea). As Comissões Estaduais Interinstitucionais de Educação Ambiental (Cieas) também foram oficializadas pelo Decreto n. 4.281/2002, de modo a ampliar a participação e os processos democráticos para a construção das políticas e programas de EA tendo em vista as especificidades dos estados e dos municípios (Brasil, 2002b).

Para a implementar o ProNEA, a fim de garantir a transversalidade e a sinergia de ações educativas desenvolvidas internamente por secretarias e órgãos vinculados ao MMA, foi criada a Comissão Intersetorial de Educação Ambiental (Cisea) pela Portaria MMA n. 269, de 26 de junho de 2003 (Brasil, 2003). Em 2007, essa instância representante de todas as secretarias e órgãos vinculados ao MMA foi transformada em departamento (Brasil, 2007b). Por meio desse órgão, processos coordenados de consulta e deliberação de ações educativas puderam ser realizados de forma a garantir a transversalidade interna, diretriz do MMA à qual se somam outras três: fortalecimento do Sistema Nacional de Meio Ambiente (Sisnama); controle e participação social; e desenvolvimento sustentável (Brasil, 2018). No mesmo ano, o MEC priorizou a viabilização de ações e diretrizes da Pnea e reestruturou a Cgea, que passou de Secretaria de Educação Fundamental para Secretaria Executiva (Brasil, 2018).

A partir da mudança ministerial e da criação da Secretaria de Educação Continuada, Alfabetização e Diversidade (Secadi), a EA se enraizou melhor no MEC e nas redes de ensino estaduais e municipais, aproveitando-se de sua transversalidade e integração até mesmo na educação escolar indígena e no meio rural (Brasil, 2008).

Figura 2.1 – Organograma geral da estrutura da Pnea

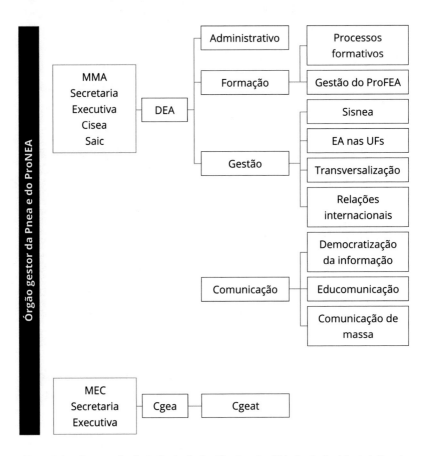

Nota: Saic – Secretaria de Articulação Institucional e Cidadania Ambiental; Cgeat – Coordenação Geral de Educação Ambiental e Temas Transversais da Educação Básica; Sisnea – Sistema Nacional de Educação Ambiental; ProFEA – Programa Nacional de Formação de Educadores Ambientais.

Fonte: Elaborado com base em Brasil, 2008, 2018.

O MMA (Brasil, 2018), em sua terceira edição do ProNEA, apresenta uma compilação do principal arcabouço da área. Esse documento atualizado se inicia definindo a EA como

> **um elemento fundamental para a gestão ambiental pública, que deve ser eficaz e manter o meio ambiente equilibrado para todos.** Por meio de processos educativos democráticos e participativos, a EA busca explicar os interesses e as causas de conflitos e questões socioambientais, ao mesmo tempo que constrói valores, conhecimentos, competências, habilidades e atitudes voltados à transformação da realidade socioambiental e à ruptura dos paradigmas de desenvolvimento em bases insustentáveis. (Brasil, 2018, p. 13, grifo nosso)

As concepções, os objetivos e os alinhamentos do ProNEA partiram de um processo de consultas públicas e de uma série de encontros e reuniões com organizações e educadores, realizada em 2017, para sua produção participativa. Esses processos, segundo o documento, estão em conformidade com suas diretrizes fundamentais, que são: **participação social**, **valoração da diversidade de saberes** e **práticas produzidas pela sociedade**.

> Art. 4º [...]
>
> I – o enfoque humanista, holístico, democrático e participativo;
>
> II – a concepção do meio ambiente em sua totalidade, considerando a interdependência entre o meio natural, o socioeconômico e o cultural, sob o enfoque da sustentabilidade;
>
> III – o pluralismo de ideias e concepções pedagógicas, na perspectiva da inter, multi e transdisciplinaridade;

IV – a vinculação entre a ética, a educação, o trabalho e as práticas sociais;

V – a garantia de continuidade e permanência do processo educativo;

VI – a permanente avaliação crítica do processo educativo;

VII – a abordagem articulada das questões ambientais locais, regionais, nacionais e globais;

VIII – o reconhecimento e o respeito à pluralidade e à diversidade individual e cultural. (Brasil, 1999)

O reconhecimento das ações de EA no campo institucional formal ocorreu durante o Segundo Congresso Nacional de Meio Ambiente, em 2003. Os delegados do congresso demonstraram satisfação ao colocar a "educação ambiental em primeiro lugar entre os programas mais eficientes do MMA, seguida do Plano de Combate ao Desmatamento da Amazônia Legal" (Brasil, 2008, p. 18). A inserção da EA no ensino formal ampliou sua participação na educação, questão que aprofundaremos no próximo capítulo.

Nos últimos documentos oficiais e em publicações recentes, a área permanece sendo valorizada como um instrumento de gestão ambiental e de promoção da saúde por muitos autores, planejadores e tomadores de decisão de EA.

> Conquistas como a implementação das Comissões Interinstitucionais Estaduais de Educação Ambiental (Cieas), do comitê que assessora o órgão gestor da política; o surgimento das redes de EA; a inserção da EA em outras políticas públicas; a criação de políticas e programas estaduais e

municipais; o crescimento dos centros de informação e formação; a criação de grupos de pesquisa nas universidades; e o desenvolvimento de programas integrados com as demais políticas ambientais são alguns destaques desse processo. (Brasil, 2018, p. 11)

Apesar dos avanços institucionais e da infinidade de materiais publicados, ainda há muito a avançar e a fazer no campo político – especialmente diante dos acontecimentos mais recentes que, em muito, desmerecem (ou desmereceram) a área ambiental, prejudicando até mesmo o aporte dos recursos públicos para o setor. Para que a EA se materialize, "é preciso que ela esteja no coração das políticas públicas, no coração dos governantes e no coração de todos os atores que compreendem a importância e a urgência do momento, em termos socioambientais, e queiram agir no sentido de transformar essa realidade" (Sorrentino, 2012).

Sobre o direcionamento dos recursos, estabeleceu-se o descrito nos artigos a seguir:

> Art. 17. A eleição de planos e programas, para **fins de alocação de recursos públicos vinculados à Política Nacional de Educação Ambiental**, deve ser realizada levando-se em conta os seguintes critérios:
>
> I – **conformidade com os princípios, objetivos e diretrizes** da Política Nacional de Educação Ambiental;
>
> II – **prioridade dos órgãos** integrantes do Sisnama e do Sistema Nacional de Educação;

III – **economicidade**, medida pela relação entre a magnitude dos recursos a alocar e o retorno social propiciado pelo plano ou programa proposto.

Parágrafo único. Na eleição a que se refere o *caput* deste artigo, devem ser contemplados, de **forma equitativa**, os planos, programas e projetos **das diferentes regiões do País**.

[...]

Art. 19. **Os programas de assistência técnica e financeira relativos a meio ambiente e educação, em níveis federal, estadual e municipal, devem alocar recursos às ações de educação ambiental.** (Brasil, 1999, grifo nosso)

A instalação de órgãos específicos e de mecanismos complementares, a criação de editais para projetos públicos e privados e o estabelecimento de parcerias têm sido realizados para ampliar as possibilidades de financiamento das ações de EA. No entanto, é importante analisar o comprometimento real dos financiadores com relação às agendas do meio ambiente. Atores de EA podem questionar essas propostas e ações e evitar engajar-se em sua execução ou apoiá-las quando predominam vertentes superficiais de educação, as quais não modificam causas e reforçam o *status quo* e, até mesmo, o que já é entendido por **greenwashing**. Evitar benefícios pessoais já é um passo para contrapor modelos econômicos que diretamente exploram e prejudicam o meio ambiente.

Greenwashing

O termo *greenwashing*, que no português foi traduzido pra "maquiagem verde" ou "lavagem verde", é usado pra empresas que, visando criar uma imagem positiva perante seus consumidores, inserem em sua estratégia de comunicação um discurso ecologicamente correto, porém medidas sérias pra minimizar problemas ambientais e sociais não são efetivamente adotadas.

Fonte: Nader, 2018.

Cabe observar que, para mensurar o desempenho das políticas de EA, os esforços das plataformas noticiadas pelo MMA referentes ao desenvolvimento e ao lançamento dos indicadores de políticas públicas de EA ganharam destaque em dezembro de 2018.

Síntese

A agenda institucionalizada de educação ambiental (EA) no mundo formalizou campos de atuação previamente existentes, mas que ficavam à margem justamente por manterem abordagens transdisciplinares, com dimensões nunca tratadas como dissociáveis, por não renunciarem ao entendimento integrador e verdadeiramente complexo das dimensões sociais e ambientais. A legitimidade e o ganho institucional provenientes do reconhecimento cada vez mais forte da EA foram, de fato, uma conquista capaz de impulsionar novas ações e dar continuidade aos trabalhos de inúmeros profissionais de diferentes segmentos e setores sociais ligados ou não a organizações formais.

Conforme demonstramos, a EA surgiu na segunda metade do século XX como uma consequência dos movimentos socioambientais e da construção dos primeiros arcabouços legais para a proteção do meio ambiente. A institucionalização advinda da afirmação das políticas de EA do final do século XX abriu espaços legítimos para a execução de ações em menor nível (local, municipal e regional). Indicamos, por exemplo, o avanço histórico dos marcos normativos e regulatórios e a influência em todos os níveis da Carta da Terra, do Tratado do Meio Ambiente para Sociedades Sustentáveis, da Agenda 21 e da Convenção da Diversidade Biológica (CDB).

Além disso, apresentamos as principais correntes de EA, as quais contam com uma multiplicidade de entendimentos e abordagens, variando conforme se definem as questões socioeconômicas, políticas, ecológicas e ambientais ao longo do tempo. De acordo com os estudos acadêmicos na área, é imprescindível que a EA seja crítica e reflexiva, devendo-se atentar ao fato de que ela pode ser usada superficialmente, mascarando problemas socioambientais profundos e, até mesmo, contribuindo para a crise ecológica e a destruição ambiental.

É válido destacar que o conhecimento já produzido sobre as correntes teóricas de EA permanece em expansão, considerando-se as novas contribuições e o reforço às teorias que surgiram a partir dos anos 2000.

Por fim, cumpre ressaltar que novos esforços para o entendimento das ramificações e possibilidades da EA são necessários, sobretudo no contexto dos países sul-americanos, especialmente do Brasil, tendo em vista seu papel nas políticas de meio ambiente como detentor de grande parte da biodiversidade planetária.

Indicações culturais

Documentos

GADOTTI, M. **A Carta da Terra na educação**. São Paulo: Editora e Livraria Instituto Paulo Freire, 2010. (Série Cidadania Planetária, n. 3). Disponível em: <http://www.acervo.paulofreire.org:8080/jspui/bitstream/7891/2812/1/FPF_PTPF_12_048.pdf>. Acesso em: 2 ago. 2021.

Nessa obra, Moacir Gadotti demonstra como a Carta da Terra pode ser empregada em práticas escolares. Além disso, o autor esclarece a relação desse documento com outros tratados aprovados no Fórum Global Rio-92.

PHI – Programa Hidrológico Internacional da Unesco. Fundação do Projeto Internacional WET. **Água e educação**: guia geral para docentes das Américas e do Caribe. Brasília, 2011. Disponível em: <http://www.unesco.org/new/fileadmin/MULTIMEDIA/HQ/SC/pdf/Water_and_education_UNESCO_WET_pt.pdf>. Acesso em: 2 ago. 2021.

Trata-se de um manual sobre os parâmetros de qualidade da água e um guia didático para educadores, especialmente àqueles que atuam na educação ambiental (EA). O guia analisa a água como tema transversal e interdisciplinar, chave para qualquer abordagem na área ambiental.

Livro

BARBIERI, J. C. **Desenvolvimento e meio ambiente**: as estratégias de mudanças da Agenda 21. 5. ed. Petrópolis: Vozes, 1997.

Nessa obra, são apresentadas as bases do desenvolvimento sustentável e as principais discussões sobre alguns marcos estudados neste capítulo, como a Agenda 21 e a Convenção da Diversidade Biológica (CDB). Trata-se de uma obra introdutória que explica o papel da indústria e do comércio e as primeiras e mais influentes orientações e normas para esses setores atuarem de maneira socioambientalmente responsável.

Sites

FUNBEA – Fundo Brasileiro de Educação Ambiental. Disponível em: <https://www.funbea.org.br/>. Acesso em: 2 ago. 2021.
FUNDO BRASILEIRO DE EDUCAÇÃO AMBIENTAL. Canal no YouTube. Disponível em: <https://www.youtube.com/channel/UCu5JGsQruFdC238S21a2Uug>. Acesso em: 2 ago. 2021.
Navegue no *site* do FunBEA para conhecer as dimensões e todo o conjunto de indicadores lançados em 2018 que auxiliaram no estabelecimento, na avaliação e no monitoramento das políticas de educação ambiental (EA). De maneira complementar, o canal do FunBEA no YouTube apresenta conteúdos recentes, debates *on-line* e aulas magnas com convidados sobre temas especiais.

PENSANDO AO CONTRÁRIO. Canal no YouTube.
Disponível em: <https://www.youtube.com/channel/UCDmSc4nsV6WCX4l7KKK9feg>. Acesso em: 2 ago. 2021.
Camila Victorino, bióloga formada pela Universidade Estadual de São Paulo (USP) e doutora em Neurociências, criou o maior canal de cultura vegana no YouTube. É uma *influencer* necessária que relaciona pesquisas científicas de qualidade aos hábitos alimentares e de higiene de nosso dia a dia. Vale a pena conferir como Camila atua na educação ambiental (EA) fundamentada na ciência e na cultura vegana.

Atividades de autoavaliação

1. Relacione as correntes teóricas a seguir às respectivas definições.

Corrente
1. Corrente naturalista
2. Corrente científica
3. Corrente resolutiva
4. Corrente humanista
5. Corrente moral/ética
6. Corrente conservacionista/recursista
7. Corrente sistêmica

Definição

( ) Os valores socioculturais têm relevância no entendimento e na interação no meio ambiente; por isso, ganham destaque nos processos educativos, inserindo mais fortemente aspectos subjetivos e identitários.

( ) Apresenta os problemas socioambientais, buscando preveni-los e solucioná-los com estratégias, sobretudo com aquelas advindas de acordos e programas internacionais que buscam efetivar uma mudança coletiva necessária.

( ) Enfatiza aspectos morais e éticos que explicam as relações estabelecidas no mundo. Trata-se de uma corrente que busca uma ação cidadã que contraponha, até mesmo, a conjuntura político-econômica, em prol de estratégias e relações mais benéficas no que tange ao meio ambiente.

( ) As relações sociais e ecológicas são destacadas em processos de interação contínuos e que podem ser ajustados conforme a compreensão do funcionamento dos sistemas em foco e da aplicação desses conhecimentos nas políticas socioambientais.

( ) Trata-se de uma corrente que reconhece e aborda diretamente o valor intrínseco da natureza, utilizando o contato com seus componentes e suas funções como principal meio para a aprendizagem.

( ) Enfatiza o desenvolvimento do conhecimento científico-tecnológico pelo estudo em duas ou mais áreas, buscando compreender os sistemas socioecológicos afetados, capazes de embasar planos de ação.

( ) A importância da manutenção dos recursos naturais é especialmente abordada em termos quantitativos e qualitativos, com ênfase nos processos de gestão para a sustentabilidade.

Agora, assinale a alternativa que apresenta a sequência correta:

A 5 – 6 – 4 – 7 – 1 – 2 – 3.
B 4 – 1 – 5 – 7 – 6 – 2 – 3.
C 4 – 3 – 5 – 7 – 1 – 2 – 6.
D 4 – 6 – 5 – 7 – 1 – 2 – 3.
E 7 – 6 – 5 – 4 – 1 – 2 – 3.

2. No que tange à institucionalização da educação ambiental (EA), é correto afirmar:

   I) A Rio-92 é um marco da conservação ambiental por firmar vários acordos, protocolos e convenções entre todos os países do mundo, envolvendo direta e indiretamente ações de EA em conjunto com órgãos governamentais e não governamentais e a sociedade civil.

   II) A Rio-92 é o primeiro encontro de grande abrangência internacional voltado à cultura de paz, ao desenvolvimento sustentável e à superação dos desafios vislumbrados para o século XXI.

III) Documentos e compromissos internacionais, como a Carta de Belgrado, o Tratado da Educação Ambiental para Sociedades Sustentáveis, a Declaração do Rio sobre Meio Ambiente e Desenvolvimento, a Convenção da Biodiversidade e a Agenda 21, resultaram de esforços de diversos setores da sociedade no final do século XX em prol de ações efetivas na área ambiental.

Agora, assinale a alternativa correta:

A Todas as afirmações estão corretas.
B As afirmações I e III estão corretas.
C As afirmações II e III estão corretas.
D Apenas a afirmação III está correta.
E Nenhuma das afirmações está correta.

3. Tendo em vista as correntes de educação ambiental (EA) surgidas a partir da década de 1990, assinale V para as afirmações verdadeiras e F para as falsas.

( ) Na corrente crítica (ou de crítica social), o cenário concreto e as problemáticas socioambientais são investigados de forma direta, de modo a demonstrar o papel de cada ator social para garantir a efetividade dos projetos comunitários.

( ) Na corrente biorregionalista, as identidades e os conhecimentos socioculturais das comunidades humanas associadas a determinado espaço geográfico são considerados nas práticas de EA.

( ) De acordo com a corrente prática (ou práxica), quando há a identificação de um problema, ele é tratado pela ação de um ator ou de uma organização capacitada para implantar soluções técnicas já previamente aplicadas, sem a necessidade de ajustes.

( ) A abordagem dos fatores e das relações existentes em sistemas complexos, como os que envolvem as sociedades humanas e o ambiente, por um único ângulo ou pelo uso de métodos com parâmetros e atributos lineares é criticamente discutida e evitada na corrente holística.

Agora, assinale a alternativa que apresenta a sequência correta:

A V, V, V, F.
B V, V, F, V.
C F, F, V, V.
D V, V, F, F.
E V, V, V, V.

4. Tendo em vista as políticas nacionais e internacionais de educação ambiental (EA), assinale V para as afirmações verdadeiras e F para as falsas.

( ) A Agenda 21, por meio da Unesco, trata da EA em todos os níveis de formação, além de estabelecer relações em nível internacional, principalmente em parceria com os governos dos países signatários. No Brasil, a Agenda 21 Global fundamentou o delineamento dos seis temas centrais da Agenda 21 Brasileira, estabelecida em 1997.

( ) As propostas e recomendações da Agenda 21 Brasileira instrumentalizam os gestores dos setores público e privado, bem como ajudam a implementar as ações de EA por meio do Programa Nacional de EA (ProNEA).

( ) O Tratado de Educação Ambiental para Sociedades Sustentáveis e Responsabilidade Global, em virtude de ter sido elaborado em caráter extraoficial pela sociedade civil no Fórum Global 92, não teve adesão nas organizações dedicadas à EA que visam à mobilização e à transformação social no Brasil e no mundo.

( ) A construção de uma cultura de paz e de sustentabilidade em variados contextos e instituições formais e não formais foi oficializada por diversos países a partir da adesão à Carta da Terra. Contudo, no Brasil, esse documento foi adotado pelo Ministério do Meio Ambiente como referência no arcabouço institucional da EA apenas em 2018, por meio do ProNEA.

Agora, assinale a alternativa que apresenta a sequência correta:

A V, V, V, F.
B V, V, F, V.
C F, F, V, V.
D V, V, F, F.
E V, V, V, V.

5. A Política Nacional de Educação Ambiental (Pnea) foi estabelecida pela Lei n. 9.795, de 27 de abril de 1999 (Brasil, 1999). Regulamentada pelo Decreto n. 4.281, de 25 de junho de 2002 (Brasil, 2002a), a Pnea define, em termos de coordenação:

A as Comissões Estaduais Interinstitucionais de Educação Ambiental (Cieas) como principal órgão gestor.
B o Conselho Nacional de Educação (CNE/MEC) como o principal órgão gestor.
C o Conselho Nacional do Meio Ambiente (Conama) como o principal órgão gestor.

D a Comissão Intersetorial de Educação Ambiental do Ministério do Meio Ambiente (Cisea/MMA).

E o Ministério do Meio Ambiente (MMA) e o Ministério da Educação (MEC) como órgãos gestores.

Atividades de aprendizagem

Questões para reflexão

1. Leia o Programa Nacional de Educação Ambiental – ProNEA (da página 23 à 49) e elabore um texto dissertativo de até 10 páginas em que você relacione esse programa ao contexto educacional brasileiro. Utilize referências complementares sobre o panorama educacional para embasar sua argumentação.

   BRASIL. Ministério do Meio Ambiente. **Educação ambiental**: por um Brasil sustentável – ProNEA, marcos legais e normativos. 5. ed. Brasília, 2018. Disponível em: <https://antigo.mma.gov.br/images/arquivo/80219/Pronea_final_2.pdf>. Acesso em: 7 maio 2021.

2. Analise o marco conceitual da Intergovernmental Platform on Biodiversity and Ecosystem Services (IPBES), que orienta a Plataforma Brasileira de Biodiversidade e Serviços Ecossistêmicos (BPBES). Em seguida, responda:

   A Que inovações essa estrutura analítica e modelo para o desenvolvimento da pesquisa e gestão em sistemas socioecológicos propicia para a educação ambiental (EA)?

   B Quais variáveis dos elementos da natureza e da sociedade você utilizaria para diagnosticar e implementar ações em um contexto local? Escolha e delimite um sistema socioecológico (SSE) em que você interaja pessoal e/ou profissionalmente com base na estrutura da IPBES.

BPBES – Brazilian Platform on Biodiversity and Ecosystem Services. **Intergovernmental Platform on Biodiversity and Ecosystem Services**. Inspiração. Disponível em: <https://www.bpbes.net.br/inspiracao/>. Acesso em: 7 maio 2021.

Atividades aplicadas: prática

1. Pesquise as leis de seu município que se relacionam à educação ambiental (EA). Em seguida, elabore uma síntese do arcabouço legal em questão. Por fim, compartilhe a atividade com seus colegas.

Utilize como exemplo para a atividade a monografia de Marcio Luis Valerio, indicada a seguir.

VALERIO, M. L. **As políticas públicas de educação ambiental no município de Santa Maria/RS**. 45 f. Monografia (Bacharelado em Direito) – Universidade Federal de Santa Maria, Santa Maria, 2014. Disponível em: <https://repositorio.ufsm.br/bitstream/handle/1/11470/Valerio_Marcio_Luis.pdf?sequence=1&isAllowed=y>. Acesso em: 16 fev. 2021.

2. Leia o capítulo indicado a seguir.

SAUVÉ, L. Uma cartografia das correntes em educação ambiental. In: SATO, M.; CARVALHO, I. **Educação ambiental**: pesquisa e desafios. Porto Alegre: Artmed, 2005. p. 11-44.

Disponível em: <https://www.google.com.br/books/edition/Educa%C3%A7%C3%A3o_Ambiental/eqz3taOyaH4C?hl=pt-BR&gbpv=1>. Acesso em: 2 ago. 2021.

Considerando os exemplos dos parâmetros utilizados por Lucie Sauvé para definir as correntes de educação ambiental (EA), preencha o quadro a seguir indicando os principais pontos que cada corrente deve adotar.

Período de criação	Corrente	Concepção de meio ambiente	Objetivos da EA	Enfoques dominantes	Exemplos de estratégias/ práticas
Entre 1970 e 1980	Naturalista				
	Conservacionista/ recursista				
	Resolutiva				
	Sistêmica				
	Científica				
	Humanista				
	Moral/ética				
Após 1990	Holística				
	Biorregionalista				
	Práxica				
	Crítica				
	Feminista				
	Etnográfica				
	Da ecoeducação				
	Da sustentabilidade				

Esta atividade permitirá que você agrupe e compare iniciativas empíricas associadas a vertentes de EA, além de facilitar seu processo de aprendizagem. A busca para adquirir e consolidar novos conhecimentos deve ser ativa, sobretudo para a tão necessária atuação prática em EA.

CAPÍTULO 3

EDUCAÇÃO AMBIENTAL (EA) EM ESPAÇOS URBANOS, RURAIS E UNIDADES DE CONSERVAÇÃO (UCs),

> *O importante [...] é o exercício daquela postura crítica diante da realidade, em que esta começa a ser tomada, cada vez mais rigorosamente, como objeto de conhecimento, na análise da própria ação transformadora sobre ela.*
>
> Paulo Freire

Neste capítulo, daremos enfoque à educação ambiental (EA) em áreas urbanas, rurais e de vegetação nativa, como unidades de conservação (UCs), a fim de reconhecer seus diferentes espaços e contextos. Contudo, ao utilizarmos esses espaços como ponto de partida para a identificação das diferentes conjunturas e necessidades da EA, não pretendemos enrijecer sua compreensão, leitor, com relação às possibilidades e aos formatos de atuação na EA.

Os espaços para inovar no planejamento e na execução de ações em EA são cada vez mais amplos e necessários e exigem cada vez mais habilidades, criatividade e embasamento teórico-prático para lidar efetivamente com as principais questões e problemas socioambientais e ecológicos da atualidade.

Em um mundo de rápidas transformações, transmissão e acúmulo de informações, o agente de EA pode se ver imerso em potenciais demandas e desafios, que podem sufocá-lo e estagnar ou confundir sua atuação, prejudicando suas habilidades em lidar com os excessos e levando-o a se instrumentalizar apenas com o que é possível e interessa de forma imediata. Além disso, as ações e as situações de EA convergem no que se refere à prevenção e à resolução de problemas e conflitos, possibilitando a aplicação de soluções adequadas a cada contexto mediante o uso de conhecimentos diversos – científicos, locais e tradicionais.

A atuação em EA deve envolver uma diversidade de atores sociais para o empoderamento e a participação ativa e cidadã de grupos e indivíduos, com maior atenção e dedicação aos historicamente marginalizados e/ou desfavorecidos no sistema político-econômico hegemônico. No tocante aos estudantes de Ciências Biológicas, além de ser necessário o estudo dedicado para aproveitar bem cada conteúdo de EA e seus métodos, é preciso desenvolver habilidades adicionais cultivadas nas ciências humanas para que, de fato, seja possível integrar agentes locais e comunitários, com seus sistemas de conhecimento próprios e, por vezes, complementares, tendo em vista o papel das dimensões sociais em diferentes contextos, do nível local ao global. Em outras palavras, o profissional da área deve levar em consideração as pessoas em seus substratos subjetivo-culturais para, em conjunto, promover o bem-estar, a cultura de paz e a conservação ambiental.

Por exemplo, na perspectiva da EA crítica como vertente educativa emancipatória, a EA só é efetiva quando busca reduzir as desigualdades, identificar as causas e responsabilizar os atores que promovem a crise ecológica e ambiental. Por isso, é imprescindível ao estudante de Biologia estar atento a assuntos da política, da economia, da administração, da antropologia, das artes, da psicologia etc.

Neste capítulo, dedicaremos um olhar atencioso às crianças, aos jovens, aos grupos indígenas, aos empreendedores sociais e comunitários e à biodiversidade autóctone em distintos contextos e espaços. Esses atores sociais são ainda pouco ou apenas indiretamente envolvidos nas determinações políticas sobre os recursos naturais e os ecossistemas, os quais são frequentemente explorados e modificados sob a justificativa de que se trata de "desenvolvimento". Isso pode afetar o meio ambiente negativamente (de forma imediata, a longo prazo ou no futuro) de maneira intensa e, muitas vezes, irreversível.

3.1 EA nas escolas de educação básica

Nesta seção, caracterizaremos a EA, de forma geral, na educação básica para que você, leitor, possa compreender pontos comuns da prática de EA no meio escolar. Como destacamos nos capítulos anteriores, as demandas de EA podem ser divididas em duas categorias básicas: (1) **educação formal**, cujo público principal é composto por estudantes (desde a educação infantil até a universitária), professores e demais profissionais envolvidos em cursos e especializações em EA; e (2) **educação não formal**, que compreende todos os segmentos da população, como associações diversas e grupos identitários, políticos, de jovens, de trabalhadores, de gestores e empresários, de moradores e de profissionais liberais.

O art. 13 da Política Nacional de Educação Ambiental (Pnea) trata do âmbito não formal, definindo-o como "as ações e práticas educativas voltadas à sensibilização da coletividade sobre as questões ambientais e à sua organização e participação na defesa da qualidade do meio ambiente" (Brasil, 2005a, art. 13, p. 69).

A inclusão da EA na educação formal é prevista em inúmeras leis brasileiras, conforme demonstraremos a seguir. É importante frisar que tanto a educação formal quanto a não formal e a informal influenciam na percepção das questões ambientais em qualquer espaço e nas respostas a elas. Porém, no ambiente escolar, que é mais circunscrito em limite institucional e físico, as formas, os impactos e as influências das intervenções intencionadas ou indiretas de EA são mais facilmente rastreáveis.

3.1.1 A obrigatoriedade da EA no ensino básico

A Política Nacional de Meio Ambiente (Pnea) foi estabelecida pela Lei n. 6.938, de 31 de agosto de 1981 (Brasil, 1981), como um importante marco institucional rumo à inclusão da EA em todos os níveis de ensino. Dessa forma, a EA passou a ser tratada como tema transversal da educação básica à superior, sem constituir disciplina específica. Essa área deve ser trabalhada como prática educativa integrada a diversas disciplinas, com profissionais capacitados para incluir o tema nos múltiplos assuntos discutidos em sala de aula.

A Lei n. 9.795, de 27 de abril de 1999 (Brasil, 1999), examinada anteriormente, concebe a EA como um processo de aprendizagem contínuo, ao qual são agregados novos significados sociais e científicos ao longo da vida dos sujeitos em formação. A exposição a conteúdos diversos para despertar a atenção à questão ambiental no processo educativo é incentivada desde as primeiras fases do desenvolvimento do ser humano.

Em virtude das intensas mudanças e das dinâmicas socioeconômicas e ecológicas, a EA deve estar presente também, de maneira articulada, em todos os níveis e modalidades do processo educativo, incluindo os níveis superior e técnico. Como integrante do órgão gestor da Pnea, a Coordenação Geral de Educação Ambiental (Cgea) tem como missão o favorecimento dessa articulação em todos esses segmentos da educação formal.

O art. 9º da Pnea reforça a obrigatoriedade da EA em todos os níveis educacionais, devendo-se aplicá-la tanto nas modalidades existentes (como educação de jovens e adultos, educação a distância, educação especial e educação escolar indígena) quanto naquelas que vierem a ser criadas ou reconhecidas pelas leis educacionais (por exemplo, a educação escolar quilombola), de modo a garantir a diferentes grupos e faixas etárias o desenvolvimento da cultura e da cidadania ambiental (Brasil, 2018).

As diretrizes curriculares da educação incluem a EA, repercutindo a Pnea em todo o contexto escolar e da formação docente. No que se refere à Lei de Diretrizes e Bases da Educação Nacional (LDBEN) – Lei n. 9.394, de 20 de dezembro de 1996 (Brasil, 1996) –, há orientações no sentido de que os estabelecimentos de ensino devem complementar discricionariamente os conteúdos curriculares com uma parte diversificada que atenda às características regionais e locais, possibilitando a sintonia com os princípios que valorizam a abordagem articulada das questões ambientais locais, regionais e nacionais. Além disso, incentivam-se a busca por alternativas curriculares e metodológicas na capacitação da área ambiental e as iniciativas e experiências locais e regionais, incluindo a produção de material educativo.

Até o final da década de 1990, a internalização da EA nos currículos escolares foi tratada de forma periférica. No cenário nacional, destacaram-se as iniciativas do Rio Grande do Sul, que demonstrou uma base progressiva nos currículos ao desenvolver um programa de referência em EA intitulado Projeto Natureza, que perdurou de 1978 a 1985. O objetivo principal do projeto era sensibilizar a comunidade vinculada às escolas estaduais para a preservação (Dias, 2004; Zakrzevski; Sato, 2006).

Apenas nos anos 2000 a EA assumiu uma identidade política própria, sob o viés crítico e emancipatório, como descrito por Zakrzevski e Sato (2006). O entendimento da transversalidade do meio ambiente pelo MEC refletiu nas propostas e no delineamento dos Parâmetros Curriculares Nacionais (PCN), em 1997. Dessa forma, a EA ganhou maior alinhamento nos documentos de referência específicos da educação, consolidando-se nas instituições entre 1994 e 2002.

Esse e outros marcos nacionais estão direta e indiretamente ligados à institucionalização da EA na esfera governamental, que promoveu uma agenda comprometida com a EA em meados dos anos 2000. Essa iniciativa englobou a formação continuada de professores, com programas como o Vamos Cuidar do Brasil com as Escolas, que engajou mais de 20 mil professores em seminários presenciais, e eventos como as duas primeiras edições da Conferência Nacional Infantojuvenil pelo Meio Ambiente, que reuniram, respectivamente, cerca de 6 milhões de participantes de 16.000 escolas e 3 milhões de participantes de 11.500 escolas (Brasil, 2009a).

3.1.2 A EA na prática escolar

Segundo o Censo Escolar, documento de referência para as metas do Plano Nacional da Educação (PNE), desde 2001 a maioria das escolas (70% nesse ano e 94% em 2004) com ensino fundamental realiza ações de EA em razão da inserção temática no currículo, mediante projetos ou disciplinas específicas (Inep, 2021). Contudo, os profissionais da área, desde os primeiros censos escolares, têm como grande questão se o direito assegurado está alinhado aos objetivos e princípios da Pnea – documento fundamental para qualificar e expandir as pesquisas e os programas de formação estudantil e dos docentes.

A definição de indicadores para a avaliação das ações escolares de EA ainda é uma necessidade e amplia o campo de atuação. Não é de agora que a fragmentação e a ineficiência do sistema educacional formal e os fatores socioeconômicos e culturais afetam o cenário brasileiro, até mesmo no que diz respeito às diversas áreas ligadas direta e indiretamente à EA, sendo profundas as análises críticas desde a década de 1970 (Dias, 2004).

 Preste atenção!

O Censo Escolar é o principal instrumento de coleta de informações da educação básica e o mais importante levantamento estatístico educacional brasileiro nessa área. É coordenado pelo Instituto Nacional de Estudos e Pesquisas Educacionais Anísio Teixeira (Inep) e realizado em regime de colaboração entre as secretarias estaduais e municipais de educação e com a participação de todas as escolas públicas e privadas do país.

Fonte: São Paulo, 2021.

Apesar das limitações, de acordo com diversos autores da área, a escola é, certamente, o local ideal para se promover a união entre as questões sociopolíticas e ambientais:

> As disciplinas escolares são os recursos didáticos através dos quais os conhecimentos científicos de que a sociedade já dispõe são colocados ao alcance dos alunos. As aulas são o espaço ideal

de trabalho com os conhecimentos e onde se desencadeiam experiências e vivências formadoras de consciências mais vigorosas porque alimentadas no saber. (Penteado, 2000, p. 16)

Entretanto, como demonstraremos no próximo capítulo, a EA tem dado um enfoque desproporcional, sobretudo, às ciências naturais e à geografia, sendo menor sua inserção nas áreas sociais. Não obstante o ganho no tratamento e na didática de temas por disciplinas e áreas das ciências naturais, exatas e humanas, a fragmentação do conhecimento e o antropocentrismo levaram o entendimento das sociedades humanas e do meio ambiente, como partes dissociadas, a sérias distorções.

A EA, mediante as mais diversas áreas, busca perceber o meio ambiente como espaço que influencia e é influenciado pelos seres humanos e oferece o arcabouço institucional, teórico e metodológico para todos atuarem na área. Contrabalanceando em parte essas tendências disciplinares, as abordagens não formais e informais permeiam e complementam a formação oficial da EA nos centros de ensino. A própria Pnea incentiva a participação de escolas e universidades em atividades da EA não formal, como aquelas executadas por empresas, ligadas ou não ao ensino formal. São igualmente importantes a interação e a mescla de estratégias, sendo fundamental a existência de espaços de educação não escolar, como museus, parques, centros de ciência e organizações não governamentais (ONGs).

É essencial identificar o arcabouço teórico adequado ao contexto socioecológico no qual se deseja atuar, a fim de angariar exemplos e ferramentas relevantes para o caso em questão. Penteado (2000), Dias (2004), Gadotti (2010), entre diversos outros autores, relatam casos de destaque da EA em contexto escolar e instrumentalizam a prática docente. Listamos a seguir alguns exemplos.

Centro Nacional de Monitoramento e Alertas de Desastres Naturais do Ministério da Ciência, Tecnologia e Inovação (Cemaden/MCTI)

O Cemaden Educação tem atuado com um programa dedicado a essa área desde 2014, promovendo atividades de ciência cidadã nas escolas de ensino fundamental e médio localizadas em municípios vulneráveis a desastres socioambientais. As ações estão em fase piloto de execução e têm como objetivo "contribuir para a geração de uma cultura da percepção de riscos de desastres, no amplo contexto da educação ambiental e da construção de sociedades sustentáveis e resilientes" (Cemaden Educação, 2021).

De acordo com a proposta, "cada escola participante se torna um Cemaden microlocal, um espaço para realizar pesquisas, monitorar o tempo e o clima, compartilhar conhecimentos, entender e emitir alertas de desastres. Além de fazer a gestão participativa de intervenções com suas comunidades" (Cemaden Educação, 2021).

Instituto Anísio Teixeira (Inep)

Localizado em Salvador, na Bahia, o Inep apresenta estrutura e ação em nível estadual para a qualificação de profissionais da rede estadual e uma política coerente para a capacitação de base (Dias, 2004).

Instituto Venturi

Representado por Arlinda Cézar Matos, o Instituto Venturi tem firmado parceria com a Rede Municipal de Ensino da Cidade de São José dos Campos, em São Paulo. Propõe-se que, a longo prazo, haja o desenvolvimento de projetos de horta urbana nas escolas e de revitalização das nascentes urbanas. Também estão sendo promovidas campanhas para a gestão de resíduos, mais recentemente integrada ao movimento internacional e nacional Juventude Lixo Zero/Programa Lixo Zero.

3.1.3 Práticas e materiais de apoio didático-pedagógico

No Brasil, uma das primeiras publicações direcionadas a professores do ensino básico especificamente sobre a EA foi o guia para práticas docentes *Educação ambiental*, de Kazue Matsushima, publicado em 1984 pela Secretaria do Meio Ambiente de São Paulo e pela Companhia Ambiental do Estado de São Paulo (Cetesb). A relevância dessa obra pioneira é mencionada por Dias (2004), Reigota (2009), entre outros autores especialistas na área.

 Preste atenção!

A elaboração de materiais impressos pode ser encarada como uma pauta de reflexão para a EA, visto que a difusão de infindáveis materiais sobre o tema acaba minando dois de seus principais objetivos: a transformação da sociedade por meio da sustentabilidade e da integração ao meio ambiente.

As formas de trabalhar a EA nas escolas, como referenciado na Pnea, são:

- **EA difusa**: sensibilização e mobilização.
- **EA presencial**: seminários e oficinas de adensamento conceitual; grupos de estudos permanentes.
- **EA tecnológica**: inclusão digital.
- **EA como ação transformadora**: projetos e coletivos jovens e programas de ensino para solução de problemas – abrangem muitas possibilidades e recursos práticos.
- **Educomunicação**: ferramentas tecnológicas, sobretudo digitais, como estratégia complementar para ampliar programas de EA em diversos níveis.

É válido ressaltar que a educomunicação corresponde a "políticas de comunicação educativa, tendo como objetivo geral o planejamento, a criação e o desenvolvimento de ecossistemas educativos mediados por processos de comunicação e pelo uso das tecnologias da informação" (Brasil, 2005c, p. 12).

Educomunicação

A educomunicação pressupõe formação de pessoas para utilizarem a comunicação como ferramenta de intervenção da realidade em que vivem, produzindo seus próprios canais de comunicação de forma coletiva. Implica na reflexão e no desenvolvimento de ações coletivas que garantam o acesso à informação de qualidade, seja ela ambiental, cultural, social entre outras, visando a garantia de acesso aos recursos tecnológicos que proporcionam o "fazer comunicativo".

Fonte: Brasil, 2012d, p. 39.

Para valorizar a dimensão lúdica da EA, independentemente dos formatos e do público participante, o educador ambiental acessa o campo subjetivo cultural necessário para efetivar processos educativos. Gostar de atividades lúdicas não é uma característica exclusiva de determinada personalidade ou idade. A ludicidade não se restringe ao público infantil ou aos artistas, devendo ser estimulada em todas as pessoas, de todas as faixas etárias. Nem mesmo você, leitor, que possivelmente está engajado e consciente da importância dos estudos sobre a EA, aguentará apenas ler incessantemente leis e elaborar projetos político-pedagógicos (PPPs) com base nos parâmetros e nas orientações curriculares estabelecidos.

Certamente falar de EA no meio escolar perpassa grandes discussões dos profissionais sobre a inserção ou não desse campo nos currículos e PPPs escolares, com vistas ao desenvolvimento de projetos interdisciplinares de EA. Contudo, a abordagem não se limita a isso. Há pesquisas que demonstram maior frequência de problemas psicológicos em professores, os quais podem afetar o envolvimento em projetos práticos. O educador também pode desenvolver ações inovadoras e tecnológicas em sua atuação, visto que precisa tornar-se alvo do universo lúdico que ele mesmo quer criar para seus alunos. Deve estar atento aos preparativos da viagem, mas também deve seguir junto na espaçonave. Educadores motivados refletirão sobre práticas engajadas e mais criativas de EA; para isso, precisam ir além do quadro, da lousa e dos *slides*.

Lista de publicações de EA disponibilizadas no *site* do MEC (Brasil, 2021a)

1. *Educação ambiental: aprendizes de sustentabilidade*
2. *Vamos cuidar do Brasil: conceitos e práticas em educação ambiental na escola*
3. *Pensar o ambiente: bases filosóficas para a educação ambiental*
4. *O que fazem as escolas que dizem que fazem educação ambiental?*
5. *Um retrato da presença da educação ambiental no ensino fundamental brasileiro: o percurso de um processo acelerado de expansão*
6. *Formando Com-vida, Comissão de Meio Ambiente e Qualidade de Vida na Escola: construindo Agenda 21 na escola*
7. *Consumo sustentável: manual de educação*
8. *Coletivos Jovens de Meio Ambiente: manual orientador (material voltado a educandos de 15 a 29 anos)*
9. *Juventude, cidadania e meio ambiente: subsídios para a elaboração de políticas públicas*
10. *Políticas públicas de educação ambiental numa sociedade de risco: tendências e desafios no Brasil*
11. *Viveiros educadores: plantando vida*
12. *Manual para escolas: a escola promovendo hábitos alimentares saudáveis – horta*
13. *Mudanças ambientais globais: pensar + agir na escola e na comunidade*
14. *Vamos Cuidar do Brasil com Escolas Sustentáveis: educando-nos para pensar e agir em tempos de mudanças socioambientais globais*
15. Cartilha *Turma da Mônica: cuidando do mundo*
16. *Passo a passo para a Conferência de Meio Ambiente na Escola + Educomunicação: escolas sustentáveis*

Embora a Pnea oriente as políticas e os planos pedagógicos brasileiros, seus conceitos, princípios e objetivos apenas serão concretizados na apropriação destes como ferramentas ou práticas educadoras desenvolvidas em comunidades escolares e/ou não escolares. Por si sós, leis, políticas e programas não produzem adesão e efetividade para a transformação dos sujeitos, de modo a integrar as dimensões ambientais e ecológicas.

O trabalho prático será requerido, e ele será favorecido por leis, políticas e programas já previamente conquistados pelo esforço de muitos profissionais e organizações empenhados na área.

Sigamos atuando para não manter essas conquistas institucionais apenas no campo teórico, especialmente quando o entendimento social e político amplo sobre os problemas ambientais aparenta retroceder, como tem ocorrido no Brasil e no mundo nos últimos anos, principalmente com o aumento de posturas anticientíficas.

Você percebe como a continuidade das ações exige comprometimento e estudo? As orientações, as tutelas e as capacitações, disciplinares ou não, que apresentam sentido educativo abrangente podem e precisam ser transformadoras de valores, de atitudes e das relações sociais. É importante que as instituições relacionadas à EA se mantenham determinadas na realização de seus objetivos, enraizando no campo subjetivo cultural algo além das formalidades e obrigatoriedades normativas.

3.2 EA nas universidades

No ambiente universitário, a EA tem se destacado de diferentes formas: como objeto de pesquisa; como objeto de extensão em projetos comunitários para o público local; na formação de educadores e profissionais associados, sobretudo de áreas ligadas às ciências naturais e, eventualmente, em cursos que utilizam recursos naturais (como Engenharia e Química); em canais de divulgação e meios de comunicação presenciais (eventos, palestras e seminários) ou digitais (educomunicação, *sites, blogs* e vídeos); como meio de atuação prática para a conscientização sobre várias temáticas – por exemplo, resíduos sólidos, economia de recursos e segurança; como estratégia de gestão e plano ambiental ligados, oficialmente ou não, aos órgãos de gestão de ensino.

 Para refletir

Como estudante universitário, de que maneira você caracterizaria a EA nesse espaço? Como a EA permeia as faculdades, as universidades e as escolas técnicas profissionalizantes?

O cenário atual da EA foi construído por uma rede de muitos profissionais vinculados direta ou indiretamente a essa área. Mais do que pela institucionalização formal, o fortalecimento da EA, especialmente no ensino superior, ocorreu em virtude da realização de pesquisas em parceria com a Rede Universitária de Programas de Educação Ambiental (Rupea), a Política de Educação Ambiental no Ensino Superior, a Associação Nacional de Pós-Graduação e Pesquisa em Educação (Anped) e o Inep.

De acordo com o Ministério do Meio Ambiente – MMA (Brasil, 2018, p. 21, grifo nosso),

> A criação ou ênfase de cursos de pós-graduação em educação ambiental demonstra que **o meio acadêmico, atualmente, representa um espaço fértil para a exploração e a**

construção de novos saberes. No plano da pesquisa, há que se destacar a **geração de conhecimento e de críticas às práticas educativas ambientais existentes no País**, em especial por meio de trabalhos da Associação Nacional de Pesquisa e Pós-Graduação em Educação (Anped), da Associação Nacional de Pós-Graduação e Pesquisa em Ambiente e Sociedade (Anppas) e dos Encontros de Pesquisa em Educação Ambiental (Epea).

As universidades buscam dar enfoque às pesquisas, à criticidade dos alunos, à compreensão de arcabouços teóricos e ferramentas e à proposição de projetos individuais ou coletivos como forma de encontrar soluções e alternativas para o desenvolvimento, incluindo o local a partir dos *campi* universitários. Entre as instituições de ensino, as universidades têm a vantagem de conseguir integrar facilmente áreas diversas do conhecimento e de fazer o uso direto de resultados de pesquisa referentes às questões contemporâneas (perda da biodiversidade, mudanças climáticas – MCs, gestão de resíduos sólidos e recursos hídricos).

Vinculadas ao ensino e às pesquisas, há, frequentemente, ações de extensão mais ou menos inseridas na grade formal do ensino superior, por meio de iniciação científica, estágios, projetos de pós e de coletivos acadêmicos e comunitários. No âmbito universitário, a EA é um campo intenso de trocas formais e informais em disciplinas, grupos de estudo e ações práticas, projetos de pesquisa e extensão. A EA em grande parte é mantida em autorreflexão pelos esforços de universidades, docentes e alunos do mundo inteiro.

Preste atenção!

Marília Freitas Tozoni-Reis (2007), em seu artigo "A construção coletiva do conhecimento e a pesquisa-ação participativa: compromissos e desafios", exemplifica o duplo papel das pesquisas na construção de estratégias coletivas em EA. A autora analisa os potenciais e as limitações que dizem respeito às metodologias de pesquisa-ação participativa em EA, tendo em vista diversas faixas etárias e temas desenvolvidos em projetos de iniciação científica do curso de Licenciatura em Ciências Biológicas. Essa metodologia é uma "modalidade de pesquisa que articula, radicalmente, ao processo de produção de conhecimentos em educação [...] o agir educativo. Trata-se de um agir político, coletivo e democrático, compartilhado, um agir em parceria, portanto, também radicalmente participativo, emancipatório e transformador" (Tozoni-Reis, 2007, p. 103).

Os trabalhos desenvolvidos por professores universitários que se destacam são aqueles que integram pesquisa, extensão e influência política nos setores público e privado. Um dos mais antigos espaços brasileiros que trabalham com esse tripé é o Laboratório de Educação e Política Ambiental (Oca) do Departamento de Ciências Florestais da Escola Superior de Agricultura Luiz de Queiroz (Esalq/USP), liderado por Marcos Sorrentino. O espaço foi criado por estudantes, professores, funcionários e pessoas e instituições parceiras na década de 1980. Atualmente, conta com grande produção científica, desenvolvimento de atividades de estudo, intervenção e extensão, pesquisas coletivas e participação em coletivos, como redes e fóruns. A Oca é assim definida:

espaço público onde se realizam processos educacionais participativos de ensino, gestão, pesquisa e extensão voltados a fomentar a proteção, recuperação e melhoria do meio ambiente e da qualidade de vida e o aprimoramento do ser humano em todas as suas dimensões.

[...]

Com uma equipe integrada e interdisciplinar, a Oca atua junto aos mais diversos setores da sociedade (órgãos públicos, ONGs, empresas privadas, prefeituras, associações, escolas, instituições de ensino etc.). Desenvolve pesquisas e intervenções educadoras por meio de projetos e atividades, tais como: programas de Educação Ambiental, diagnósticos participativos, cursos de capacitação e de especialização, palestras, oficinas, elaboração de materiais didáticos e propostas de centro de educação ambiental. (Oca, 2021a)

A Oca atua em atividades de ensino, pesquisa, extensão e gestão, procurando contribuir para a formulação, implantação e avaliação de políticas públicas e propostas pedagógicas de Educação Ambiental, nas seguintes áreas:

1. Gestão e Administração Pública em distintas esferas e territórios: Municipal, Estadual, Federal, Regional, por bacias hidrográficas;
2. Escolas e outras Estruturas e Espaços Educadores;
3. Redes, Movimentos Sociais e Associações de Cidadania;
4. Empresarial. (Oca, 2021b)

No que se refere à formação de professores, a Lei n. 9.795/1999 estabelece que "a dimensão ambiental deve constar dos currículos de formação de professores, em todos os níveis e em todas as disciplinas" (Brasil, 1999, art. 11), mas faculta a inserção de disciplina específica de EA apenas aos "cursos de pós-graduação, extensão e nas áreas voltadas ao aspecto metodológico da Educação Ambiental, quando se fizer necessário" (Brasil, 1999, art. 10, parágrafo 2º). Essa definição abre possibilidades para abordagens mais superficiais e interrupções da EA na formação profissional, mesmo de educadores.

Experiência da autora

Analisando as disciplinas oferecidas, de forma geral, na Universidade de São Paulo (USP), constatei que no curso de Pedagogia só há disciplinas optativas envolvendo a EA. As disciplinas existentes são notadamente relacionadas aos institutos e faculdades ligados às Biociências ou à Educação, que potencialmente atendem mais alunos das áreas biológicas, já predispostos ao estudo dos temas.

Isso não é o que se espera diante dos compromissos assumidos para o século XXI, como a Agenda 21, a Pnea e o Programa Nacional de Educação Ambiental (ProNEA), que tratam das agendas transversais ambientais e da conservação da biodiversidade. Por isso, a EA precisa ser incluída em cursos de bacharelado e licenciatura das mais diversas áreas.

O MMA (Brasil, 2018, p. 39) apresenta como linha de ação e estratégia a integração da "educação ambiental na educação superior, de forma transversal, inter e transdisciplinar, nas diversas áreas e cursos".

Trabalhos interessantes de educomunicação têm sido executados nas universidades. Um exemplo é a iniciativa Natureza Crítica, criada em 2018. Trata-se de "um trabalho coletivo e voluntário realizado por amigos amantes da natureza e dispostos a defendê-la. A maioria [...] já foi ligada à Universidade de Campinas" (Natureza Crítica, 2021). O grupo produz e divulga matérias atrelando conhecimentos acadêmicos e não formais de maneira muito inovadora e criativa em seu *blog* e no Facebook. O objetivo do grupo é incentivar a divulgação de informações científicas da área ambiental: "Resumindo, vamos tentar te convencer que o amor pela natureza não é coisa de maluco. E que somos loucos pelo Meio Ambiente" (Natureza Crítica, 2021).

Outro exemplo disso é a Rede Rizoma:

> uma iniciativa inovadora na área da extensão acadêmica, projetada por extensionistas de orientação Freireana do IFPB, sendo uma marca da atual gestão da Proext. A Rede consiste na congregação de uma teia de relações educacionais multidisciplinares com atuação em um determinado território, promovendo o desenvolvimento social e educacional.
>
> Segundo a professora Vania Medeiros, a Rede Rizoma busca desenvolver concepções e estratégias educativas que favoreçam a superação de conflitos na direção do enfrentamento das estruturas socioculturais geradoras de discriminação, de exclusão ou de sujeição entre grupos sociais. (IFPB, 2017)

Tendo em vista esse espectro de possibilidades da EA existente no ensino superior, esperamos que você, leitor, se inspire e potencialize seus interesses, descubra ou forme coletivos para promover ações de EA. Ainda melhor se elas passarem pelos muros de seu instituto, de sua faculdade ou de sua universidade e ganharem as ruas e todo o entorno. É passada a hora de a academia saber como se comunicar com a sociedade de maneira direta. Quem vivenciou os fatídicos anos pandêmicos do começo dos anos 2020 sabe o quanto a pesquisa fez a diferença em todo o mundo, tornando-se um elemento-chave para controlar a disseminação viral do Sars-CoV-2 e, em última instância, garantir a sobrevivência de muitos.

3.3 EA em territórios indígenas

Para pessoas indígenas, o meio ambiente e a natureza são, por si sós, a escola: a própria escola, mas não limitada por muros e salas de aula. É uma escola de grande abrangência que ensina sentidos, formas e consequências das relações e aponta antigas e novas possibilidades de agir junto com a natureza, mantendo ou alternando aspectos da organização social e cultural, conforme o momento e os desafios de determinada etnia.

Essa interpretação é comum em diversas comunidades tradicionais. Entretanto, apesar do reconhecimento de sua importância cultural e para a conservação da biodiversidade, essas comunidades ainda não são plenamente reconhecidas e valorizadas pelo Estado brasileiro, no sentido de garantir oficialmente sua participação em processos decisórios e na demarcação e concessão de territórios.

Instituições nacionais e internacionais, como o World Resources Institute, a União Internacional pela Conservação da Natureza e órgãos da Organização das Nações Unidas (ONU), reconhecem os cuidados efetivos que culminam na conservação da natureza pelos povos indígenas. O MMA tem publicações, a exemplo de Brasil (2014), com textos que caracterizam a temática indígena e, portanto, constroem narrativas em prol de relações sociais que atribuam a devida importância a uma sociedade pluriétnica e multicultural, algo que ainda carece de especial atenção e valorização no Brasil.

Processos pedagógicos e de EA, ao apresentarem uma via de mão dupla (educador-educando), podem ser favoráveis também no sentido de saída e entrada do contexto indígena, de forma a contrapor estereótipos que retiram o valor e a riqueza dessas culturas, reforçando hegemonias político-econômicas e perdas étnicas e culturais, que perduram no Brasil desde o século XVI.

Nesse cenário, a EA favorece o estabelecimento de um posicionamento com relação à cultura indígena no país, mediante a ação de agentes educadores diretos, para a qual há anúncios, ainda que indiretos, no ProNEA. O MMA (Brasil, 2018) destaca os povos indígenas ao ressaltar as ações de EA. No item "A dimensão ambiental nos projetos político-pedagógicos das instituições de ensino", especificam-se as linhas de ação e estratégia da seguinte forma: "**Incluir saberes locais, formais e não formais**, nas ações de educação ambiental **em escolas de localização diferenciada**, como as **indígenas**, quilombolas, ribeirinhas, de pescadores, caiçaras, do campo, de educação especial, de fundo de pasto, de assentamento e de extrativista, entre outros" (Brasil, 2018, p. 39, grifo nosso).

É preciso um processo de educação e formação ativa para transpor o desconhecimento sobre os povos indígenas, de modo que seja possível entender as contribuições que eles podem dar ao cenário da EA no Brasil. A formação cultural e educacional sobre os povos indígenas é ainda insuficiente e frequentemente problemática nos sistemas de ensino (formais, não formais ou informais). A mesma limitação ocorre em outras comunidades tradicionais que existem no Brasil, como as de quilombolas e de caiçaras, que apresentam saberes próprios relevantes para a EA.

As sociedades indígenas são muito diversas; porém, o pertencimento étnico a esses grupos independe de onde a pessoa indígena mora e das roupas e acessórios que utiliza. O universo da cultura indígena é realmente vasto e muito rico. Ao aprofundar seus estudos sobre a cultura indígena local e regional, você provavelmente encontrará meios de aplicar a EA de forma mais integradora e favorável à proteção e ao resgate cultural dessas etnias, inclusive no que se refere à biodiversidade e ao meio ambiente. Além disso, as organizações sociais indígenas ensinam como frear o uso e a exploração intensiva da natureza – muitas etnias existentes contam com bases comunais, descentralizadas, igualitárias, autônomas e seminômades.

As pessoas adquirem múltiplas habilidades, principalmente pela transmissão intergeracional de saberes de forma oral e pela observação prática ou treino (lúdico ou não). Muitas vezes, as artes comuns para os membros de uma comunidade indígena – que se volta apenas para o artesanato, a pintura e a culinária, por exemplo –, bem como a dedicação a uma única atividade, são compreendidas como obsessão e desequilíbrio espiritual. Essa é uma questão que já adentra a EA, visto que a sociedade capitalista costuma enaltecer a ultraespecialização.

Como educadores e biólogos, temos de atentar a esses detalhes para não enrijecermos, mantendo a mente e o corpo sempre abertos para adquirir novos conhecimentos e habilidades. Além disso, o **modo de vida** local e tradicional, com sistemas econômicos e estrutura social de base biológica e de baixo impacto, remete ao "Live simply that others may simply live", atribuído a Mahatma Gandhi.

Modo de vida ou meios de subsistência (*livelihoods*)

Trata-se da "maneira de assegurar subsistência. Além da satisfação de necessidades humanas fundamentais, integrando as dimensões domésticas e comunitárias, o termo designa também condições de acesso aos recursos naturais" (Vieira; Berkes; Seixas, 2005, p. 412).

O educador (indígena ou não) que interage com pessoas e territórios indígenas geralmente considera importantes a cultura e a expressão artística desses povos. A música, as cerimônias e os eventos coletivos estruturam as relações sociais e econômicas. Em diversas comunidades tradicionais, os festejos e eventos culturais conectam pessoas entre si e com o meio ambiente e a biodiversidade, de modo que chegam, até mesmo, a reduzir a vulnerabilidade socioambiental em situações de crise, como demonstrado por Juliana Farinaci (2012) em sua fala sobre a cultura caipira de São Luiz do Paraitinga, em São Paulo.

Figura 3.1 – (A) Ritual de dança de tribo indígena do Brasil e (B) celebração indígena de Inti Raymi na província de Chimborazo, no Equador

Muitos grupos indígenas estão em estado de vulnerabilidade, "apertados" com a expansão das cidades, da agricultura e da pecuária convencionais e das pressões de exploração de recursos naturais. Isso leva a perdas e mudanças no acesso à terra e aos recursos anteriormente disponibilizados em relações bioculturais milenares. Consequentemente, há o desaparecimento de tradições com a interrupção das transmissões culturais, o falecimento dos membros mais antigos, a entrada de materiais heteróclitos e a desmotivação/desinteresse dos jovens mais expostos às pressões e aos valores externos, que os desvalorizam socioeconomicamente.

Nos últimos anos, foram criados coletivos indígenas como o Guaranis de Ubatuba, Campinas e São Paulo (com destaque para a comunidade do Jaraguá). Esses coletivos se fortaleceram para comunicar seus valores e estilos de vida, adentrando os espaços acadêmicos e intelectuais e, consequentemente, promovendo eventos culturais, capacitações, mobilizações e atos crescentes. Eles também objetivam reconexões entre a humanidade e a natureza mediante a valorização étnica e biocultural e a demarcação de seus territórios. **Ganham cada vez mais influência e apoio da sociedade, fundamentada em valores e no respeito à humanidade e à biodiversidade.**

No Brasil, o direito dos povos tradicionais está previsto na Constituição Federal de 1988 (Brasil, 1988) e tem sido reforçado em diversos arcabouços legais e compromissos internacionais, como o Tratado de Educação Ambiental para Sociedades Sustentáveis e Responsabilidade Global, firmado em 1992, que estabelece os seguintes princípios (Brasil, 2021b):

> 9. A educação ambiental deve recuperar, reconhecer, respeitar, refletir e utilizar a história indígena e [as] culturas locais, assim como promover a diversidade cultural, linguística e ecológica. Isto implica uma visão da história dos povos nativos para modificar os enfoques etnocêntricos, além de estimular a educação bilíngue.

10. A educação ambiental deve estimular e potencializar o poder das diversas populações, promovendo oportunidades para as mudanças democráticas de base que estimulem os setores populares da sociedade. Isto implica que as comunidades devem retomar a condução de seus próprios destinos.

O questionamento recente do contexto político nacional, contrário a esses direitos garantidos, tem prejudicado a defesa e a soberania indígenas, dando abertura para graves retrocessos sociais e institucionais (Villas-Bôas, 2019).

Outra forma de desenvolver a EA em comunidades indígenas é por meio da abertura de algumas aldeias para o **turismo étnico**, que oportuniza vivências importantes para pessoas não indígenas, além de favorecer o reconhecimento social amplo. Essas vivências correspondem a estratégias de EA que podem ser promovidas direta ou indiretamente.

A tecnologia da informação também tem sido utilizada a favor da EA, indo além do acesso à informação, da transmissão e da divulgação para reconhecimento e valorização dos povos indígenas, integrando também ações ativas com comunicação e monitoramento ambiental de alta tecnologia. Há ações efetivas de monitoramento e gestão participativa de territórios e terras indígenas em que monitores e guias indígenas foram capacitados para operar equipamentos e recursos digitais para proteção e conservação, em parceria com organizações de apoio, governamentais e não governamentais.

A gestão dos territórios e o planejamento das ações de EA que envolvem territórios indígenas são ativamente construídos em parceria com essas comunidades. O tempo de execução de projetos de EA deve prever a continuidade da ação, bem como garantir o cumprimento dos objetivos bidirecionais por meio de organizações capazes de adequar e condicionar as potencialidades e os desafios incidentes, tanto interna quanto externamente ao território em questão. Relatórios recentes da Intergovernmental Platform on Biodiversity and Ecosystem Services (IPBES), da World Wide Fund for Nature (WWF) e do World Resources Institute (WRI) indicam que as comunidades tradicionais são a chave para a conservação da biodiversidade e dos ecossistemas naturais no Brasil e no mundo.

Figura 3.2 – Registros fotográficos e midiáticos favorecem a comunicação e o monitoramento ambiental em diversas etnias indígenas

Brastock/Shutterstock

Gostaríamos de encerrar esta seção lembrando que os povos indígenas de várias partes do mundo exigem políticas e apoio amplo da sociedade. É tempo de reconhecer que **o presente é ancestral**, como bem resume o líder e ativista indígena Ailton Krenak (2021). A frase lembra que existimos pelo que nos foi deixado: milho, batata, mandioca, o que ainda resta de solo, água e ar limpos. Escutar diretamente as comunidades e legitimar seus espaços e seus saberes favorecerá a emergência de benefícios que transcendem as terras indígenas, envolvendo a humanidade na paz e na harmonia possíveis.

3.4 EA nas empresas

Como são as ações de EA nos setores público e privado? É possível identificar os formatos mais comuns? Como podemos caracterizar a EA empresarial? Que ações mais frequentes você tem observado em sua vivência e em meios secundários (mídia, literatura etc.)?

De maneira geral, a EA é organizada no ambiente empresarial do menor para o maior engajamento socioambiental, em que a EA se alinha direta e indiretamente como ação de comunicação e adesão e/ou como programa institucional nos processos relacionados:

1. à gestão ambiental interna da empresa;
2. aos programas socioambientais externos (pontuais);
3. à adequação ambiental, a fim de receber premiações ou manter clientes;
4. ao financiamento e à parceria com iniciativas de EA (ONGs, governos, universidades, grupos sociais, comunidades etc.);
5. a certificações sociais e/ou socioambientais, como Fair Trade, Produção Orgânica, Organização Internacional de Normalização (ISO) e Responsabilidade Socioambiental (RSA);
6. à gestão ambiental interna e externa à empresa – análise do ciclo de vida (em inglês, *life cycle analysis*) e estabelecimento de **cadeias produtivas** sustentáveis ou integradas à conservação e aos arranjos produtivos circulares com parcerias, incluindo governamentais.

Cadeias produtivas

Conjunto de sucessivos "tratamentos" pelos quais um produto da floresta passa (por exemplo: coleta, lavagem, secagem, seleção, empacotamento etc.) até sua venda a um consumidor final [...], na qual cada "tratamento" representa um elo dessa cadeia. Ao longo de uma cadeia de produção vários agentes atuam, contribuindo com suas habilidades ou potencialidades para o beneficiamento e/ou o processamento do produto florestal.

Fonte: Pinto et al., 2010, p. 159.

A EA tem muitas possibilidades que são corriqueiramente aproveitadas na gestão interna das organizações, ainda que prevaleça o objetivo de reduzir custos pela economia de recursos (materiais, energia, água, combustível, trabalho humano etc.), e não o de obter benefícios ambientais para todos.

No ambiente corporativo, predominam ações de informação e divulgação que buscam ganhar adeptos e apoiadores nas campanhas. Empresas maiores podem dedicar um setor para a gestão de EA ou, ainda, contratar profissionais especializados para ações pontuais ou mais duradouras, voltadas a funcionários e clientes.

Ainda é frequente que empresas, principalmente as grandes corporações, adotem programas socioambientais pontuais para atender comunidades externas carentes ou de baixa renda, em situação de vulnerabilidade socioeconômica e/ou localizadas em áreas remotas, especialmente aquelas ameaçadas por obras ou impactadas por acidentes. Essas ações ocorrem em especial em datas comemorativas ligadas ao meio ambiente ou em processos de desenvolvimento de ajustes de conduta ou compensação.

A **filantropia empresarial** pode fazer, e muito, a diferença em algumas comunidades, embora, muitas vezes, as ações se revelem ambíguas, excessivamente pontuais e, por vezes, incoerentes.

As leis e regras ambientais são aplicadas pelos setores produtivo, empresarial e industrial para o planejamento e a operação de suas iniciativas, demonstrando respeito e responsabilidade socioambiental já pela adequação ambiental. Segundo o MMA (Brasil, 2018), a análise de projetos de educação ambiental (PEAs) nos licenciamentos ambientais exigidos pelos órgãos especializados nisso, tanto na esfera federal quanto na estadual, foi realizada nos anos de 2015-2016 pelo órgão gestor da Pnea. "Essa avaliação conseguiu adentrar o que se tornou um dos principais campos profissionais para os educadores ambientais, demonstrando a importância da IN n. 02 do Ibama, para a consolidação dos PEAs, e a necessidade de instrumentos reguladores nas esferas estadual e municipal" (Brasil, 2018, p. 21).

Infelizmente, no Brasil, por inúmeras razões, investigadas e detalhadas por especialistas, não há o devido comprometimento com as funções sociais e ambientais por parte de alguns empresários e empresas. Para além do *greenwashing*, muitas empresas visam concorrer às inúmeras categorias de reconhecimento e premiação do ramo da produção sustentável ou cumprir com requisitos de terceiros, como clientes política e/ou economicamente influentes, a fim de ampliar as margens de lucro e os nichos de mercado.

Outros meios que podem ser compreendidos de forma mais indireta na EA são o financiamento e a consolidação de redes de colaboração e parceria com organizações que realizam ações diretas de EA. Esse tipo de interação é bastante comum nas iniciativas de EA que envolvem ONGs, governos, universidades, grupos sociais, comunidades e setor privado, emergindo por meio de apoiadores, financiadores e patrocinadores. Na seção "Articulação e mobilização social como instrumentos de EA" do ProNEA, por exemplo, define-se como linha de ação e estratégia: "Estimular a **participação do setor empresarial**, de representações profissionais, **agentes financeiros**, representantes de religiões, entre outros setores sociais, como **corresponsáveis nos objetivos e na implementação das ações do ProNEA**" (Brasil, 2018, p. 33, grifo nosso).

No campo da certificação e das normas de padronização, a EA apresenta duas possibilidades: (1) das empresas ou dos coletivos certificadores, que listam indicadores de diversas dimensões, auditam e emitem a certificação; e (2) das empresas certificadas, que modificam e fazem a manutenção de arranjos internos mais sustentáveis, para comunicar e divulgar suas boas práticas aos clientes e consumidores. Esse campo tem recebido destaque nos últimos anos pelo forte contato com o setor privado, pela adesão gradual com vistas ao ganho de nichos de mercado, pela valorização de produtos e serviços e pelo estabelecimento comprometido de princípios de justiça social e ambiental e de sustentabilidade (Philippi Jr.; Sampaio; Fernandes, 2017).

Desde 1992, no contexto da institucionalização da EA no país, tem-se estimulado a implantação de sistemas de gestão ambiental por setores empresariais, em consonância com leis e normas, como as da série ISO 14000, relativas ao meio ambiente (Brasil, 2018). Isso envolve treinamentos no sistema de gestão ambiental (SGA), sendo a ISO 14001 a principal para o meio ambiente, criada em 1996.

Atualmente, há uma diversidade de normas e certificações que asseguram em seus processos, produtos e serviços maior responsabilidade socioambiental para o setor privado e empresarial (Philippi Jr.; Sampaio; Fernandes, 2017). Observe a seguir alguns exemplos.

- A ISO 14000, de responsabilidade ambiental e desenvolvimento sustentável; a ISO 26000, de responsabilidade social abrangente; a ISO 500.001, de gestão de energia, além de outras específicas para a construção sustentável e a agricultura industrial.
- As normas internacionais SA8000, de origem australiana, e AA1000, de origem inglesa, criadas em 1999, garantem, no sistema de governança, responsabilidade social corporativa.
- Certificações internacionais do sistema B para materiais, empresas, edificações e construções sustentáveis (B Lab/B Corp) e do sistema Leadership in Energy & Environmental Design (Leed).
- A instituição internacional Fair Trade, de responsabilidade social, garante produções socialmente justas, sem exploração de mão de obra e livre de trabalho escravo.
- Certificação de produtos orgânicos, que, no Brasil, exigem credenciamento no Ministério da Agricultura, Pecuária e Abastecimento (Mapa) e acreditada pelo Instituto Nacional de Metrologia, Qualidade e Tecnologia (Inmetro).
- Certificação do Forest Stewardship Council (FSC) e do Programa Brasileiro de Certificação Florestal (Cerflor) de cadeias produtivas da silvicultura sustentáveis.
- Normas nacionais, como a NBR 15401, de turismo sustentável, e a NBR 16001, de gestão de responsabilidade social

abrangente e dos indicadores do Inmetro para processos produtivos sustentáveis.

- Selo Tesouro Verde – vinculado ao Programa Brasil Mata Viva (BMV) –, que contempla a geração de créditos de sustentabilidade ou compensação da pegada ecológica de acordo com a metodologia da ONU.

A gestão ambiental empresarial, tanto a interna quanto a externa, envolve análise do ciclo de vida e o estabelecimento de cadeias produtivas sustentáveis ou integradas à conservação. A terminologia existente na literatura é vasta, conforme as especificidades e origem dos arcabouços e tipos de sistemas produtivos analisados. No cenário internacional, é crescente a adoção de conceitos como *cadeia de suprimento verde* (em inglês, *Green Supply Chain Management* – GSCM), *eco-design, logística reversa, cadeias e arranjos circulares, cadeias produtivas comunitárias*, entre outros. De forma geral, trata-se de uma gestão voltada à produção limpa, com energia e recursos renováveis, de economia circular e responsabilidade socioambiental direta e indireta aplicada a toda a extensão do circuito produtivo, o que pode envolver processos de certificação e divulgação para ampliar escopos e escalonar níveis geográficos. Há iniciativas que demonstram motivações transformadoras para além da publicidade e dos ganhos econômicos diretos e indiretos.

A integração com o setor empresarial é essencial para garantir mudanças efetivas na sociedade em todos os âmbitos. A Carta da Terra e o Tratado de Educação Ambiental para Sociedades Sustentáveis e Responsabilidade Global, firmados em 1992, são enfáticos em defender a participação de todos os setores e organizações sociais, como empresários e empresas, de maneira engajada para a proteção ambiental, a conservação da biodiversidade, a melhoria da qualidade de vida e a redução da pobreza e das desigualdades.

Na Carta da Terra, a parceria entre governo, sociedade civil e empresas é concebida como algo imprescindível para uma governabilidade efetiva. Já o item "Recursos" do Tratado de Educação Ambiental para Sociedades Sustentáveis e Responsabilidade Global explicita o compromisso das organizações signatárias com o setor empresarial:

> 3. Propor políticas econômicas que **estimulem empresas a desenvolverem e aplicarem tecnologias apropriadas e a criarem programas de educação ambiental** para o treinamento de pessoal e para a comunidade em geral;
> 4. **Incentivar as agências financiadoras a alocarem recursos significativos a projetos dedicados à educação ambiental**; além de garantir sua presença em outros projetos a serem aprovados, sempre que possível. (Brasil, 2018, p. 94, grifo nosso)

Como exemplo ilustrativo desse campo aberto, citamos a ação do Instituto Ecoar para a Cidadania, instituição signatária do referido tratado e importante entidade no cenário da EA no país. Entre diversas outras ações, em 2010, o instituto realizou

> o primeiro projeto de mensuração, redução e neutralização da emissão de gases de efeito estufa de um time de futebol brasileiro e de educação ambiental dos times e das torcidas. Trata-se do projeto Jogando pelo Meio Ambiente, que envolveu os times paulistas, Corinthians e Palmeiras, com o mote "adversários no campo, unidos pelo meio ambiente". (Ecoar, 2021)

Um campo de atuação da EA que precisa ser mais bem desenvolvido é o de empreendimentos socioambientais que envolvam produtos, serviços e identidades culturais ligados à sociobiodiversidade brasileira. Iniciativas para a criação de produtos sustentáveis e a valorização biocultural da Amazônia, do Cerrado, da Caatinga e da Mata Atlântica despontam pelo país (Pinto et al., 2010; ICMBio, 2019). O Programa-Piloto de Proteção das Florestas Tropicais do Brasil, por exemplo, estimula a criação de oportunidades e negócios sustentáveis no setor empresarial, recomendando maiores buscas sobre empreendimentos e produtos agroflorestais (Mendonça, 2002). No entanto, para que esses empreendimentos sejam, de fato, inovadores, é preciso reduzir as limitações das cadeias produtivas para uma produção e um consumo contínuos, de modo que a entrada de profissionais auxilie no desenvolvimento de estratégias de EA ligadas à gestão planejada.

A valorização da **agrobiodiversidade** tem aumentado nos últimos anos, desde os marcos legais e os estímulos a experiências locais de uso e conservação dos recursos genéticos. O "manejo de raças e variedades locais, tradicionais ou crioulas", por exemplo, é estimulado por políticas integradoras, como a Política Nacional de Desenvolvimento Sustentável dos Povos e Comunidades Tradicionais (Brasil, 2007a) e a Política Nacional de Agroecologia e Produção Orgânica (Brasil, 2012a).

Agrobiodiversidade

É definida na CDB como um termo amplo que inclui todos os componentes da biodiversidade que têm relevância para a agricultura e alimentação, bem como todos os componentes da biodiversidade que constituem os agroecossistemas: as variedades e a variabilidade de animais, plantas e de microrganismos, nos níveis genético, de espécies e de ecossistemas, os quais são necessários para sustentar os agroecossistemas, suas estruturas e processos. A agrobiodiversidade pode ser compreendida como a parcela da biodiversidade utilizada pelo homem na agricultura, ou em práticas correlatas, na natureza, de forma domesticada ou semidomesticada.

Fonte: Brasil, 2021c.

Excepcionalmente transversal às questões ambientais e socioculturais, o Programa Nacional da Sociobiodiversidade foi proposto em 2009 para aproximar múltiplos objetivos socioambientais estabelecidos pelo Plano Nacional de Promoção das Cadeias de Produtos da Sociobiodiversidade (PNPSB), fomentando o desenvolvimento de uma **cadeia produtiva da sociobiodiversidade (CPSBio)**.

Cadeia produtiva da sociobiodiversidade (CPSBio)

Um sistema integrado, constituído por atores interdependentes e por uma sucessão de processos de educação, pesquisa, manejo, produção, beneficiamento, distribuição, comercialização e consumo de produto e serviços da sociobiodiversidade, com identidade cultural e incorporação de valores e saberes locais e que asseguram a distribuição justa e equitativa dos seus benefícios.

Fonte: Brasil, 2009b, p. 9.

Planos de aproveitamento de recursos da biodiversidade associados à recuperação e à manutenção de serviços ecossistêmicos (SE) também são transversais a outras políticas socioambientais com objetivos sobrepostos ou complementares e, consequentemente, com potencial articulação em prol de cadeias produtivas justas e sustentáveis. Nelas, a produção, a distribuição e as aplicações atendem a demandas sociais, materiais e culturais (imateriais) em consenso com a manutenção dos benefícios ambientais e ecológicos. A corrente regionalista da EA em muito se alinha a esse potencial de integração dos setores empresariais.

Exemplo de valorização de cadeias produtivas da sociobiodiversidade

Muitas empresas nacionais e internacionais que utilizam ingredientes naturais e frescos como matéria-prima de seus produtos, como as dos ramos alimentício e cosmético, aderiram ao **Origens Brasil**®. Esse selo e programa foi criado em 2016, ou seja, trata-se de um exemplo recente de iniciativa voltada à valorização da diversidade socioambiental brasileira, que age com transparência com produtores, organizações comunitárias e empresas.

Essa iniciativa envolve áreas protegidas nos territórios do Xingu, do Rio Negro e da Calha Norte, na Amazônia. Foi premiada pela Climate Ventures na categoria Melhores Negócios para o Clima 2018. As empresas que aderem ao programa comprometem-se a adquirir insumos que respeitem a conservação (sem ameaçar a extinção de plantas ou animais), bem como favorecem a produção sustentável e comunitária de recursos da biodiversidade. Por exemplo, uma indústria britânica de cosméticos que compra o cumaru de terras indígenas do Xingu e de agroextrativistas de projetos de assentamento de desenvolvimento sustentável paga, em média, 23% a mais do que o mercado local (Imaflora, 2018).

3.5 EA em unidades de conservação (UCs)

Na primeira metade do século XX, a política ambiental brasileira era considerada inexpressiva no cenário internacional, ainda com uma atuação fraca do Serviço Florestal, instituído em 1921, e do Código Florestal de 1934. Outrossim, o Brasil foi um dos últimos países a criar unidades de conservação (UCs). A primeira área diretamente voltada à conservação foi o Parque Nacional de Itatiaia, fundado em 1937.

Apenas em 1975, durante o governo do General Ernesto Geisel, foi criada a Secretaria Especial do Meio Ambiente (Sema) para atender às exigências de responsabilidade ambiental, sobretudo por pressão de órgãos internacionais para a aprovação de empréstimos para obras públicas.

 Preste atenção!

Os prejuízos ambientais do "crescimento" promovido pelo milagre econômico e industrial da ditadura militar permanecem até a atualidade. Toneladas de rejeitos químicos tóxicos ou inertes de fonte industrial remanescem inadequadamente enterrados ou, até mesmo, expostos, poluindo e contaminando solos, água, atmosfera e biota. Pesquisas sobre o genocídio ambiental desse período ainda precisam ser mais bem desenvolvidas e sintetizadas para dimensionar a magnitude aproximada desses impactos.

Foi na década de 1970 que as agências ambientais estaduais passaram a ser instaladas, embora a efetividade de seu exercício tenha sido alcançada apenas a partir da década seguinte. Áreas de proteção públicas (em vários níveis jurisdicionais) e privadas foram gradualmente propostas e definidas sem um sistema unificador. Nos anos 2000, entretanto, foi criado o **Sistema Nacional de Unidades de Conservação da Natureza (Snuc)**.

O Snuc é o conjunto de UCs federais, estaduais e municipais por meio do qual se definem 12 categorias em dois grupos: (1) de uso restrito e (2) de proteção integral ou uso sustentável (Brasil, 2000a). Segundo o Instituto Chico Mendes de Conservação da Biodiversidade – ICMBio (2019), há um total de 2 mil UCs que protegem mais de 18% do território continental e de 26% do território marinho brasileiro. Em nível federal, o ICMBio administra 310 UCs, cuja área total corresponde a quase 10% do território nacional, utilizando seus 11 Centros Nacionais de Pesquisa e Conservação.

O Snuc conta com 13 objetivos, entre os quais destacamos o seguinte: "favorecer condições e promover a **educação e interpretação ambiental**, a recreação em contato com a natureza e o turismo ecológico" (Brasil, 2000a, art. 4º, inciso XII, grifo nosso).

Art. 5º O SNUC será regido por diretrizes que:

[...]

IV – busquem o apoio e a cooperação de organizações não governamentais, de organizações privadas e pessoas físicas para o desenvolvimento de estudos, pesquisas científicas, **práticas de educação ambiental**, atividades de lazer e de turismo ecológico, monitoramento, manutenção e outras atividades de gestão das unidades de conservação; [...] (Brasil, 2000a, grifo nosso)

Considerando-se o arcabouço favorável e a amplitude das UCs em todo o território nacional terrestre e marinho, parte expressiva da atuação em EA tem sido desenvolvida nesses espaços.

Nas UCs, a EA é enfocada, principalmente, como estratégia de gestão ambiental alinhada à Pnea, estendendo-se a todos os níveis jurisdicionais (Brasil, 1999). O ProNEA apresenta como linhas de ação e estratégia a ampliação e o aperfeiçoamentos das iniciativas em EA, as quais são promovidas pelos "Comitês de Bacias Hidrográficas, Conselhos de Meio Ambiente, Conselhos Gestores de Unidades de Conservação e demais colegiados" (Brasil, 2018, p. 30).

Tendo em vista esse arranjo institucional, as Câmaras Técnicas de Educação Ambiental e Mobilização Social são fortalecidas "em articulação com as Comissões Estaduais Interinstitucionais de Educação Ambiental – CIEAS" (Brasil, 2018, p. 30). Assim, desdobra-se também essa perspectiva nos estados e municípios, de modo a definir suas agendas e políticas para a EA.

O incentivo à "sensibilização da sociedade para a importância das unidades de conservação" (Brasil, 1999, art. 13, inciso IV) tem ocorrido mais pela EA não formal, predominantemente em parceria com a organização da sociedade civil, de associações de moradores e de empresas de ecoturismo. Na Recomendação n. 14, de 26 de abril de 2012, do Conselho Nacional do Meio Ambiente – Conama (Brasil, 2012e), é específica da adoção da Estratégia Nacional de Comunicação e Educação Ambiental em Unidades de Conservação (Encea), que tem, entre outras diretrizes, incluir a valorização das UCs em todos os campos educacionais, a fim de fortalecer o tratamento no ensino formal. O objetivo geral da Encea é:

> Fortalecer e estimular a implementação de ações de Comunicação e Educação Ambiental em Unidades de Conservação, Corredores Ecológicos, Mosaicos e Reservas da Biosfera, em seu entorno e nas zonas de amortecimento; promovendo a participação e o controle social nos processos de criação, implantação e gestão destes territórios, e o diálogo entre os diferentes sujeitos e instituições envolvidos com a questão no país. (Brasil, 2012d, p. 20)

Um modelo de UC muito interessante implementado pelos educadores é o fornecido pela disciplina Princípios e Técnicas de Educação Ambiental Aplicados à Atividade de Caminhada em Trilha e Montanhismo em Unidades de Conservação, oferecida pelo Instituto de Biociências da USP. Há outros modelos que utilizam projetos de trilhas turísticas como recurso para a EA. Augusto de Souza Berchez, por exemplo, oferta um curso sobre EA em ambientes marinhos no mesmo instituto, por meio do Projeto Trilha Subaquática. Muitos grupos de pesquisa e extensão universitários compõem núcleos de atuação comunitária em torno de UCs, além de atuarem como organizações-ponte entre os diferentes atores sociais envolvidos no território e na gestão das UCs.

 Preste atenção!

No modelo integrado com o ecoturismo e com as universidades, a EA apresenta-se como um campo a ser desenvolvido ainda. Para efetivá-lo, é necessário garantir a qualidade e o respeito necessários à sociobiodiversidade em diversas regiões do Brasil. Abundam áreas com potencial turístico natural e cultural e centros de ensino pelo país.

Um grande problema para a efetividade da EA em UCs pode estar na ênfase excessiva à atenção e à dedicação de ações aos visitantes flutuantes, geralmente externos, como ocorre no turismo, investindo-se muito em monitoramentos e formações de pessoas de pouca permanência. Por vezes, são realizadas em detrimento da comunidade local, que tem efeito mais direto e amplo na UC em curto e longo prazos. Por isso, é sempre importante avaliar: Quais práticas nas UCs garantem efeitos duradouros e efetivamente transformadores na vida das pessoas (visitantes externos e comunidades locais)?

Muito poderia ser apresentado sobre a EA em iniciativas ligadas aos setores público e privado. Uma pesquisa interessante seria investigar as mudanças nas agendas conforme as trocas de gestores e partidos políticos. Essas mudanças impactam a continuidade de programas nos níveis municipal e estadual e, por isso, são pontos que precisam ser mais bem compreendidos como limitações institucionais da EA.

Síntese

Neste capítulo, demonstramos que as ações de EA cabem em todos os espaços, independentemente de serem ambientes urbanos, rurais ou de vegetação nativa. Buscamos analisar criticamente como as ações de EA têm sido realizadas nos espaços de ensino formais, como escolas e universidades, e nos espaços de ensino não formais, como unidades de conservação (UCs), territórios indígenas e empresas.

Possibilidades e desafios para a EA despontam de modo específico em cada um desses espaços, exigindo adaptabilidade, abertura e empenho por parte dos profissionais da área, que procuram ajustar os fatores que condicionam e aumentam a efetividade das ações para (e em conjunto com) a diversidade de atores existentes em cada cenário.

Do arcabouço legal e da literatura acadêmica emerge um cenário institucional favorável à riqueza de experiências de EA, que permitem aprofundar e favorecer os processos de planejamento e a execução de programas e projetos de EA em qualquer região e espaço.

Esperamos que os conteúdos abordados ao longo deste capítulo indiquem caminhos e possibilidades teóricas e práticas concretas a serem aproveitadas no contexto em que você, leitor, pretende atuar, seja em seus trabalhos acadêmicos, seja em suas atividades como pesquisador, professor, gestor, empresário, analista, associado etc.

🔍 Indicações culturais

Vídeos

D'LARC. **Senhora natureza (clipe oficial).** 8 jan. 2015. 3 min. Disponível em: <https://www.youtube.com/watch?v=Fs130eGM4ug>. Acesso em: 10 maio 2021.
Senhora natureza é um trabalho artístico realizado por estudantes no contexto escolar. Trata-se de um exemplo de educomunicação.

IMPORTÂNCIA dos povos indígenas na conservação de materiais genéticos. **Conexão Ciência**, 1º mar. 2019. 26 min. Disponível em: <https://www.youtube.com/watch?v=3rXEOYFpfKg&feature=youtu.be>. Acesso em: 10 maio 2021.
Nesse vídeo, a equipe jornalística do Conexão Ciência entrevista Fábio de Oliveira Freitas, pesquisador da Empresa Brasileira de Pesquisa Agropecuária (Embrapa). Nessa conversa, são abordados fatos e discussões que demonstram como os povos indígenas são conhecedores e "semeadores" de biodiversidade e fundamentais na conservação de materiais genéticos no Brasil.

INDÍGENAS guaranis em protesto no palco do Lollapalooza-2019. **Quebrando o Tabu**, 8 abr. 2019. 1 min. Disponível em: <https://www.facebook.com/watch/?v=2243460425969996>. Acesso em: 10 maio 2021.
Em um breve discurso entre *shows* e manifestações culturais desse grande evento musical, realizado em 2019, o ativista indígena David Guarani denuncia as contínuas ameaças aos povos indígenas. Conforme aponta o ativista, "Falam que é

muita terra para pouco índio, mas é pouco índio protegendo a vida para o mundo inteiro sobreviver!".

NÓS precisamos de mais unidades de conservação? **Natureza & Ciência**, 28 ago. 2017. 5 min. Disponível em: <https://www.youtube.com/watch?v=0mErdoyY-4k>. Acesso em: 10 maio 2021.

Em área, as unidades de conservação (UCs) cobrem cerca de 25% do território nacional; porém, sofrem diversas ameaças que ocorrem de forma fragmentada em todos os biomas. A ampliação e a criação de novas unidades são necessárias para conectar ilhas de biodiversidade e manter a diversidade genética e o funcionamento ecológico dessas áreas. O vídeo apresenta os esforços científicos recentes para compreender o quanto as espécies, sobretudo as endêmicas, têm sido protegidas pelas atuais UCs e explica didaticamente os tipos de unidades definidas pelo Sistema Nacional de Unidades de Conservação da Natureza (Snuc). É, sem dúvida, um ótimo material didático e modelo de educação ambiental integrada à divulgação científica.

ONDE a nossa vida pulsa: o valor das unidades de conservação para a sociedade brasileira. **Canal ICMBio**, 5 set. 2018. 3 min. Disponível em: <https://www.youtube.com/watch?v=pDUbkKo5uj4>. Acesso em: 10 maio 2021.

Esse vídeo apresenta o pulso comum da vida, alertando para o fato de que tudo o que é essencial advém diretamente da natureza. Ademais, traz informações básicas sobre a necessidade das unidades de conservação (UCs) para a segurança da manutenção dos serviços ecossistêmicos (SE).

O QUE são unidades de conservação. **Imaflora Brasil**, 9 dez. 2010. 7 min, Disponível em: <https://www.youtube.com/watch?v=oeRJmHfcuAY>. Acesso em: 10 maio 2021.

Esse vídeo apresenta entrevistas realizadas com artesãos, docentes, biólogos, advogados, entre outros, sobre a criação e a importância das áreas naturais protegidas e visa demonstrar a necessidade de ações coletivas para sua manutenção.

SONIA Guajajara dá aula de história sobre povos indígenas à senadora do PSL. **Mídia Ninja**, 12 abr. 2019. 5 min. Disponível em: <https://www.youtube.com/watch?v=qc0ze7cv7dE>. Acesso em: 10 maio 2021.

A intensificação das ameaças físicas e psicológicas contra os povos indígenas tem sido sentida nos últimos anos, com o recrudescimento de discursos de ódio por políticos e da constante propagação de mentiras, manipulações e preconceitos acerca dos povos indígenas.

Nesse vídeo, a líder indígena Sonia Guajajara, em audiência pública da Comissão de Direitos Humanos e Legislação Participativa do Senado Federal, debate sobre o acesso à saúde para os povos indígenas. Sonia Guajajara é a coordenadora nacional da Articulação dos Povos Indígenas do Brasil (Apib).

SUSTENTABILIDADE – Enraizando #6. **Enraizando**, 17 dez. 2014. 3 min. Disponível em: <https://www.youtube.com/watch?v=Qky8NVaAfK8>. Acesso em: 10 maio 2021.

Esse vídeo sintetiza em três minutos o que é sustentabilidade, partindo de um breve histórico da sociedade humana e da contextualização das preocupações emergentes com a intensificação da exploração dos recursos naturais na modernidade e as mudanças decorrentes desse processo.

Atividades de autoavaliação

1. A atuação do biólogo na educação ambiental (EA) é:

    A) essencial para garantir a efetividade das ações independentemente do espaço sob intervenção, uma vez que os profissionais são mais habilitados tecnicamente sobre o meio ambiente e todas as dimensões que garantem a sustentabilidade.

    B) desejável no que se refere às intervenções comprometidas com as causas socioambientais que favorecem a articulação de conhecimentos importantes e necessários ao desenvolvimento sustentável e à conservação da biodiversidade.

    C) obrigatória, como regulamentado pela Política Nacional de Educação Ambiental (Pnea).

    D) desejável no que se refere às intervenções que demandam a assinatura de termos de responsabilidade técnica de profissionais da área ambiental, embora não se limite a essa categoria de profissionais.

    E) obrigatória, como regulamentado pela Lei de Diretrizes e Bases da Educação Nacional (LDBEN), restrita aos biólogos com licenciatura plena, capazes de articular pesquisa e ensino às políticas para sustentabilidade.

2. Analise as afirmações a seguir no que tange à institucionalização da educação ambiental (EA) no ensino formal e não formal.

    I) As demandas de EA na educação formal envolvem estudantes em geral, desde a educação infantil até a universitária, bem como professores e demais profissionais de cursos e especializações em EA.

II) As demandas de EA na educação não formal envolvem todos os segmentos da população, como grupos identitários, de jovens, de moradores e de profissionais liberais.

III) Apenas a educação formal é tratada na Política Nacional de Educação Ambiental (Pnea).

Agora, assinale a alternativa correta:

A Todas as afirmações estão corretas.
B As afirmações I e II estão corretas.
C As afirmações II e III estão corretas.
D Apenas a afirmação III está correta.
E Nenhuma das afirmações está correta.

3. No que se refere à formação de professores, a Lei n. 9.795, de 27 de abril de 1999 (Brasil, 1999), preceitua que:

A a dimensão ambiental deve obrigatoriamente constar nos currículos de formação de professores, em todos os níveis e em todas as disciplinas, incluindo cursos de pós-graduação e extensão e áreas voltadas às metodologias de educação ambiental (EA).

B a dimensão ambiental é facultativa nos currículos de formação de professores, em todos os níveis e em todas as disciplinas, e obrigatória nos cursos de pós-graduação e extensão e nas áreas voltadas às metodologias de EA.

C a dimensão ambiental deve obrigatoriamente constar dos currículos de formação de professores, em todos os níveis e em todas as disciplinas, garantindo a formação continuada em EA para a atuação profissional.

D a dimensão ambiental é facultativa nos currículos de formação de professores, em todos os níveis e em todas as disciplinas, inclusive nos cursos de pós-graduação e extensão e nas áreas voltadas às metodologias de EA.

E a dimensão ambiental deve constar dos currículos de formação de professores, em todos os níveis e em todas as disciplinas, sendo opcional a inserção de disciplina específica de EA nos cursos de pós-graduação e extensão e nas áreas voltadas às metodologias de EA.

4. A integração com o setor empresarial é essencial para empenhar mudanças efetivas na sociedade em todos os níveis, sendo prevista:

    A em diversos documentos de referência da educação ambiental (EA), como a Carta da Terra e o Tratado de Educação Ambiental para Sociedades Sustentáveis e Responsabilidade Global.

    B nas políticas internas das empresas que assinaram a Carta da Terra em 1992 e recebem apoio exclusivo para relações intersetoriais.

    C em diversos documentos de referência da EA firmados em 1992, como a Carta da Terra, que fundamentou a criação de um órgão específico para incentivar financeiramente as interações.

    D com exclusividade na Carta da Terra, que possibilitou a criação de um órgão específico para incentivar financeiramente a adesão do setor privado.

    E apenas no Tratado de Educação Ambiental para Sociedades Sustentáveis e Responsabilidade Global, que criou mecanismos de certificação.

5. Analise as afirmações a seguir sobre a inserção da educação ambiental (EA) nas unidades de conservação (UCs).

I) A abrangência da atuação do profissional especializado em EA é ampla, considerando-se a existência de UCs por todo o Brasil, uma vez que abarca áreas federais, estaduais e municipais, cobrindo um percentual do território continental estimado em 18% e um território marinho de 26%.

II) O Instituto Chico Mendes de Conservação da Biodiversidade (ICMBio) é o órgão ambiental competente do governo brasileiro responsável pela gestão das UCs federais. Contudo, o ICMBio não prevê ações de EA, visto que elas não contam com dispositivos legais.

III) A busca por apoio e cooperação de organizações não governamentais (ONGs), de organizações privadas e de pessoas físicas é uma diretriz das UCs também para o desenvolvimento de práticas de EA, atividades de lazer e de turismo ecológico, monitoramento, entre outras práticas de gestão.

Agora, assinale a alternativa correta:

A) Apenas a afirmação I está correta.
B) Apenas a afirmação II está correta.
C) As afirmações I e II estão corretas.
D) As afirmações I e III estão corretas.
E) Todas as afirmações estão corretas.

Atividades de aprendizagem

Questões para reflexão

1. Consulte a Lei n. 9.985, de 18 de julho de 2000 (Brasil, 2000a), e destaque que categorias de unidades de conservação (UCs) preveem diretamente a execução de atividades de educação ambiental (EA). Na sequência, identifique os atores e/ou órgãos responsáveis por essas ações.
2. De que maneira a educação ambiental (EA) pode contribuir com a sociobiodiversidade?
3. Como ações de educação ambiental (EA) podem incentivar empreendimentos comunitários locais e o consumo de seus produtos e serviços?
4. Pesquise quantas etnias e línguas indígenas existem no Brasil, bem como a história dos povos indígenas em seu município. É correto afirmar que a pessoa indígena deixa de ser indígena ao viver em cidades e usar aparelhos eletrônicos, por exemplo?

Atividades aplicadas: prática

1. Liste e descreva brevemente os espaços de educação ambiental (EA) formais e não formais mais próximos de você. Converse com os representantes dessas iniciativas e crie um mapa local dos espaços visitados no Google Maps ou no Google Earth. Nesses *softwares*, você pode compartilhar mais informações sobre essas iniciativas locais, como *sites* e fotos.
2. Faça um levantamento das áreas de relevância ambiental ou ecológica mais próximas de sua residência. Há unidades de conservação (UCs), terras indígenas ou outras categorias de áreas especiais ou zoneamentos especiais em sua região?

Elabore um relatório com a descrição dessas áreas e liste as atividades de educação ambiental (EA) já realizadas. Em seguida, analise a efetividade dessas ações quanto aos objetivos pretendidos de EA.

3. Pesquise empresas premiadas por suas ações e seus processos sustentáveis nos últimos anos. Em seguida, analise as estratégias de educação ambiental (EA) utilizadas por essas organizações.

CAPÍTULO 4

RELAÇÕES DISCIPLINARES E INTERDISCIPLINARES EM EDUCAÇÃO AMBIENTAL (EA),

É bom lembrar que ser educador ou educadora ambiental é uma identidade, um reconhecimento de si muito mais que uma profissão [...]. [...] além de seus conhecimentos técnicos e habilidades específicas, não negligencia nem coloca em segundo plano a sua militância e seu compromisso político de construção de uma sociedade justa, democrática e sustentável.

Marcos Reigota, 2009, p. 56.

A educação ambiental (EA) é um campo interdisciplinar que pode estar presente em todas as disciplinas, como oficialmente preconizado nas políticas específicas da área no Brasil e no mundo. O caráter interdisciplinar pode ser contemplado mediante a integração direta ou indireta de diferentes áreas e múltiplos profissionais, embora também possa ser efetivamente desenvolvido no contexto de uma disciplina delimitada, havendo a abertura do educador e dos participantes nas ações que visam expandir e conectar conceitos, teorias e práticas.

Os profissionais e participantes empenhados em suas correntes de EA, movidos em contextos de ação pluri, inter e transdisciplinar, podem favorecer processos para um entendimento mais amplo, ético e transformador, que em si supere as fronteiras do conhecimento formalizado em áreas e subáreas, blocos rígidos convencionais do sistema científico ocidental.

A vida e o meio ambiente perpassam todas as áreas do conhecimento científico. Aliás, essas áreas e disciplinas derivaram justamente da capacidade de filosofar inerente ao ser humano, que, por meio de estudo e observação, descreve, sob diferentes óticas, os fenômenos naturais. Em outras palavras, vida e meio ambiente sempre foram unificados, e os saberes, científicos ou não, encontram-se transdisciplinarmente neles. Não se percebem separações e limitações dos componentes e das dinâmicas que formam o meio ambiente. A fragmentação disciplinar é artificial e pode prejudicar a apreensão do todo, ou seja, a aprendizagem desses laços que unem espécies e condições ambientais.

Assim, neste capítulo, buscaremos analisar as relações pluri, inter e transdisciplinares da EA como forma de entrosar teorias, métodos e práticas de diferentes áreas do conhecimento, de modo a elucidar as possibilidades de atuação pessoal e profissional.

O Programa Nacional de Educação Ambiental (ProNEA) tem como eixo orientador a perspectiva da sustentabilidade. Trata-se de um documento que apresenta como primeiras diretrizes justamente a transversalidade, a transdisciplinaridade e a complexidade, alinhando-se à Política Nacional de Educação Ambiental (Pnea), que tem como princípio básico da EA "o pluralismo de ideias e concepções pedagógicas, na perspectiva da inter, multi e transdisciplinaridade" (Brasil, 1999, art. 4º, inciso III).

Da maneira como está estruturada a ciência atual, o campo socioambiental requer tratamento em múltiplas áreas. A forma como esse contato ocorre define o viés da atuação, embora possa compor, até mesmo, novos sistemas de conhecimento, como demonstraremos neste capítulo.

4.1 A disciplinaridade na EA

Para um melhor entendimento dos contatos disciplinares inerentes à abordagem do campo ambiental, apresentaremos a seguir algumas definições de termos empregados neste capítulo (Neiman; Rabinovici; Sola, 2014).

- **Multidisciplinaridade**: consiste na intervenção de várias disciplinas, mas sem interações.
- **Pluridisciplinaridade**: compreende a justaposição de disciplinas em um sistema de ensino; implica interação entre campos do saber, mas não coordenação.
- **Interdisciplinaridade**: além da justaposição de disciplinas, provoca a colaboração entre aquelas que são plurais no estudo de um objeto, de um campo ou de um objetivo. As interações e a coordenação podem ser decorrentes dos imperativos fixados por uma só disciplina ou do problema complexo a ser estudado.
- **Transdisciplinaridade**: envolve interações que ocorrem entre as disciplinas, os planejadores, os administradores e as populações locais. Trata-se de uma proposta ambiciosa que tenta extrair dessa colaboração um fio condutor, uma filosofia epistemológica.

Nesta seção, vamos identificar traços disciplinares da EA, bem como suas causas e consequências. A EA como forma de realizar ações educativas encontra espaço e importância em qualquer disciplina do ensino formal de qualquer nível, da educação pré-escolar à pós-graduação. Não há disciplina que não se apoie em elementos e relações estruturadas e estruturantes dos sistemas socioecológicos (SSEs), dos componentes e das relações sociais, ecológicas e ambientais. Assim, a ênfase e a perspectiva sobre as bases sociais e ambientais é que variam conforme as especificidades das disciplinas.

Na realidade, é bastante difícil apontar disciplinas que não tratam de temáticas socioambientais. Apenas disciplinas extremamente técnicas ou teóricas desconectam-se das próprias bases sociais, políticas e ambientais que, eventualmente, até as originaram como campos do saber humano. Especializaram-se tanto que, apesar de se apoiarem em concepções derivadas do próprio caráter humano, seus conceitos são construídos e aplicados como se fossem neutros e independentes da conjuntura ao redor. Até o meio em que se inserem e se estruturam deixa de ser objeto de reflexão.

Infelizmente, entre as disciplinas que ignoram essas interseções e essa interdependência em relação à conjuntura socioambiental, há áreas e subáreas influentes, como a economia reducionista, que até hoje concentra exames do crescimento do Produto Interno Bruto (PIB) como maior parâmetro de desenvolvimento; e a engenharia e a agronomia, quando não integram todo o sistema produtivo, o ciclo de vida e os impactos decorrentes de cada produto e serviço. Ainda que a ciência tenha avançado na compreensão da complexidade dos sistemas, muitas áreas ainda não abordam as repercussões do uso dos recursos e dos ecossistemas em modelos lineares, explorando-os a despeito dos impactos negativos diretos e indiretos inseridos em uma avaliação circular e interescalar.

Apesar da ênfase na existência de diálogo e na intensa aproximação das grandes áreas disciplinares, como as ciências naturais e humanas, no tocante à EA, como costuma ser reforçado na literatura da área, ainda há grande falha nessa articulação.

A força e o impulsionamento da EA por profissionais ligados a disciplinas ambientais se destacam, sobretudo nas ciências biológicas. Mesmo após tantos esforços nos últimos anos para ampliar a EA, essa área ainda está predominantemente vinculada aos profissionais e ao conhecimento científico biológico e ecológico da ciência ocidental (Díaz et al., 2015), apresentando-se secundariamente nos ramos da química, da geografia, da educação e das ciências sociais e das artes, por exemplo.

Há também práticas disciplinares de EA de sucesso. Irineu Tamaio (2002, p. 39) descreve sua experiência no espaço escolar como professor de História, demonstrando como é totalmente possível abordar a EA em uma só disciplina, "mesmo sem um projeto integrado às outras áreas do conhecimento".

Qualquer que seja a disciplina, pois todas têm bases para a EA, o educador deve atentar ao fato de que a simples transmissão de conhecimentos científicos e de informações para a conservação da natureza não garante mudanças atitudinais. Os processos emancipatórios, participativos e cidadãos e a consolidação nos indivíduos de perspectivas e posturas éticas e políticas são princípios da EA (Penteado, 2000; Reigota, 2009). Não obstante, a EA demanda que todas essas dimensões e subáreas técnico-científicas, ainda que incluídas em uma disciplina, estejam integradas e permeadas de intenções, processos e ações educativas de curto e longo prazos e que sejam capazes de se articular não apenas entre si, mas com outros **sistemas de conhecimento**, dando ferramentas para viabilizar as mudanças necessárias.

Atualmente atribuem à Educação Ambiental uma importância fundamental para a "obtenção de resultados" em favor da conservação e melhoria do meio ambiente. No entanto, diante de uma situação social complexa, a educação deve desempenhar um papel para **favorecer o desenvolvimento de novos comportamentos individuais e coletivos que visem superar as condições históricas atuais**. No entanto, não será somente a Educação Ambiental que resolverá os agudos e sérios problemas socioambientais.

É necessário reconhecer que esses **problemas são intimamente relacionados aos conflitos de interesses socioeconômicos**. Portanto, a Educação Ambiental não é condição suficiente para modificar essa realidade, mas sim mais uma **ferramenta na mediação necessária entre culturas, comportamentos diferenciados e interesses de grupos sociais para a construção das transformações almejadas**. (Tamaio, 2002, p. 23, grifo nosso)

 Para refletir

Você consegue perceber o quanto o engajamento das áreas científicas, a articulação disciplinar e a consideração de sistemas de conhecimentos complementares representam mais do que uma atuação multi ou interdisciplinar da EA?

A efetividade das ações de EA requer esse entrosamento amplo de percepções, entendimentos e técnicas advindos de conhecimentos ligados a distintos atores sociais. Para Reigota (2009), a EA nas escolas ou em qualquer outro espaço exige a clara definição de objetivos, conteúdos, métodos e processos de avaliação dos atores envolvidos, devendo partir previamente do reconhecimento das demandas, das necessidades e das particularidades locais.

Quais são as percepções e os anseios da população local e dos envolvidos nas ações de EA quanto ao meio ambiente? Tais reconhecimentos são básicos e inserem-se no pré-projeto, anteriormente a qualquer intenção de execução de programas e projetos. Essa etapa preliminar, muitas vezes, é ignorada em ações convencionais, mesmo na EA, assumindo-se desejos e necessidades de maneira centralizada pelos agentes planejadores e executores do projeto.

Como realizar um diagnóstico socioambiental, bem como o planejamento e a execução de ações em EA, com uma única abordagem disciplinar, um único profissional-chave ou um pequeno grupo de executores? Ou como fazê-lo com um misto de disciplinas e profissionais de diferentes áreas técnicas, porém desarticulados? Tendo isso em vista, você buscará novas habilidades que o tornem capaz de entender e gerir processos participativos e impulsionar as potencialidades das equipes em que você venha a se inserir. Nessas futuras ações integradoras, você favorecerá a interação entre as disciplinas e subáreas fundamentais e os sistemas de conhecimentos envolvidos no SSE em que atua ou pretende atuar.

4.2 A interdisciplinaridade na EA

Considerando-se o sistema de conhecimento da ciência ocidental, na área de educação, ainda é recente a abertura ao movimento contemporâneo que emerge da inter e da transdisciplinaridade e aos diferentes sistemas de saberes. Por isso, é normal levantar a questão: Será realmente possível implementar ações minimamente interdisciplinares nos espaços de formação em que trabalhamos, sobretudo nos espaços formais, como escolas, universidades e cursos?

Nesta seção, analisaremos a viabilidade de propostas interdisciplinares de EA, a fim de esclarecer em que cenário elas se inserem e quais são as limitações mais comuns, tendo em conta métodos, ferramentas e/ou recursos desenvolvidos e já disponibilizados por outros profissionais.

É importante destacar que a **transversalidade** passou a ser considerada sinônimo de **interdisciplinaridade** em virtude da inclusão dos temas do meio ambiente nos Parâmetros Curriculares Nacionais (PCN), no final da década de 1990, apesar de serem conceitos muito distintos, pois implicam diferentes práticas pedagógicas (Reigota, 2009). Para Reigota (2009, p. 42), a prática interdisciplinar "trabalha com diálogo de conhecimentos disciplinares", ao passo que a transversal desconsidera os limites disciplinares conferidos a certos conhecimentos a favor do conhecimento científico amplo. Como visto na seção anterior, ambas as abordagens são importantes no âmbito da EA, dado que apenas uma disciplina, mesmo especializada (como a da Ecologia), não garante a consciência das pessoas com relação à proteção ambiental e à transformação das práticas de vida.

Até os anos 2000, eram raras as iniciativas que articulavam disciplinas diversas. Atualmente, a interdisciplinaridade é supervalorizada na EA por possibilitar a compreensão das múltiplas e complexas relações dos SSEs, incluindo as componentes e as dinâmicas ecológicas e socioculturais, como as subjetivas/psicológicas, as legais, as políticas, as socioeconômicas, as científicas e as éticas, havendo uma busca engajada de profissionais de múltiplas áreas para isso (Philippi Jr.; Pelicioni, 2004; González-Gaudiano, 2005). Essa abordagem dos temas ambientais já havia sido estimulada desde as primeiras fases da EA, consolidando-se nos anos 1970 em Estocolmo, na Carta de Belgrado e na Conferência de Tbilisi, que culminaram na instituição da interdisciplinaridade como um dos objetivos principais da EA.

Na perspectiva interdisciplinar, buscam-se novos sentidos para o conhecimento, ou seja, um modelo distinto daquele que as disciplinas individuais ou meramente agrupadas de forma multidisciplinar têm condições de proporcionar (González-Gaudiano, 2005). Segundo o Ministério da Educação – MEC (Brasil, 1998b, p. 30), a interdisciplinaridade diz respeito "a uma abordagem epistemológica dos objetos de conhecimento", diferindo-se da transversalidade, que faz referência, sobretudo, à dimensão didática do tratamento – o que se alinha também ao disposto nos PCN sobre a EA. Nas palavras de Vilarinho e Monteiro (2019, p. 446, grifo nosso):

> **a interdisciplinaridade implica na inter-relação e influência que existe entre os diferentes conteúdos, sejam eles do currículo convencional ou dos temas transversais.** Ela questiona a visão disciplinar, compartimentada, da realidade, que ainda é muito corriqueira nas escolas. Transversalidade e interdisciplinaridade criticam a realidade como um conjunto de dados estáveis [...] [e] "apontam a complexidade do real e a necessidade de considerar a teia de relações entre os seus diferentes e contraditórios aspectos" [...] (MEC, 1998, p. 30).

Sobre a interdisciplinaridade na EA, há limitações comuns que desfavorecem essas articulações e, em maior ou menor grau, inviabilizam essa proposta nas iniciativas de EA, prejudicando sua adesão nas diferentes áreas do conhecimento. Depois de esmiuçar o histórico da interdisciplinaridade na EA, González-Gaudiano (2005, p. 128, grifo nosso), ao considerar a dificuldade da inclusão do meio ambiente nos diferentes campos da educação superior, conclui que

> As possibilidades de incorporação [da dimensão ambiental] **dependem de um conjunto de fatores próprios da construção do campo do interdisciplinar**, dos pontos de vista teórico e metodológico; no entanto, também intervêm **diversos elementos de natureza institucional que resistem a assumir uma noção que modifica substancialmente** o equilíbrio de forças no interior dos cursos e altera qualitativamente seus objetos de estudo. Quer dizer, ameaça o status quo.

No campo da pesquisa e da ação prática em EA, há ferramentas elaboradas em contextos até mesmo disciplinares, as quais são efetivas na incorporação da temática ambiental e da integração de múltiplos campos de pesquisa. São relevantes as inúmeras ferramentas e métodos desenvolvidos, por exemplo, no campo das ciências sociais, da educação e/ou em campos correlatos voltados à pesquisa e gestão ambiental, os quais ampliam a participação social e garantem sua continuidade e qualidade, bem como a resolução de conflitos, a aprendizagem, a emancipação social, o enfrentamento das complexidades e incertezas socioambientais e a resolução de problemas por meio da interdisciplinaridade (*problem-based learning* – PBL).

4.3 A transdisciplinaridade na EA

Para cumprir os objetivos da EA, é preciso ter em mente que diferentes abordagens podem se complementar em vez de se anular. Nessa perspectiva, é importante caracterizar os vieses mais inovadores, como o da transdisciplinaridade, que evidencia projetos integradores e contextualizados de EA.

Para Neiman, Rabinovici e Sola (2014, p. 28, grifo nosso), "Somente a verdadeira prática **interdisciplinar e transdisciplinar, e não uma ciência única, daria conta de uma análise da problemática ambiental**, na medida em que novos temas e novas abordagens se originam justamente da fusão disciplinar e da própria complexidade desta questão".

 Importante!

A transdisciplinaridade abarca integrações maiores que diluem as fronteiras entre áreas e subáreas e sistemas de conhecimentos, possibilitando novos caminhos do saber teórico e prático.

Responsabilizar uma única categoria profissional pela identificação e pelo diagnóstico de impactos socioambientais, como é de praxe em consultorias e licenciamentos, não é uma forma eficaz de assegurar a solução desses problemas. Quando se trata de recursos, ecossistemas naturais e meio ambiente, não há como evitar incertezas e complexidades. Até hoje, há sistemas de gestão definidos por uma única categoria profissional, como biólogos, engenheiros ambientais ou agrônomos, o que indica a enorme proporção dos desafios para garantir **ações sustentáveis em múltiplas dimensões**, como é necessário. Para isso, o ideal são abordagens com a participação de uma equipe interdisciplinar envolvendo segmentos de importância para a conservação, como a ecologia e a biologia, e profissionais de sistemas de conhecimento complementares.

Berkes e Folke (1998) reforçam a importância dos conhecimentos locais, como o indígena ou tradicional e o ecológico tradicional, do manejo local de recursos e do sistema neotradicional de manejo destes. Os autores também ressaltam a pertinência da abertura das instituições à diversidade de saberes, aos direitos de propriedade e aos conhecimentos científicos.

Os aprendizados por "tentativa e erro", comuns aos atores que interagem localmente com os recursos e os ecossistemas, tornam-se mais acurados no que se refere aos recursos e às relações sociais e ecológicas associadas, o que é benéfico para a gestão eficiente. Abordagens mais integradoras, até mesmo holísticas, que englobam outros sistemas de conhecimento, emergem a partir da impossibilidade de resolver situações complexas de forma simplificada e da identificação/constatação de falhas da sociedade científica.

> O senso comum diz que a maior parte dos problemas atuais pode ser resolvida pela comunidade científica, traduzida na confiança de que a humanidade é capaz de produzir novas soluções tecnológicas e econômicas, em resposta aos problemas que surgem, fazendo assim permanecer o paradigma civilizatório (considerando-se a crise ambiental como uma crise civilizatória) dos últimos séculos, e que **a forma clássica para estudar a realidade, subdividindo-a em aspectos a serem analisados**

isoladamente por diferentes áreas do conhecimento, não é suficiente para a compreensão dos fenômenos ambientais.

Contudo, como podemos argumentar, problemas ambientais já ultrapassaram o estágio em que suas soluções podem ser deixadas para os *experts* testemunharem. **A ciência positivista tem sido ela mesma a causadora de muitos problemas ambientais, e não pode resolver os incômodos humanos na escala desses problemas.** Há uma evidência crescente de que as políticas ambientais falharam ao endereçar o declínio da autoridade da ciência reducionista. (Neiman; Rabinovici; Sola, 2014, p. 25, grifo nosso)

Analisando as perspectivas conservadora e crítica da própria EA, Vilarinho e Monteiro (2019) relacionam a apreensão da realidade desintegrada já na base, em que a separação entre sociedade e natureza prejudica a visão do conjunto, podendo privilegiar partes em detrimento do todo. Na prática pedagógica, isso se revela com abordagens simplistas, reduzidas, incapazes e indispostas a incluir incertezas e complexidades. Para as autoras, nesses casos, confere-se ênfase a práticas que visam apenas ao indivíduo e à transformação de seu comportamento, tendo em vista uma perspectiva conservadora.

A EA demanda processos transformadores, individuais e coletivos, que impactem os SSEs em questão. De maneira dialética, a EA crítica possibilita a criação de pontes e saberes transdisciplinares, pois aprofunda o entendimento de conceitos e das relações abordadas por diferentes disciplinas (Loureiro, 2006; Vilarinho; Monteiro, 2019).

4.4 Perspectivas de EA nas escolas de educação básica

É possível identificar projetos escolares de EA com os vieses inter, multi e transdisciplinar? Para que você possa responder a essa pergunta, vamos primeiramente detalhar o que são projetos escolares, uma das práticas mais comuns e convencionais da EA. Alinhados direta ou indiretamente ao projeto político-pedagógico (PPP) da escola, os projetos de EA contemplam uma diversidade de objetivos e fortalecem princípios totalmente vinculados à cidadania e ao desenvolvimento pleno do ser humano. Não há como fugir. Sem ambientes saudáveis, seres humanos jamais poderão ser plenos e sãos, física e mentalmente.

Existem diversas maneiras de realizar a EA no espaço escolar, visto que há atividades que podem ser planejadas para abordagens multi, pluri, inter e transdisciplinares. Como indicamos no Capítulo 2, o meio ambiente na educação formal brasileira deve ser tratado de maneira articulada com as matérias do currículo, uma vez que foi definido como um dos temas transversais nos PCN (Brasil, 1996). Todas as disciplinas do ensino fundamental e do ensino médio devem abordar esses temas, estabelecendo relações diretas com os conteúdos de base e as questões da atualidade e de importância social. Uma forma de se trabalhar com temas transversais é por meio de projetos, eventos (palestras, feiras, festivais comemorativos etc.) e intervenções comunitárias pontuais (passeatas, projeção de vídeos etc.). Trata-se de uma abordagem que pode ser empregada tanto em processos educativos formais quanto naqueles realizados em parceria com organizações de educação informal.

Figura 4.1 – Grupo de crianças trabalhando em um projeto de reciclagem

Robert Kneschke/Shutterstock

Na educação básica, essas atividades predominam e têm grande efetividade pela maior duração dos projetos implantados, seja pelas secretarias governamentais, seja pela direção, pelos docentes, pelo grêmio estudantil e pelos alunos, seja pelos pais e responsáveis, seja pela comunidade em geral. Os projetos escolares de EA dinamizam as ações interdisciplinares referentes a qualquer tema, sendo muito aplicados em trabalhos nas áreas tecnológica e ambiental nos espaços escolares.

Os projetos em EA, de modo geral, buscam resolver problemas da própria unidade escolar em benefício de toda a comunidade e do meio ambiente local. Além disso, favorecem o trabalho interdisciplinar, além de relacionarem as formulações pedagógicas diretamente com as questões e as soluções para esses problemas ou realidades sociopolíticas, econômicas e culturais. A associação de áreas e disciplinas emerge de forma espontânea, e os encontros entre os atores e respectivos representantes ou especialistas disciplinares tornam-se necessários. A mobilização de todos para a execução dos projetos de EA na escola tende a ser mais efetiva, visto que envolve tanto a escola quanto a comunidade.

Diversos trabalhos que analisaram projetos de EA no espaço escolar demonstram que as aprendizagens e as práticas proporcionadas por eles superam o ensino convencional, atingindo múltiplos objetivos, motivando e mobilizando alunos, docentes, funcionários e a comunidade local. Os projetos conseguem ser inovadores quando buscam novos instrumentos pedagógicos que permitam maior participação de todos os atores da comunidade escolar e elevada integração de disciplinas pelo estabelecimento direto de parcerias entre professores e organizações vinculadas à escola, governamentais ou não.

A exposição a mecanismos participativos para o planejamento, a organização, a execução de tarefas e a aprendizagem é algo que, ao ser pensada e praticada coletivamente, favorece a instrumentalização cidadã e democrática. O projeto geralmente parte de um tema central, uma situação real ou um problema determinado para intervenção dos alunos ou de outros agentes da comunidade escolar no contexto de uma ou mais disciplinas. O importante é que haja a adesão de todos e a compreensão do tema central de ação, do qual podem derivar outras propostas, tendo em vista a associação de múltiplos projetos ou subprojetos.

Nos projetos de EA, todos os envolvidos adquirem novos conhecimentos inerentes à prática do ensino e à implementação de projetos, incluindo os professores. Como intermediador, o professor ou a rede de professores pode propor ou criar situações-problema fictícias ou delineadas conforme a percepção da realidade, tornando-as foco do projeto. Nessa perspectiva, os alunos podem utilizar suas experiências e estabelecer conexões pluri, inter e transdisciplinares para a resolução de problemas, despertando-se, assim, a necessidade de adquirir e consolidar conhecimentos para uma finalidade prática, de cunho real.

A procura por soluções para uma situação-problema, diretamente relacionada tanto ao cotidiano escolar quanto à comunidade externa, ganha mais potencial quando os alunos entendem a proposta e se sentem autores, promotores e idealizadores diretos das transformações que passam a ocorrer com as intervenções/atividades do projeto. Ainda, percebem, na prática, a riqueza da organização coletiva, na qual os estudos de cada um e os diversos pontos de vista favorecem possibilidades inéditas e específicas, como é necessário para cada situação socioecológica, adequada para cada contexto cultural, político, ecológico em que se inserem as inúmeras unidades escolares. Ultrapassam-se, assim, as fronteiras que aprisionam os conteúdos das disciplinas, para que elas sejam válidas e úteis.

Nos projetos, os alunos são protagonistas das práticas e construtores de seu processo de aprendizagem, no qual a criatividade é fomentada o tempo todo pelos professores, que contribuem coletivamente indicando caminhos e novas oportunidades de pesquisa e contatos de parcerias.

Figura 4.2 – Estudantes como protagonistas do próprio processo de aprendizagem

Na literatura que destaca a efetividade das práticas de EA em projetos, ressalta-se, no entanto, a necessidade de compreensão por todos os envolvidos das falhas que possam ocorrer, decorrentes de múltiplos fatores não previamente identificados ou não imaginados diante da complexidade dos subsistemas sociais e ambientais. Esses projetos podem, até mesmo, ser interrompidos, chegar a resultados não esperados ou fracassar no cumprimento dos objetivos preestabelecidos (Oliveira, 2006; Collere, 2005).

Para Oliveira (2006), o maior desafio para projetos de EA na educação formal é conferir justamente um tratamento interdisciplinar a uma estrutura curricular multidisciplinar e hierarquizada em termos de conteúdo, como ocorre nos currículos escolares do ensino básico. Para o autor, há três dificuldades principais a serem ultrapassadas:

- A busca de alternativas metodológicas que façam convergir o enfoque disciplinar para o interdisciplinar;
- Vencer a barreira rígida da estrutura curricular em termos de grade horária, conteúdos mínimos, avaliação, etc.;
- Sensibilizar o corpo docente para a mudança de uma prática estabelecida, diante das dificuldades de novos desafios e reformulações que exigem trabalho e criatividade. (Oliveira, 2006, p. 98)

A pesquisa de Collere (2005) na rede municipal de ensino de Colombo, no Paraná, demonstra como essas dificuldades ocorrem pelo engessamento resultante da visão limitada e das contradições do Poder Público, repercutindo no meio escolar, no desenvolvimento qualitativo dos projetos de EA e na concepção dos docentes com relação ao meio ambiente e à EA.

 Importante!

Projetos escolares de EA correm sérios riscos de cair na vertente "alienante", "comportamentalista". Um educador comprometido assume suas limitações, avalia a própria atuação e o contexto e busca soluções de curto e longo prazos.

Há também outros autores que ressaltam a importância da formação continuada de professores e do apoio institucional contínuo, como Dias (2004), Carvalho (2008) e Penteado (2000). Essa questão requer atenção dos órgãos públicos para a atuação diferenciada em projetos e outros formatos distintos das grades e abordagens de ensino convencional, para que as transformações socioambientais e dos sujeitos-agentes emancipados sejam efetivadas no contexto escolar.

Críticas às "adesões momentâneas", aos "modismos" e tudo aquilo que se relaciona à vertente desarticulada da formação e da transformação emancipatórias dos sujeitos estão presentes na literatura especializada da EA (Penteado, 2000; Dias, 2004; Reigota, 2009). De acordo com Nascimento (2021, grifo nosso),

> Em geral, os projetos desenvolvidos nessa área têm se apresentado tão vazios que não conseguem tocar a nós mesmos [sic] imaginem, então, como poderão sensibilizar crianças e adolescentes. Nós educadores estamos contribuindo para a "maquiagem" que vem se tornando, a cada dia, a educação ambiental. Nesse caso, acredito que simplesmente plantar árvore com as crianças no dia da árvore e estimular que elas distribuam copinhos d'água nas ruas, no dia da água, não provoca transformações. Não estou dizendo que não seja importante, **mas enquanto ações pontuais só servem para sair das quatro paredes da escola** [...].
>
> Além disso, ensinamos aos alunos que a coleta seletiva de resíduos é importante e fazemos isso na escola, mas sabemos que o caminhão vai passar e misturar tudo novamente. Estamos enganando a quem? Assim, **o discurso está indo ao encontro da prática ou a educação ambiental tornou-se simplesmente uma retórica em voga?**

Para favorecer a construção, a validação e a avaliação de projetos escolares de educação ambiental, Vilarinho e Monteiro (2019) elaboraram, testaram e submeteram à análise de especialistas uma "lista de verificação". Ela foi criada com base nos arcabouços teóricos que tratam de projetos de aprendizagem e da EA crítica, bem como na legislação de EA escolar. Essa lista mostrou-se adequada para avaliar projetos de EA em escolas de ensino fundamental, além de apresentar orientações e servir de guia para a elaboração de projetos escolares da área.

Pesquisando práticas e projetos de EA no ensino básico

O campo de investigação sobre a maneira como as unidades escolares, os professores e a comunidade trabalham o tema e se articulam ou não a políticas específicas tem sido explorado e ainda não foi esgotado. Visto que as crises ecológicas/civilizatórias são progressivas, a EA deve ajustar-se e, consequentemente, estar em constante modificação.

O que a pesquisa sobre projetos de EA com viés disciplinar e interdisciplinar no ensino fundamental e no ensino médio tem demonstrado para orientar a formação de novos educadores? Quais são os principais recursos que estão sendo empregados e que transformam efetivamente todos os participantes em cidadãos que agem com ética e zelo pelos demais e pelo meio ambiente?

Aqui, buscamos incentivá-lo, leitor, a pesquisar práticas e projetos de EA orientados por diferentes vieses na escola básica, de modo a aguçar sua curiosidade e favorecer a identificação de perspectivas e ações potencialmente mais adequadas ao seu contexto. Para isso, será interessante sistematizar seu levantamento bibliográfico para responder às suas indagações sobre os diferentes vieses (disciplinares, interdisciplinares, transdisciplinares) do ensino básico.

Primeiramente, é importante relembrar que uma boa pesquisa parte de uma boa pergunta. Que questão lhe interessa responder sobre as práticas e os projetos de EA norteados por diferentes linhas na escola básica? Com base nesse questionamento, elabore sua pergunta de pesquisa e, ainda, realize os procedimentos descritos adiante.

1. Navegue pela internet e descubra práticas e projetos escolares de referência em EA que podem responder à sua pergunta com a coleta de dados secundários. Para isso, empregue combinações de palavras com **operadores booleanos**, "que têm o objetivo de definir para o sistema de busca como deve ser feita a combinação entre os termos ou expressões de uma pesquisa" (Oliveira, 2009), como *e*, *ou* e *não* entre palavras ou expressões definidas (entre parênteses ou aspas).
2. Elabore uma planilha para organizar seu levantamento bibliográfico e categorizar os dados secundários descritos em artigos, notícias etc.
3. Busque até 20 fontes de informações (artigos, *sites*, relatórios etc.) e verifique se já pode observar alguma tendência de resposta à sua pergunta inicial.
4. Se os dados estiverem repetitivos e não houver novos padrões perceptíveis, é possível que você tenha atingido um "ponto de saturação" das informações. Produza textos e imagens (gráficos e figuras) com seus resultados e redija um relatório simplificado com a conclusão de sua pesquisa.
5. Considerando seu contexto social e ambiental como educador, descreva que conhecimentos você obteve por meio dessa pesquisa.
6. Registre suas reflexões e aprendizagens no final do relatório.

A seguir, indicamos algumas pesquisas sobre intervenções e tipificações da EA no contexto escolar que você pode consultar. São elas:

SILVA, R. L. F. da; CAMPINA, N. N. Concepções de educação ambiental na mídia e em práticas escolares: contribuições de uma tipologia. **Pesquisa em Educação Ambiental**, v. 6, n. 1, p. 29-46, 2011. Disponível em: <https://edisciplinas.usp.br/pluginfile.php/4249197/mod_resource/content/1/Silva%20-%20Campina%20revipeav6n1a2.pdf>. Acesso em: 6 abr. 2021.

WOJCIECHOWSKI, T. **Projetos de educação ambiental no primeiro e no segundo ciclo do ensino fundamental**: problemas socioambientais no entorno de escolas municipais de Curitiba. Dissertação (Mestrado em Educação) – Universidade Federal do Paraná, Curitiba, 2006. Disponível em: <http://www.ppge.ufpr.br/teses/M06_wojciechowski.pdf>. Acesso em: 6 abr. 2021.

Síntese

Neste capítulo, abordamos as relações pluri, inter e transdisciplinares na educação ambiental (EA), tendo em vista possibilidades e limitações no entrosamento de campos teóricos, práticos e metodológicos de diferentes áreas do conhecimento. Conforme demonstramos, para uma atuação pessoal e profissional integrada e significativa em EA, outros saberes técnico-científicos são necessários, incluindo os das ciências humanas. Dessa forma, é possível interagir e incluir outros sistemas de conhecimento na EA, fundamentais para atender às principais dimensões socioculturais de determinado sistema socioecológico (SSE). O Programa Nacional de Educação Ambiental (ProNEA) tem como eixo orientador a perspectiva da sustentabilidade, cuja primeira diretriz contempla a transversalidade, a transdisciplinaridade e a complexidade.

Também analisamos traços marcantes da EA no que se refere às suas causas e consequências, indicando as relações que viabilizam propostas interdisciplinares. O tratamento das abordagens disciplinares e interdisciplinares já abarca grande parte do cenário amplo da EA no Brasil. Conhecer as falhas e as potencialidades dessas abordagens é uma forma de o profissional da área se tornar cada vez mais hábil em prever e identificar limitações comuns e ajustar estratégias, utilizando, para tanto, métodos, ferramentas e/ou recursos aprimorados e já disponibilizados por outros profissionais em artigos, relatos de práticas etc.

Cada passo efetivo na EA, ainda que em perspectivas disciplinares e interdisciplinares, já é um caminho favorável à transdisciplinaridade, com projetos ainda mais integradores e contextualizados de EA – sendo o meio ambiente e a educação "temas" transdisciplinares. Por isso, é preciso ampliar em quantidade e qualidade os projetos com vieses inter, multi e transdisciplinares em todos os espaços possíveis, com base ou não em projetos escolares de EA, que já são mais bem conhecidos por serem relatados e inseridos no nível local.

Estudar projetos escolares com vieses inter, multi e transdisciplinares permite avaliar possibilidades também para outros espaços, tendo em vista a articulação ou a construção de novos projetos integradores. Recomenda-se que a pesquisa de práticas e projetos de EA conduzidos com diferentes perspectivas seja realizada com frequência e incentivada tanto na escola básica quanto em outros espaços.

Indicações culturais

Artigos

AMADO, M. V. Aprendizagem baseada na resolução de problemas (ABRP) na formação contínua de professores de Ciências. **Interacções**, n. 39, p. 708-719, 2015. Disponível em: <https://revistas.rcaap.pt/interaccoes/article/view/8770>. Acesso em: 16 abr. 2021.
Como garantir que seu trabalho como educador seja inovador e efetivo em determinada localidade e realidade? Esse artigo apresenta a metodologia da ABRP aplicada em diversos contextos. Essa publicação é particularmente interessante para você, leitor, pois analisa as contribuições da ABRP na formação de professores de Ciências e sua influência nas atividades práticas no ambiente escolar.

BACCI, D. de la C.; JACOBI, P. R.; SANTOS, V. M. N. dos. Aprendizagem social nas práticas colaborativas: exemplos de ferramentas participativas envolvendo diferentes atores sociais. **Alexandria**, v. 6, n. 3, p. 227-243, nov. 2013. Disponível em: <https://periodicos.ufsc.br/index.php/alexandria/article/view/38160/29101>. Acesso em: 16 abr. 2021.
Esse artigo é um bom começo para quem quer se aprofundar nas técnicas de mapeamento socioambiental em processos de aprendizagem social. Nas palavras dos autores, a "aprendizagem social contribui como proposta norteadora para a intervenção conjunta dos atores locais e disseminação de metodologias e atividades colaborativas em diagnósticos socioambientais" (Bacci; Jacobi; Santos, 2013, p. 1).

VASQUES, E. R.; TETTO, A. F. Abordagem da questão ambiental no ensino fundamental, médio e na educação de jovens e adultos. **Educação Ambiental em Ação**, v. 16, n. 61, 2017. Disponível em: <http://revistaea.org/artigo.php?idartigo=2863>. Acesso em: 16 abr. 2021.
A predominância da abordagem disciplinar transversal tem sido constatada nas escolas de ensino básico. O artigo indicado é um exemplo de estudo realizado na cidade de São Paulo.

Livro

OLIVEIRA, E. M. de. **Educação ambiental**: uma possível abordagem. 3. ed. rev. Brasília: Ibama, 2006. (Coleção Meio Ambiente, n. 2; Série Educação Ambiental). Disponível em: <https://www.ibama.gov.br/sophia/cnia/livros/educacaoambientalumaabordagemdigital.pdf>. Acesso em: 16 abr. 2021.
Essa obra aborda a história da Terra, desde a constituição de sua biodiversidade e das interações humanas até os desafios contemporâneos, após tanta interferência antrópica. Você encontrará, leitor, muitas referências da área para concretizar seus projetos de educação ambiental (EA).

Atividades de autoavaliação

1. Analise as afirmações a seguir sobre a disciplinaridade e a interdisciplinaridade como vieses de atuação da educação ambiental (EA).

    I) A disciplinaridade deve ser abolida e evitada por todos os profissionais, sobretudo os da educação básica, uma vez que inviabiliza qualquer objetivo de integração de saberes necessários para tratar de questões ambientais.

II) Todas as disciplinas têm bases e potencial para a EA, desde que o educador não dê enfoque apenas à transmissão simples de informações científicas para a conservação da natureza, visto que deve promover mudanças comportamentais éticas e cidadãs.

III) A interdisciplinaridade da EA perdeu força na atualidade pelo crescimento da abordagem transdisciplinar, visto que não garante a compreensão das múltiplas e complexas relações dos sistemas socioecológicos (SSEs), sobretudo no que tange às relações ecológicas, socioculturais e político-econômicas.

Agora, assinale a alternativa correta:

A Apenas a afirmação I está correta.
B Apenas a afirmação II está correta.
C Apenas a afirmação III está correta.
D Apenas as afirmações II e III estão corretas.
E Apenas as afirmações I e II estão corretas.

2. Analise as afirmações a seguir sobre a transversalidade da educação ambiental (EA) e assinale V para as verdadeiras e F para as falsas.

( ) A transversalidade é o viés mais inovador e integrador da EA, uma vez que permite examinar a problemática ambiental, na medida em que novos temas e novas abordagens se originam da fusão disciplinar e da própria complexidade das questões.

( ) A participação de profissionais de diferentes áreas e de atores de diferentes sistemas de conhecimento não apresenta maiores contribuições ao desenvolvimento da perspectiva transdisciplinar da EA justamente porque não há mais saberes delineados – estes estão presentes nos conhecimentos dos novos profissionais transdisciplinares que executam os projetos.

( ) As abordagens transdisciplinares suprem as demandas em aberto de EA com relação aos processos transformativos, individuais e coletivos, que, de fato, impactam os sistemas socioecológicos (SSEs) em foco, como ocorre na corrente crítica que favorece a criação de pontes e saberes transdisciplinares, quando se aprofunda o entendimento de conceitos e relações apreendidos por diferentes disciplinas.

( ) Abordagens mais integradoras incluem muito mais do que as diferentes áreas técnico-científicas das ciências ocidentais: elas consideram com igual importância outros sistemas de conhecimento, pois trazem novas possibilidades para a resolução de situações complexas.

Agora, assinale a alternativa que indica a sequência correta:

A V, F, V, V.
B V, F, F, F.
C F, F, V, V.
D F, F, F, F.
E V, V, V, V.

3. A Lei de Diretrizes e Bases da Educação Nacional – LDBEN (Lei n. 9.394/1996) estabelece que:

A a especialização de professores no tema meio ambiente precisa ser continuada, devendo contar com seminários presenciais regulares promovidos por estados e municípios por meio do programa Vamos Cuidar do Brasil com as Escolas.

B a especialização de professores no tema meio ambiente deve ser continuada no sistema de ensino federal, com seminários presenciais regulares promovidos pelo programa Vamos Cuidar do Brasil com as Escolas.

C na educação formal brasileira, o meio ambiente deve ser tratado obrigatoriamente em todas as matérias do currículo, uma vez que foi destacado como o principal tema transversal dos Parâmetros Curriculares Nacionais (PCN).

D na educação formal básica brasileira, o meio ambiente deve ser tratado exclusivamente nas disciplinas de ciências naturais do ensino fundamental e de Biologia no ensino médio, devendo-se evitar a articulação com outras matérias do currículo.

E na educação formal brasileira, o meio ambiente deve ser tratado de maneira articulada com as matérias do currículo, uma vez que foi definido como um dos temas transversais dos PCN.

4. Analise as afirmações a seguir sobre a educação ambiental (EA) na educação básica e assinale V para as verdadeiras e F para as falsas.

( ) Todas as disciplinas do ensino fundamental e do ensino médio têm o potencial de abordar temas relacionados ao meio ambiente, criando conexões diretas com os conteúdos de base e as questões da atualidade com importância social.

( ) O meio ambiente é um dos temas transversais do ensino formal no Brasil que tem sido comumente abordado em projetos, eventos, festivais comemorativos, intervenções comunitárias, passeatas, vídeos, entre outros.

( ) Os processos educativos formais em EA na educação básica são de exclusividade da unidade escolar, devendo-se evitar o estabelecimento de parcerias com organizações de educação informal, sobretudo em razão dos riscos e interesses político-econômicos de organizações não governamentais (ONGs).

( ) A EA promovida exclusivamente por projetos mostra-se frequentemente falha, visto que prejudica a aprendizagem dos conteúdos do ensino convencional, modificando sobremaneira a organização da unidade escolar, uma vez que é incapaz de criar novos instrumentos pedagógicos para integrar a comunidade e as disciplinas.

Agora, assinale a alternativa que indica a sequência correta:

A) V, V, V, V.
B) V, V, V, F.
C) V, V, F, F.
D) V, F, F, F.
E) F, F, F, F.

5. Analise os itens a seguir e identifique quais apresentam os fatores necessários para um melhor aproveitamento da estratégia de educação ambiental (EA) por projetos nas unidades escolares.

I) Engajamento do meio escolar para a organização e a execução de projetos de EA integrados aos docentes, aos funcionários, aos estudantes e à comunidade externa.

II) Flexibilidade e ampliação da visão de educação por parte do Poder Público.

III) Formação continuada de professores e apoio institucional contínuo, o que requer atenção devotada dos órgãos públicos para a atuação diferenciada em projetos e outros formatos distintos das grades e abordagens de ensino convencional.

Agora, assinale a alternativa correta:

A) Apenas a afirmação I está correta.
B) Apenas a afirmação II está correta.
C) Apenas a afirmação III está correta.
D) Apenas as afirmações I e II estão corretas.
E) Todas as afirmações estão corretas.

Atividades de aprendizagem

Questões para reflexão

1. O que são projetos escolares de educação ambiental (EA)? Como eles são desenvolvidos na educação básica?

2. Leia o artigo indicado a seguir.

VILARINHO, L. R. G.; MONTEIRO, C. C. do R. Projetos de educação ambiental escolar: uma proposta de avaliação. **Revista Brasileira de Educação Ambiental (RevBEA)**, São Paulo, v. 14, n. 1, p. 439-455, 2019. Disponível em: <https://periodicos.unifesp.br/index.php/revbea/article/view/2590/1611>. Acesso em: 16 fev. 2021.

Em seguida, analise as categorias avaliativas e os respectivos indicadores de conteúdo teórico utilizados pelas autoras para o desenvolvimento do instrumento de avaliação de projetos de educação ambiental (EA). Por fim, elabore complementos fundamentados no Plano Municipal de Educação (PME) ou de EA de sua cidade.

Atividades aplicadas: prática

1. Considere um cenário socioambiental que pareça necessitar de uma intervenção de educação ambiental (EA). Descreva brevemente esse cenário e a ação de EA. Qual viés de atuação em EA seria possível? E qual seria o desejado? As propostas coincidem ou não? Justifique suas respostas.
2. No bojo do viés possível apontado na questão anterior, há um objetivo que se deseja efetivar com a prática de educação ambiental (EA). Qual seria o objetivo dessa intervenção de seu ponto de vista como proponente e executor da ação? Quais expectativas o público-alvo poderia ter com relação à intervenção? Os objetivos dos participantes coincidiriam ou se articulariam com seus objetivos?

3. Realize um diagnóstico socioambiental geral, com ideias para um projeto de educação ambiental (EA) voltado a algum contexto socioecológico de seu convívio. Em seguida, elabore um diagnóstico geral e apresente uma proposta de intervenção educativa para esse cenário.
4. Retorne ao diagnóstico preliminar realizado como resposta à primeira atividade desta seção. Reorganize a proposta de educação ambiental (EA) para o contexto levantado e de interesse, adaptando-a de forma a alinhá-la às categorias avaliativas de Vilarinho e Monteiro (2019).

CAPÍTULO 5

A HUMANIDADE E O MUNDO NATURAL,

> *Heráclito diz: Tudo flui (panta rei), nada persiste, nem permanece o mesmo [...]. Tudo é devir; este devir é o princípio.*
>
> G. W. F. Hegel

Matéria e energia estão sempre em dinâmicas complexas. Se você se lembrar de seus estudos na época do ensino fundamental, provavelmente perceberá que há anos está estudando (se já não estiver ensinando) os ciclos naturais e as interferências antrópicas na manutenção e no equilíbrio desses ciclos.

Os seres humanos, inseridos no mundo natural desde seus primórdios, transformam os recursos naturais de maneira mais complexa do que outras espécies. Fazem pães, vinhos, torres, pontes, represas, ruas, carros, entre outros produtos que acabam sendo classificados como não pertencentes à natureza. Entretanto, mesmo a tecnologia mais elaborada e todos os objetos de *design* arrojado incluem-se no mundo material e energético, sendo regidos por suas leis de funcionamento e dissolvendo-se naturalmente.

O ser humano crê em sua soberania e, de maneira exagerada, nos artefatos criados artificialmente, a ponto de carros serem mais valorizados do que pessoas – fato confirmado na arquitetura de muitas edificações e cidades. A "devoção" às peças manufaturadas leva a um padrão de consumo frenético e causa grande prejuízos ambientais a curto e longo prazos, como as próprias catástrofes ambientais.

A ruptura da humanidade com a natureza é artificial, fomentada por uma indústria cultural que não para de investir em novos aparatos, na propaganda e na promoção de um estilo de vida alienante, aparentemente apartado do mundo natural e das outras formas de vida. Pessoas gostam de borboletas estampadas nos objetos que adquirem, mas pouco sabem sobre elas e nada oferecem para que inúmeras espécies coloridas perdurem. Tamanha é a ilusão que acomete a percepção dos seres humanos, que se veem independentes dos demais seres vivos, embora necessitem das mesmas condições ambientais geradas, inclusive, pela biodiversidade, como o oxigênio. Em vez de demonstrarem alguma gratidão e realizarem ações essenciais para a preservação da vida, indivíduos trabalham duramente para conseguir pagar pelos mais novos artefatos, que os aprisionam àqueles que os privam dos recursos vitais "sequestrados". A justiça humana é falha até mesmo no que tange às relações entre os membros da própria espécie.

Experiência da autora

Certa vez, a caminho da universidade, li em um muro que "O ser humano é a única espécie do mundo que paga para viver". Essa frase me faz pensar que mais livres são os urubus no céu e as minhocas na terra do que somos nós, seres humanos, em nosso reinado, ainda que subjugados por nossos semelhantes. Não se trata de negar e abominar nossa existência, como se a crítica pudesse nos transformar em outra espécie, o que, aliás, é considerado uma forma de alienação na literatura da educação ambiental (EA); tampouco se trata de condenar à fogueira a face humana urbana, industrial e tecnológica. Ocorre que é necessário questionar e modificar o que excede, pois deve haver um limite de crescimento e de exploração humana. Isso precisa ser internalizado e manifestado na prática de vida política, social, econômica e cultural. A EA efetiva contempla essas transformações.

As mudanças avassaladoras do meio ambiente pelos seres humanos aconteceram em um curto período, considerando-se as dinâmicas, os processos e o tempo evolutivo da Terra. Essas rupturas com o meio natural e as transformações socioecológicas amplas e tão intensas já não são mudanças dentro de um mesmo sistema, e sim a transformação completa dos componentes e das relações ecológicas, levando a outro estado dos subsistemas sociais e ecológicos, do nível local ao global.

Formam-se outros sistemas, totalmente antropizados, na dinâmica de **exploração insustentável capitalista**. De maneira geral, esse novo estado é resiliente e pode ser caracterizado pela reduzida diversidade biológica e pelas condições ambientais insalubres – infelizmente. A resiliência não é em si um atributo positivo, que assegura a qualidade ambiental, por exemplo. O grosso da humanidade está imerso na geopolítica capitalista, sendo, ao mesmo tempo, prisioneiro e aprisionador nos processos de destruição ambiental.

Para uma corrente expressiva de pensadores, a destruição dos ambientes, especialmente dos ecossistemas naturais, como florestas originais, mina as próprias bases psicológicas do ser humano. Já há um acúmulo de evidências que comprovam a íntima relação da saúde mental e física com ambientes naturais vegetados. A ansiedade, por exemplo, pode evoluir para depressão quando nos movemos no sentido contrário do que somos, do que viemos fazer, de como compreendemos o mundo e do que percebemos como nosso potencial inerente.

Esse potencial é evolutivamente conectado ao meio ambiente e à vida, mas passou a ser motivo de deboche na sociedade contemporânea hegemônica. É necessário compreender criticamente os conceitos formais para uma atuação clara, precisa e combativa, fundamental nesse campo de atuação. Essa formação teórica previne "titubeamentos" e reduz incertezas.

Atuar na EA exige muita clareza e motivação, pois empenhar forças em uma área em que se multiplicam as problemáticas e as limitações, tendo como centro dois campos postos à margem, a educação e o meio ambiente, é algo bastante difícil.

Neste capítulo, portanto, detalharemos conceitos e aspectos-chave para orientar a atuação em EA, indicando novas possibilidades na área. Nessa perspectiva, nosso objetivo é esclarecer o papel ambiental, ético e educacional dos seres humanos com relação ao meio ambiente.

Para além do papel da EA e dos atores-chave que a fundamentam, não há como, diante desse objetivo, não mencionar a teoria de Gaia e os esforços das plataformas de cooperação científica intergovernamentais para explicar o impacto das atividades humanas no meio ambiente, a fim de favorecer a implementação de políticas e ações protetivas e restauradoras.

Nas próximas seções, abordaremos as teorias integradoras, o diagnóstico e as ações multi-institucionais realizadas em, pelo menos, um dos três componentes fundamentais da natureza: (1) a atmosfera, com os estudos e as projeções sobre as mudanças climáticas (MCs); (2) a hidrosfera, também foco de pesquisas e do debate intergovernamental; e (3) a biodiversidade, com os esforços recentes de síntese e contabilização das contribuições para a qualidade de vida humana e a manutenção de serviços ecossistêmicos (SE) em múltiplos níveis.

5.1 O conceito de ambiente

Como demonstramos no Capítulo 1, são diversos os conceitos de EA justamente pela diversidade de subfatores que a permeiam, os quais se relacionam basicamente à educação e ao ambiente. Ainda que pareça trivial, as concepções de *ambiente* e *natureza* variam conforme as perspectivas adotadas e tornam-se, em si, objetos e campos abertos de pesquisa. Há estudos para entender tanto variações e convergências entre arcabouços teóricos quanto o público em geral ou específico que interage, por exemplo, em ações de EA (Tamaio, 2002).

A esta altura, você provavelmente já consolidou sua representação pessoal de *meio ambiente*. Contudo, para efetivar sua aprendizagem no campo da EA, ainda é pertinente aprofundar o conceito de *ambiente* – o que configura o objetivo desta seção. Haverá um conceito suficientemente abrangente? Conceitos abrangentes podem abarcar diversidades e especificidades? Vamos demonstrar se é possível encontrar um denominador comum para as diversas definições já publicadas.

A palavra *ambiente* deriva do latim *ambiensentis*, que significa "lugar", "espaço", "recinto", "envolvente" (Cunha, 2010). Não há livro de educação básica que não traga conceitos simples e suficientes sobre meio ambiente. Em Aguilar (2015, p. 12), por exemplo, "O ambiente, constituído pelos fatores físicos (como solo, água e [...] temperatura) e pelos seres vivos que nele habitam, é o objeto de estudo da ecologia". Os conceitos, nesse caso, adquirem uma explicação cíclica, já que a ecologia é entendida como o estudo da casa dos seres vivos. O termo foi cunhado pelo naturalista Ernst Haeckel em 1866 e deriva do grego *oikos*, que significa "casa", e *logos*, que significa "estudo".

> O meio ambiente constitui-se de inúmeros ecossistemas habitados por incontáveis organismos vivos, que vêm evoluindo há bilhões de anos, em milagroso equilíbrio sob a dinâmica de fluxos energéticos, em que usa e recicla moléculas de ar, dos

solos, dos mares e das rochas. As organizações desses sistemas resultam naturalmente de um processo milenar de ajuste e evoluções de extrema complexidade e sabedoria, em nível planetário. (Vidal, 1990, citado por Oliveira, 2006, p. 90)

Com base em uma abordagem integradora do campo da EA, Carlos Rodrigues Brandão, da Universidade Estadual de Campinas (Unicamp), conceitua *meio ambiente* da seguinte forma:

> O nosso meio ambiente **é a natureza, tal como ela existe ali, onde estamos e vivemos. Ele é todo o mundo que nos cerca e nos envolve, nos toca pelos lados, e nos faz viver, perceber, sentir, pensar, agir e ser**. Somos como uma formiga, um papagaio ou um macaco, seres capazes de se sentirem situados em algum lugar do mundo natural. Seres que, de uma maneira diferente das plantas, nadam, andam, correm, saltam e até mesmo voam no mundo. E todos nós fazemos tudo isso como uma resposta de nossos corpos e de nossas mentes às mensagens naturais que, cada um a seu modo, todos os seres da vida na Terra captam através dos seus sentidos. (Brandão, 2007, p. 75, grifo nosso)

No campo da EA crítica, o professor Marcos Reigota apresentou uma das primeiras definições de meio ambiente, ainda nas décadas de 1970 e 1980. O autor, combinando os arcabouços teóricos que costumam separar os subsistemas sociais e ecológicos, em sintonia com sua concepção de EA, chegou, em seu doutorado, ao entendimento de que o meio ambiente deve ser o fundamento de uma educação política. Ressalta, ainda, a percepção desse meio como "um lugar determinado e/ou percebido onde estão em relação dinâmica e em constante interação os aspectos naturais e sociais. Essas relações acarretam processos de criação cultural e tecnológica e processos históricos e políticos de transformações da natureza" (Reigota, 2009, p. 36).

Neiman, Rabinovici e Sola (2014, p. 32) retomam a definição de Jollivet e Pavé (1997), a qual fundamenta as abordagens interdisciplinares da EA, uma vez que "o meio ambiente se caracteriza por componentes físicos, químicos, biológicos e humanos em sua geometria e espacialidade, por processos, por dependências com relação à ação humana e por sua importância para nosso desenvolvimento". Para esses autores, *meio ambiente* é "o conjunto de meios naturais ou artificializados da ecosfera onde o homem se instalou e que ele explora, que ele administra, bem como o conjunto dos meios não submetidos à ação antrópica e que são considerados necessários à sua sobrevivência" (Jollivet; Pavé, 1997, citados por Neiman; Rabinovici; Sola, 2014, p. 32).

O debate, contudo, é aprofundado para além das definições clássicas, enfocando o significado de seu emprego e a interação socioeconômica e cultural no contexto da EA e de outras áreas envolvidas nas temáticas de "ambiente e sociedade". Layrargues (2012, p. 396) analisa criticamente o uso da perspectiva ambiental e da sustentabilidade como "um forte instrumento ideológico de propaganda e cristalização" do caráter reducionista e despolitizado dessas ações de macrotendência. Nesse contexto, a concepção de meio ambiente contempla "um conjunto de recursos naturais em processo de esgotamento e destituído de componentes sociais – combate o desperdício e promove a revisão do paradigma do lixo, que passa a ser concebido como resíduo que pode e deve ser reinserido no metabolismo industrial" (Layrargues, 2012, p. 396).

Muitos autores concordam no que se refere à importância de se conceituar e compreender as relações abrangentes ligadas ao meio ambiente. Trata-se de algo absolutamente necessário e relevante para a EA, como defende Enrique Leff, da Universidad Nacional Autónoma de México, coordenador de 1986 a 2008 da Rede de Formação Ambiental para a América Latina e o Caribe do Programa das Nações Unidas para o Meio Ambiente (Pnuma). Da legislação brasileira podemos destacar a definição da própria Política Nacional do Meio Ambiente (PNMA) – Lei n. 6.938, de 31 de agosto de 1981 (Brasil, 1981) –, que tem por objetivo:

> Art 2º [...] a preservação, melhoria e recuperação da qualidade ambiental propícia à vida, visando assegurar, no País, condições ao desenvolvimento socioeconômico, aos interesses da segurança nacional e à proteção da dignidade da vida humana [...]
>
> [...]
>
> Art 3º Para os fins previstos nesta Lei, entende-se por:
>
> I – meio ambiente, o conjunto de condições, leis, influências e interações de ordem física, química e biológica, que permite, abriga e rege a vida em todas as suas formas.

Há, ainda, autores de divulgação que se arriscam a explicar o que é meio ambiente de forma mais simples e popular. Veja a seguir alguns exemplos.

"Meio ambiente é a **soma de todas as condições externas** que envolvem um sistema, organismo, comunidade ou objeto" (Roose; Parijs, 1997, p. 108).

"**Meio Ambiente é tudo. Tudo mesmo!** No fundo, não há como ficarmos fora dele. Ele nos envolve por todos os lados. Nós somos o meio ambiente! Ele é, portanto, nosso. Mais que qualquer outra coisa que acreditemos possuir" (Mendonça, 2002, grifo nosso).

Apesar de conceitos populares serem importantes, sua ultrassimplificação não permite que sejam usados como resposta compatível com uma definição técnico-científica. É preciso que você, leitor, consiga articular e conceituar *meio ambiente* de maneira mais aprofundada, significativa e contextualizada com seu conhecimento e suas experiências nos ambientes em que convive e atua.

5.2 Relações entre natureza, sociedade e cultura

Analisar as relações entre natureza, sociedade e cultura, identificadas em diferentes momentos históricos e em perspectivas e temáticas que estão ganhando destaque na atualidade, auxilia no entendimento das causas e consequências da perda da biodiversidade e das MCs decorrentes das ações humanas.

A exploração e as crises concernentes ao meio ambiente não são exclusivas da civilização contemporânea. Há pesquisas direta e indiretamente atreladas à compreensão de como os sistemas socioeconômicos e culturais das civilizações do mundo impactaram os ecossistemas ao longo do tempo. As identidades e a organização das sociedades em determinadas regiões interferem na composição e no funcionamento do ambiente, estabelecendo-se formas de uso, modificação e/ou conservação dos recursos e das dinâmicas. Os sistemas sociais, ao mesmo tempo, influenciam e são influenciados, além de serem, muitas vezes, determinados pelo sistema ecológico natural do espaço e pelo tempo em que dada comunidade humana se firmou.

Nessa perspectiva, há pesquisas referentes à forma como a natureza era compreendida e utilizada pelas civilizações humanas em diferentes locais e períodos. Cabe observar que o estudo da contextualização histórica das relações entre homem, cultura e natureza é importante e vem sendo promovido desde a Antiguidade, como na Grécia Antiga e na Mesopotâmia (Perlin, 1992; Mendonça, 2002; Marques, 2015). No entanto, a dimensão global e a rapidez da devastação – intensiva e extensiva de várias maneiras (química, física, energética, biológica), tendo em vista todos os componentes ambientais (edáfico, hídrico, biológico, atmosférico) – são exclusivas do momento que vivemos.

Há **obras primordiais** para o entendimento dessas relações no campo da EA. O livro *Evidence as to Man's Place in Nature* (*Evidências sobre o lugar do homem na natureza*), do médico e naturalista inglês Thomas Henry Huxley (1825-1895), foi um marco no tratamento da interdependência entre humanos e demais seres vivos, sendo o primeiro livro a abordar diretamente a evolução humana (Dias, 2004). Na mesma época, foi publicado o livro *Man and Nature: or Physical Geography as Modified by Human Action* (*O homem e a natureza: ou a geografia física modificada pela ação do homem*), do diplomata e médico estadunidense George Perkins Marsh (1801-1882). Trata-se de uma obra que apresenta uma análise detalhada da exploração da natureza pelos seres humanos em diferentes tempos históricos. Nesse sentido, o livro explora a ascensão e a queda de civilizações por razões ambientais, a fim de demonstrar como a ação da humanidade é determinante sobre os recursos, os ecossistemas e as paisagens naturais.

 Importante!

George Marsh foi o precursor da sustentabilidade na vertente conservacionista. Por isso, o autor é, por vezes, mencionado como o primeiro ambientalista estadunidense.

A bióloga marinha e escritora Rachel Carson (1907-1964) publicou *Primavera silenciosa* em 1962. Também contribuiu com trabalhos que destacaram os impactos dos seres humanos no meio ambiente, enfatizando os efeitos sinergéticos de compostos químicos na biodiversidade e nos ecossistemas, em apelo à conscientização ambiental e à institucionalização da área. Os esforços dessa pesquisadora favoreceram posteriormente o banimento da produção e da aplicação indiscriminada de pesticidas persistentes, como o DDT (diclorodifeniltricloroetano), e a criação de agências e organizações ambientais nos Estados Unidos.

Apenas em 1967 questões subjetivas e culturais passaram a ser relacionadas diretamente à crise ecológica. Nesse ano, o historiador Lynn Townsend White Jr. (1907-1987) publicou, na revista *Science*, um artigo intitulado "As raízes históricas da nossa crise ecológica", no qual relacionou aspectos do entendimento religioso judaico-cristão à forma de compreender a natureza e determinar seu uso, revelando as razões culturais que justificam e causam a degradação ambiental. O livro *O homem e o mundo natural*, de 1980, produzido pelo historiador inglês Keith Vivian Thomas (1933-), também se tornou uma das principais referências históricas da época sobre as conexões do aspecto cultural religioso com o meio ambiente e a natureza, de forma geral, para além das exposições do campo filosófico.

 Importante!

De acordo com a perspectiva religiosa judaico-cristã, o ser humano tem o direito sobre a natureza por ser a espécie criada à imagem e semelhança de Deus. Por isso, os seres humanos se colocam em uma posição central com relação às outras formas de vida, fortalecendo o eixo da visão antropocêntrica, que acarreta o "desencantamento do mundo" dominante na cultura ocidental cristã.

Max Weber (1864-1920) já havia apontado que foi a religião, e não a ciência, que tirou a graça do mundo natural, em virtude da intensificação das cores ou da importância dos seres humanos. Ainda assim, parte das ciências, ao se manter tecnicista, "neutra" e arrogante em suas certezas, contribuiu com essas rupturas, agravando e tornando extrema a crise ecológica e civilizatória, de modo a reforçar a dominação e a superioridade humanas. Isso promoveu uma falta de ética com relação à vida, por exemplo, em virtude dos processos de manipulação da vida, com cientistas "brincando de Deus". Nas áreas de EA, ambientalismo, sociologia ambiental e filosofia, há diversos autores que discutem essas causas culturais em sua relação com a ciência, a religião ou ambas, como Fritjof Capra, James Lovelock, Nancy Isabel Carvalho, Mauro Grün e Nancy Mangabeira Unger. Não pense que são tênues os resultados do aparato cultural, muito trabalhados por agentes da engenharia da cultura, que, de forma determinada, buscaram (e buscam) romper (e manter rompidos) os elos da humanidade com o meio natural. As instituições religiosas só vão mudando, integrando certo "ambientalismo", para manter valores conservadores e a influência sobre o comportamento de seus fiéis, disciplinando-os na vida terrena e na eternidade. Nesse cenário, intensificam-se os desafios para a EA.

> Retomando a ideia do educador ambiental como intérprete, um dos seus desafios mais importantes seria o de **articular as camadas de tempo de curta e longa duração relativas às compreensões das relações entre sociedade e natureza**, compreensões essas que constituem as raízes do ideário ambiental de nossa civilização [...], **marcado pela tensão entre o repúdio e o enaltecimento da natureza**. (Carvalho, 2008, p. 92, grifo nosso)

Para o teólogo Leonardo Boff (2006), duas atitudes fundamentais devem ser cultivadas diante da comunidade biológica: o respeito e o cuidado.

> O respeito supõe, em primeiro lugar, reconhecer o outro em sua alteridade e, em segundo lugar, perceber seu valor intrínseco. Desde que surgiu o *homo habilis*, que inventou o instrumento, há cerca de 2,3 milhões de anos, começou também a

intervenção do ser humano na natureza. Com esta intervenção, irrompeu o risco da falta de respeito e da negação de sua alteridade ou de apenas entendê-la no código do uso e da utilidade para si. [...] **O antropocentrismo pretende nos fazer crer que todos os seres apenas têm sentido na medida em que se ordenam ao ser humano que pode dispor deles a seu bel--prazer.** A isso devemos contrapor que a grande maioria dos seres vivos existiu antes do aparecimento do ser humano. Quando 99,98% da história da Terra estavam concluídos, surgiu, no cenário da evolução, o ser humano. Portanto, a natureza não precisou dele para organizar sua imensa complexidade e biodiversidade. **O correto é ele entender-se em comunhão com a comunidade de vida, como um elo da imensa cadeia da vida, elo singular porque é ético e responsável.**
(Boff, 2006, grifo nosso)

A cultura e a subjetividade não são apenas adquiridas, são também expressas. Por isso, requerem responsabilidade, em especial para modelar o lugar que habitamos de acordo com os desenhos e acordos coletivos. Elementos-chave para a condução de processos de modernização, como capital social, manejo e construção de aspirações coletivas, podem fortalecer os laços sociais e ambientais, permitindo a conversão de subjetividades em ação coletiva (Güell, 2002; Ortner, 2007; Floriani et al., 2010). Ainda assim, o tratamento da subjetividade em campos científicos, como o da sociologia ambiental, parece estar mais concentrado nas questões de ansiedade, isolamento, poder, significado artístico ou acadêmico, ordem e alienação, em vez de enfocar mecanismos que justificam as formatações responsáveis por instalar e manter operantes sistemas organizacionais socioeconômicos coletivos propriamente com relação ao meio ambiente. Os aspectos culturais, subjetivos e psicológicos são intrínsecos ao substrato de qualquer compreensão das relações dos indivíduos com os demais componentes bióticos e abióticos da natureza e explicam qualquer tipo de aproximação configurada de forma espectral, desde a mais exploratória e competitiva até a mais sustentável e colaborativa (Santos, 1993; Ortner, 2007).

Tendo em vista sua importância, a questão cultural deve compor, de maneira direta, o debate sobre a modernidade, de modo que se possa estruturar soluções práticas para fazer as mudanças necessárias e urgentes de adaptação e mitigação intensamente reforçadas nos últimos relatórios do Painel Intergovernamental sobre Mudanças Climáticas – IPCC (2014, 2021a, 2021b). Assim, os pilares do desenvolvimento sustentável têm sido analisados para a devida inclusão da dimensão cultural, sobretudo diante da perda dos referenciais sociais ante a mercantilização e a banalização, até mesmo, da vida e dos valores éticos, como igualdade, respeito e empatia. Atualmente, compreendem-se melhor os fatores subjetivos e culturais necessários para a sustentabilidade, após décadas de debates e implementações de propostas e iniciativas pontuais. No entanto, isso ainda é insuficiente para escalonar e solucionar os problemas socioambientais contemporâneos provenientes do sistema capitalista.

Figura 5.1 – Exemplos de degradação ambiental advindos da civilização contemporânea

Nota: (A) Catástrofe ecológica no fundo dos Cárpatos resultante do consumo alienado; (B) Agroecossistemas ultrassimplificados para o cultivo de arroz na Índia.

As abordagens "puramente" objetivas para o tratamento dessas problemáticas são, comprovadamente, fadadas ao fracasso. A busca por soluções deve estar fundamentada na análise de como os diversos atores envolvidos entendem o espaço, o tempo, uns aos outros e os recursos próximos. Como os marcos regulatórios assumidos – metas, compromissos, projetos nacionais/regionais/locais – são compreendidos e implementados, por exemplo? Também é cultural a percepção de como administrar ideias maiores, com suas facetas subjetivas e psicológicas.

Inevitavelmente, a busca por soluções para as problemáticas socioambientais deve considerar a capacidade de regeneração e de resiliência de comunidades e ambientes para atingir cenários ideais, sustentáveis. Entretanto, o entendimento e a percepção dos participantes, bem como a maneira de implementar "planos para a sustentabilidade", podem ser espectrais, conforme o posicionamento e a proximidade de um saber ou de um contexto analítico de fundo cultural.

Assim, sistemas mais ou menos sustentáveis são estabelecidos em função do substrato cultural de seus atores, que tendem a dar ênfase a uma ou outra esfera ou a equilibrá-las. Com análises mais inclusivas e diretamente vinculadas à cultura, pode-se valorizar aspectos próprios e garantir sistemas multiculturais, em conformidade com a diversidade étnica e cultural, capaz de promover e manter a diversidade biológica e os múltiplos SE.

A inclusão da esfera cultural ocorre de maneira contínua e crescente em diversos segmentos científicos, com abordagens mais ou menos diretas desde seus fundamentos clássicos. Há literatura suficiente para defender que o substrato cultural serve de base para entendimentos referentes às esferas econômica, social e ambiental, consideradas como o tripé do principal referencial contemporâneo. Esse recorte busca identificar soluções para as problemáticas socioambientais por meio da sustentabilidade.

Mesmo que a perspectiva da subjetividade e do sujeito ainda seja reduzida à busca por pontos comuns entre as correntes (estruturalistas ou não) que examinam causas e soluções para os problemas socioambientais, a cultura, com suas facetas subjetivas e psicológicas, tem peso marcante, pois define significados que movem as ações humanas. Como um todo, a sociologia ambiental foi além e desconsiderou os efeitos negativos da modernidade na vida dos sujeitos, vastamente discutidos desde a década de 1960, quando se voltou aos fundamentos da sociologia e da filosofia. Nesse retorno, pode-se relacionar a dimensão cultural à definição, à implementação e à manutenção dos próprios sistemas operacionais da modernidade, em todas as suas fases.

Desse modo, a perspectiva cultural passou a ser fundamental para julgar as relações socioambientais e o que se faz necessário realizar diante das mudanças imprescindíveis. Afinal, é o entendimento de base cultural que apontará quais são as urgências e as decisões que devem ser tomadas, como reconhecido internacionalmente, por exemplo, para efetivar planos de adaptação e mitigação das mudanças globais/locais (IPCC, 2014). Apenas com um grande contato multi e interdisciplinar, que inclua diretamente aspectos culturais, é possível garantir reais transições em busca de sistemas, relações e organizações sustentáveis.

Em geral, os fatores que compreendem o clima social e a cultura, como no caso das principais abordagens da sociologia ambiental, têm impactos nas visões sobre justiça, conveniência e praticabilidade de uma decisão tomada, bem como em suas justificativas e contextualizações. A cultura nacional, as tradições políticas, as normas sociais e os aspectos subjetivos e psicológicos influenciam os mecanismos e as instituições para integrar conhecimento e *expertise* na promoção de ações. A política cultural ou o regime regulatório vigente em determinada sociedade demonstra seus aspectos fundamentais, por exemplo, na prática da governança de risco, na busca e implementação de processos inovadores e no incremento da sustentabilidade.

A discussão sobre os benefícios, os prejuízos e os riscos gerados com o avanço do desenvolvimento científico e tecnológico é central nas áreas de ambiente e sociedade, sociologia ambiental, ciências da sustentabilidade e ecologia política, entre outros campos relacionados à EA. Essa discussão sempre apresenta elementos atuais diante de intensas e rápidas mudanças ligadas à tecnologia, as quais precisam ser acompanhadas pelos profissionais dessas áreas ou que pretendem atuar nelas, seja acessando, por exemplo, as publicações de autores renomados, seja seguindo-os em suas plataformas digitais (*sites*, grupos, mídias sociais, Currículo Lattes), seja lendo artigos publicados em revistas indexadas.

 Preste atenção!

Responsabilidade é a palavra-chave evocada na reflexão sobre o papel dos acadêmicos na preservação ambiental, conforme indica o artigo "Sociedade, política e natureza: conhecimento para qual sustentabilidade?", de Enrique Leff (2016). Esse artigo deriva de uma comunicação do autor apresentada no VI Encontro Nacional da Associação Nacional de Pós-Graduação e Pesquisa em Ambiente e Sociedade (Anppas), promovido em Belém, no Pará, em 2012.

Na ocasião, Leff foi profundo e direto com seu público, composto de pesquisadores, professores e estudantes universitários, pois seu objetivo era que este se voltasse para além da identificação das causas e dos meios da atuação interdisciplinar ("conhecimento performativo"). Nesse sentido, deve-se refletir sobre quais modelos de sustentabilidade são possíveis, tendo em vista suas perspectivas e os sistemas de conhecimento. Não estaremos presos em concepções ocidentais de fundo explorador, colonizador e eurocêntrico, cujas raízes, por si sós, são insustentáveis? O convite do autor é claro para que sejam revistos os paradigmas mais influentes na mentalidade acadêmica e seus símbolos. Além disso, ele convoca a honestidade e a responsabilidade para essa reflexão diante da falta de concepções e símbolos mais integradores e diversos. Assim, pode-se deliberadamente buscar estratégias de inclusão provenientes de outros sistemas de conhecimento, como os indígenas, os tradicionais, os das mulheres e meninas, os da população negra excluída, entre outros, conforme as especificidades históricas e locais. Nessa condição, os diálogos necessários são possíveis para uma "nova sociabilidade", do nível local ao nacional. Para tanto, é fundamental

> repensar o mundo, [...] estar aberto para repensar e construir de outra maneira – e aí que é muito interessante o que está ocorrendo no mundo, fora dos domínios das universidades. É a reivindicação dos saberes diversos, que não carecem de cientificidade para retomar a sua legitimação; dos saberes do viver bem, por exemplo, do pensamento dos povos Aimarás e Quéchuas, hoje muito populares; dos direitos culturais dos povos tradicionais, que estão emergindo para recuperar e reinventar suas identidades. E, como afirmam muitos desses protagonistas, notadamente no Equador, mas também em outras regiões, tantos povos falam nessas lutas, que são culturais, políticas e epistemológicas.
>
> Só será possível reconstruir este mundo fazendo valer, legitimando e revalorizando os saberes tradicionais. (Leff, 2016, p. 15)

Os saberes diversos completam e inovam até mesmo o pensar científico e vêm sendo foco de pesquisas e das políticas inclusivas das universidades de todo o mundo, fortalecendo-se desde o início da reflexão iniciada na década de 1970. Atualmente, há maior facilidade para pesquisas e políticas com maior integração de perspectivas, áreas e sistemas de conhecimento. No artigo "Educar na sociedade de risco: o desafio de construir alternativas", Pedro Roberto Jacobi (2007), da Faculdade de Educação da Universidade de São Paulo (USP), ressalta a importância do entendimento amplo da interdependência dos problemas e das soluções possíveis de serem acessados pela interação de disciplinas e saberes para a formação de valores que garantam a cidadania e a sustentabilidade.

> A sociedade global "reflexiva" se vê obrigada a confrontar-se com aquilo que criou, seja de [modo] positivo ou [...] negativo. A reflexão sobre "sociedade de risco" nos permite estabelecer elos com a complexa temática das relações entre meio ambiente e educação, potencializando o engajamento dos diversos sistemas de conhecimento, a capacitação de profissionais e a comunidade universitária numa perspectiva interdisciplinar. (Jacobi, 2007, p. 49)

 Preste atenção!

No Butão, foi instituído o Índice de Felicidade Humana (IFH) para contrapor indicadores reducionistas, como o Produto Interno Bruto (PIB). Outros exemplos desse tipo de iniciativa são o Índice de Felicidade Interna Bruta (Gross National Happiness Index), o Índice de Riqueza Inclusiva (Inclusive Wealth Index) e o Índice para uma Vida Melhor (Better Life Index).

Há iniciativas que vão além e questionam quaisquer avaliações comparativas, visto que o foco desses índices deveria ser o bem-estar coletivo, que extrapola fronteiras internacionais.

No avanço dos sistemas modernos técnico-industriais – que valorizam o "progresso" e o "desenvolvimento", o lucro, o luxo e o consumo em todos os níveis –, são utilizadas métricas ambientalmente injustas para medir o "desempenho" das pessoas.

Os problemas ambientais causados pela humanidade transcendem os limites geográficos locais e regionais das cidades e das indústrias, dos empreendimentos e dos pontos de aplicação e uso de insumos, materiais e energia. Tornam-se globais a partir das fontes locais, assim como seus riscos.

A seguir, ilustramos os impactos negativos ocasionados na ecologia global por uma única classe de contaminante organoclorado, o **pesticida lindano**, um dos poluentes orgânicos persistentes (POPs) banidos nos anos 1980. Imagine a sinergia de compostos químicos, com graus variados de toxicidade e degradabilidade, acumulados em todos os componentes do planeta Terra.

Experiência da autora

Conduzi pesquisas de fitorremedição na região metropolitana de São Paulo para favorecer planos futuros de remoção de isômeros do pesticida lindano, produzido pelas Indústrias Químicas Matarazzo. Na década de 1970, toneladas de resíduos foram enterradas como rejeito industrial, sem o rigor técnico necessário e, ainda, nas proximidades de rios e comunidades – um passivo ativo até os dias de hoje. Na época, com base nos levantamentos e na revisão da literatura sobre os contaminantes, organizei e ministrei palestras de EA em colégios técnicos e universidades. Confira, a seguir, o resumo da palestra.

As consequências do lindano (BHC) e de outros contaminantes organoclorados na ecologia global

Água, mel, iogurte, urso polar, adubo, *krill*, leite materno, morcego, gaivota, foca, salsicha, golfinho, geleiras, frutas secas, nuvens, ovos e grãos são alguns dos elementos e animais que explicitam uma realidade preocupante: neles foram detectadas altas concentrações de, pelo menos, um dos 14 contaminantes organoclorados já banidos na Convenção de Estocolmo. Trata-se do **hexaclorociclohexano**, pesticida conhecido no Brasil como *lindano*, *BHC* ou *HCH* pelo seu uso como piolhicida e defensivo agrícola até meados de 1980.

Uma síntese do conhecimento atual sobre o histórico da produção e do uso de químicos industriais, a difusão global e os impactos em diversos ecossistemas reforça a necessidade da interferência antrópica de forma direta nos estudos ecológicos em diferentes escalas. As áreas do conhecimento ainda são tratadas de maneira muito segmentada, e tanto a ecologia quanto a química permanecem como ramos científicos isolados, sendo maior, mais recentemente, o avanço da química ambiental e da ecologia aplicada.

Os mecanismos e interações ecológicas, por exemplo, são afetados direta e indiretamente pelas ações humanas do passado e do presente. As interferências são enormes quando se trata do impacto químico, com a produção em larga escala de moléculas sintéticas pela indústria química, sendo mais difícil isolá-las e atribuir a respectiva responsabilização.

O BHC, como outros organoclorados, é uma molécula exclusivamente sintetizada pelo homem; é tóxico para diversos organismos em baixas concentrações, por causa de sua ação neurotóxica de contato; acarreta efeitos adversos em curto e longo prazos, por ser um disruptor endócrino e interferir no sistema imunológico; é carcinogênico e mutagênico; é bioacumulado e biomagnificado ao longo das cadeias tróficas em razão de sua natureza lipofílica e persistente; e tem potencial de arraste e carreamento pela água e pelo vento, podendo percorrer longas distâncias. Em virtude dessas propriedades, os efeitos do BHC tornam-se tópicos e crônicos na saúde das comunidades, humanas ou não, e na qualidade ambiental de regiões, até mesmo naquelas muito distantes das áreas de produção e uso dele.

Comunidades humanas da Espanha e da Turquia expostas a altas concentrações de HCH em meados do século XX têm sido acompanhadas em pesquisas médicas até a atualidade, evidenciando um espectro de sintomas que vão desde fraqueza, eritemas e pruridos até hipertricose, esteatose, hepatomegalia, má-formação, câncer e mortalidade precoce. A anormalidade na reprodução, no desenvolvimento e na predisposição a síndromes por supressão imunológica é relacionada às altas concentrações de organoclorados nos tecidos adiposos de diferentes espécies, principalmente aquáticas e de topo de cadeia, conforme exemplificado pelos estudos com peixes-zebra (*Brachydanio rerio*), golfinhos (*Steno bredanensis*), martas (*Mustela vison*) e morcegos (*Myotis lucifugus*).

Áreas muitos distantes dos locais de emissão do BHC e de outros contaminantes apresentam altas concentrações nas águas de lagos, rios, neve e geleiras, na vegetação e nos organismos, como se observou nas calotas de Svalbard e Holtedahlfonna, na Noruega, e nas montanhas do High Tatras e dos Alpes, bem como nas diversas bacias no Canadá, na Tanzânia, na Colômbia, na Indonésia, na Malásia, na China e na Tailândia.

Uma diversidade de mecanismos está envolvida nessa difusão de contaminantes pelo globo, variando em função da latitude e da propagação local entre áreas próximas (*Grasshopping*). Esses mecanismos basicamente têm um padrão de dispersão vertical condensada na troposfera média, seguindo em movimento vertical até a condensação em baixas temperaturas das regiões de maior latitude (*Global Distillation-Cold Condensation Process*) e altitude (*Mountain Cold Trapping*).

As consequências do HCH e de outros contaminantes perpassam diversos ramos científicos, sendo espalhadas pelo globo em meio século desde a descoberta de sua síntese, de seus processos de produção industrial e de seu uso indiscriminado, seguido do banimento, da "estocagem" e da "oferta" a países subdesenvolvidos. Assim, mais do que apenas uma reflexão sobre as consequências de tal uso, é necessário que haja uma atuação responsável por parte dos diversos profissionais na área de produção e aplicação científica. Será que os profissionais da área de química, por exemplo, consideram os efeitos somados de todos os contaminantes, incluindo os pesticidas atuais (muitos deles ainda mais tóxicos), os contaminantes emergentes (como estimulantes e hormônios) e os inorgânicos?

Fonte: Elaborado com base em Lima, 2014.

A Terra é realmente muito generosa, pois, apesar de todo o impacto já acumulado, possibilita ainda condições para a manutenção e o crescimento das populações humanas. Contudo, até quando isso será possível? Para os "ecólogos catastrofistas", o limiar já foi atingido, e ainda estamos na "rebarba" do equilíbrio previamente adquirido pelos ecossistemas naturais que evoluíam até a humanidade crescer e impactar nesses níveis.

A humanidade pode tão somente não estar entendendo, pela prática, a amplitude e a forma das experiências advindas desses impactos, achando que ainda não ocorreu algo significativo para realmente mudar suas fontes energéticas, seu estilo de vida consumista e sua rotina frenética de trabalho.

Reconhecidamente na literatura, o limiar da operação segura para a humanidade já foi atingido no que tange à perda da diversidade genética da biosfera e à poluição por compostos nitrogenados, prejudicando-se os fluxos biogeoquímicos em escala planetária. "Nenhum lucro obtido pela destruição do ambiente é suficiente para cobrir os custos da sua recuperação" (Dias, 2004, p. 522).

Na Rio-92, constatou-se que, para cumprir os compromissos da Agenda 21, seriam necessários, aproximadamente, 600 bilhões de dólares para reparar os danos causados ao meio ambiente até 1992. Para termos uma ideia, cerca de 12% desse valor corresponde à fortuna de um dos homens mais ricos do mundo – a de Carlos Slim Helú, em 2011, era avaliada em 74 bilhões de dólares. Que cultura é esta que, além de fazer e aceitar as agressões ao meio ambiente e à natureza em troca de dinheiro e lucro, tolera tamanhas disparidades e inequidades sociais?

Quanto aos sistemas públicos, no Brasil, costuma-se perdoar dívidas e, até mesmo, multas consolidadas de grandes proprietários de terra, de empresas, de multinacionais e de bancos, algo que reflete na exploração e em "externalidades" sociais e ambientais.

Figura 5.2 – Desigualdade social

nuvolanevicata/Shutterstock

As mudanças ambientais, incluindo as mais catastróficas, associadas a acidentes e danos causados por interesses, sobretudo particulares e privados, são sempre retomadas e relatadas nas diversas obras de gestão da área ambiental e de EA (Penteado, 2000; Dias, 2004). Ainda assim, seguem ocorrendo acidentes e catástrofes antrópicos que poderiam ser evitados, como os episódios de Mariana e Brumadinho.

Vislumbre a dimensão da degradação ambiental da sociedade industrial moderna. Todos somos responsáveis; porém, é possível afirmar que há grupos mais responsáveis tanto pela causa da degradação quanto pelas soluções? As perguntas que se fazem, de forma mais ou menos direta, na obra de tantos autores de EA são explicitadas por Penteado (2000, p. 15): "Quem são os mais significativos agentes depredadores no meio ambiente, pela extensão e abrangência dos estragos causados? Que comportamentos e/ou ações precisam ser desenvolvidos, e por quem, por que agentes sociais, para reverter esta situação?". Certamente há uma indústria cultural muito forte e influente que possibilita a manutenção desse *status quo* – o que é, provavelmente, uma das maiores dificuldades para a atuação do educador ambiental.

Teoria de Gaia

O químico e matemático James Ephraim Lovelock (1919-) foi o primeiro a se arriscar diante do rigor acadêmico e do pensamento estrito da área de ecologia. Ele foi demasiadamente enfático com relação às lutas e competições em microescala, pois visava trazer dados amplos e o delineamento da teoria de Gaia como um superorganismo planetário.

A interdependência das moléculas, das células, dos tecidos, dos órgãos, dos sistemas, dos corpos, das espécies, das populações, das comunidades e dos ecossistemas é tão imbricada que é impossível avaliar padrões tomados isoladamente por alguns cientistas, inclusive renomados.

Foi trabalhando na Administração Nacional da Aeronáutica e do Espaço (National Aeronautics and Space Administration – Nasa) que Lovelock vislumbrou a teoria de Gaia, quando pesquisava tecnologias para o estudo de vida fora da Terra, juntamente com a filósofa Dian Hitchcock. Lovelock adotou o nome *Gaia*, deusa primordial da mitologia grega, por sugestão do escritor William Golding (Veiga, 2012).

Foi com a bióloga estadunidense Lynn Margulis (1938-2011) que a macroteoria ganhou corpo em micronível, com estudos em citologia e fisiologia vegetal (fotossíntese e biomineralização) que buscavam demonstrar a interferência do microcosmo no macrocosmo e a importância dos processos simbióticos.

Figura 5.3 – Gaia como construção biogênica e superorganismo vivo autorregulatório

Gaia é a personificação da Terra, embora seja desnecessário apegar-se aos meandros simbólicos, culturais ou espirituais do termo. Nesse sentido, basta compreender que Gaia é a Terra em homeostase, onde a biosfera é o sistema adaptativo de controle que mantém as dinâmicas para o desenvolvimento e a evolução da própria vida.

A hipótese biogeoquímica ou geofisiológica preconiza que a própria vida na Terra cria as condições para se manter e evoluir mediante uma longa dinâmica de estruturação gradual de relações interdependentes, a qual promove um equilíbrio metabólico que vem sendo investigado desde o final do século XX (Veiga, 2012). Pesquisas de diferentes áreas das ciências naturais têm demonstrado essas relações que criam uma estabilidade dinâmica controlada por meio de mecanismos de autorregulação, ou seja, inter-relacionados.

Podemos falar em avanços das sociedades e da cultura humana diante da perda da biodiversidade e do cenário preocupante de MCs?

A perda da biodiversidade é apontada pela comunidade científica como uma das maiores ameaças ao planeta, sendo alarmantes as taxas aceleradas e crescentes de redução do número de espécies e da diversidade genética (Brasil, 2000b; CBD, 2014; Steffen et al., 2015). Diferentemente das extinções biológicas em massa ocorridas na história da Terra, a sexta extinção em massa pela qual passa a biodiversidade planetária (sendo a primeira de origem endógena à própria vida) foi iniciada há poucas décadas em decorrência das ações antrópicas (Wilson; Peter, 1988; Steffen et al., 2015). Apesar de nossa espécie representar apenas 0,01% dos seres vivos, somos responsáveis pela morte de 83% dos mamíferos (Humanos..., 2018).

O desenvolvimento das sociedades humanas gera os principais fatores de ameaça à biodiversidade, o que está diretamente relacionado aos seus modelos produtivos econômicos, que levam à perda dos hábitats naturais, à invasão biológica, à poluição, ao uso não sustentável e à exploração excessiva de recursos e a MCs subsequentes (Brasil, 2000b; CBD, 2014). Para conter e reverter a atual perda acelerada da biodiversidade, ações multi, intra e intersetoriais e com diferentes estratégias são urgentemente necessárias, de forma que possam ser articuladas entre si.

São múltiplas as estratégias que podem ser combinadas para a conservação. Elas podem ser planejadas e agregadas adequadamente às potencialidades e necessidades dos subsistemas sociais e ecológicos, conferindo atenção às especificidades locais (Wilson; Peter, 1988; Brasil, 2000b; CBD, 2014; Steffen et al., 2015).

A importância de cada componente da biodiversidade e dos tipos de ecossistemas é percebida de forma variada, conforme as predisposições e os aspectos culturais das pessoas. Porém, entendendo-se ou não como se relacionam com a manutenção de processos biogeofísicos, esses componentes ainda são fundamentais para a geração de SE, tão necessários à manutenção das condições dos meios de produção industriais que ameaçam a permanência desses processos biogeofísicos (Brasil, 2000b; CBD, 2014).

Pesquisas sobre a percepção dos indivíduos de diferentes setores sociais têm sido realizadas em diversos programas de pós-graduação interdisciplinares no Brasil e no mundo. Elas permitem entender a conjuntura socioeconômica e cultural e seus impactos diretos e indiretos no surgimento e/ou aumento de risco e vulnerabilidade socioambiental, tendo em vista a conservação e a proteção do meio ambiente. Independentemente do nível de compreensão sobre a importância da biodiversidade demonstrada pelos diferentes setores sociais, é ela que provê a segurança de produção e a manutenção dos recursos essenciais à sobrevivência e ao desenvolvimento humano (Chapin et al., 2009; Vieira; Berkes; Seixas, 2005; Veiga, 2012).

Mesmo os sistemas produtivos mais desacoplados dos ecossistemas naturais originais, como as extensas monoculturas convencionais e as megalópoles, dependem do provimento de água e de material (ou *pool*) genético de recursos de interesse comercial. Essa dependência reforça a necessidade de delinear múltiplas estratégias combinadas, especialmente no campo cultural, que está intimamente ligado à EA. Além disso, promove a manutenção de áreas protegidas e áreas produtivas mais sustentáveis, incluindo áreas privadas, por sua significativa extensão geográfica e detenção da biodiversidade autóctone, como se verifica no território brasileiro.

Como provedora de recursos diretos para o aproveitamento sociocultural e econômico, a biodiversidade integra, ainda, o **patrimônio genético** de coletivos sociais, estejam eles formalizados ou não. Assim, os recursos da biodiversidade compreendem os de uso comum (*commons*), isto é, uma classe de recursos utilizados de forma compartilhada por vários usuários, em que a exclusão do uso pela sociedade torna-se difícil; e os aproveitados por um usuário, que resultam na diminuição da disponibilidade do recurso para outros (redutibilidade – em inglês, *subtractability*) (Berkes; Folke, 1998; Vieira et al., 2005). Dessa forma, recursos da vegetação nativa compõem recursos comuns de diferentes níveis, pois propiciam usos diretos e que formam os estoques genéticos do patrimônio biológico nacional.

Sistemas produtivos que atrelem o desenvolvimento humano à proteção e à recuperação da diversidade biológica e sociocultural requerem a soma de esforços multi e intersetoriais com intenções claras e diretamente definidas para essa integração – o que passou a ser objeto crescente de pesquisa a partir da década de 1980 (Vieira et al., 2005; CBD, 2014; Díaz et al., 2015).

Com base nesses estudos, a conservação e o desenvolvimento socioeconômico, vistos antes predominantemente como antagônicos, passaram a ser mais bem compreendidos em mútua interação por abordagens integradoras dos sistemas sociais e ecológicos, como a dos **sistemas socioecológicos (SSEs)**.

5.3 Desenvolvimento sustentável

No contexto da institucionalização formal da área ambiental e da EA após os anos 1960, uma "nova ordem mundial" estava em gestação com referenciais ainda dispersos para a integração da dimensão econômica às dimensões sociocultural, ecológica e ambiental a fim de garantir a qualidade de vida das presentes e futuras gerações em todo o globo. Essas orientações contemplaram a utilização de diferentes termos e abordagens conceituais, conforme a linha e os objetivos de atuação dos pesquisadores, gestores e outros atores sociais relacionados com atuações favoráveis à integração dessas dimensões. Você, leitor, já deve conhecer um ou mais desses termos: *ecodesenvolvimento*, *desenvolvimento sustentável*, *sustentabilidade* e *responsabilidade socioambiental*, cuja conceituação relaciona-se a determinado contexto e abordagem, bem como aos objetivos dos atores e organizações que os definem e reforçam. Dos termos elencados, o que ganhou maior destaque, no âmbito institucional, do nível local ao internacional, foi **desenvolvimento sustentável**, o qual se refere a um conceito que tem como princípio norteador a busca pela sustentabilidade completa dos sistemas econômicos humanos – embora também receba sentidos distintos conforme os objetivos e práticas adotados pelas iniciativas. Em virtude da popularização do termo, é imprescindível caracterizar o desenvolvimento sustentável com base nas diferentes concepções atribuídas por vários autores.

Na Declaração de Estocolmo sobre o Meio Ambiente Humano, de 1972, o termo ainda não havia sido cunhado, mas sua essência já estava latente, visto que no item 6 desse documento já se apontava a necessidade de se defender e melhorar o ambiente humano para as atuais e futuras gerações, a fim de se obter um real desenvolvimento socioeconômico, bem como a harmonia e a paz mundial.

Até meados da década de 1980, o termo *sustentável* era utilizado nas ciências biológicas, mais especificamente na ecologia, para orientar o manejo e o uso racional de recursos e ecossistemas. De acordo com Cunha (2010), o termo tem origem nas palavras latinas *sustentare* ("conservar", "manter", "alimentar física ou moralmente", "segurar por baixo", "impedir que caia") e *sustentati-onis* ("aquilo que sustenta"). O emprego e a difusão do termo como um referencial orientador do desenvolvimento humano foram efetivados no relatório *Nosso futuro comum*, de 1987, resultado da Comissão Brundtland, que conceitua o desenvolvimento sustentável como "aquele que atende às necessidades da geração do presente, sem comprometer a possibilidade de as gerações futuras atenderem as suas próprias necessidades" (CMMAD, 2011, p. 46).

Desigualdades sociais graves, miséria, extremo consumismo, inacessibilidade a recursos vitais à sobrevivência e entrega de sistemas contaminados, poluídos e simplificados em biodiversidade são alguns dos problemas abordados no relatório, visto que são considerados os desafios urgentes tanto dos países desenvolvidos quanto dos países em desenvolvimento:

Em essência, o desenvolvimento sustentável é um processo de transformação no qual a exploração dos recursos, a direção dos investimentos, a orientação do desenvolvimento tecnológico e a mudança institucional se harmonizam e reforçam o potencial presente e futuro, a fim de atender às necessidades e aspirações humanas. (CMMAD, 2011, p. 49)

Apesar da variedade de concepções atribuídas a *desenvolvimento sustentável*, a definição da Comissão Brundtland tem sido mantida e utilizada em políticas públicas e outras iniciativas.

A Organização das Nações Unidas (ONU) seguiu promovendo o desenvolvimento sustentável como estratégia para deter a degradação ambiental, o que levou, em 1989, aos primórdios dos programas intergovernamentais que deram origem à Agenda 21 em 1992. Esse programa, para ser implementado ao longo do século XXI, apresentava princípios a serem incorporados nas políticas públicas dos países-membros, desde o nível local ao internacional.

O desenvolvimento sustentável é abordado nos instrumentos e nas ações dispostas nas quatro dimensões da Agenda 21: (1) social; (2) econômica; (3) de conservação e de gestão de recursos para o desenvolvimento; e (4) de fortalecimento do papel dos grupos principais e dos meios de execução. Com base nelas, os sistemas de produção e as relações com os recursos e os ecossistemas podem ser melhorados de forma a favorecer o consumo sustentável e, consequentemente, reduzir desperdícios. Já nessa época havia a preocupação com relação à efetividade das ações e à indissociabilidade da área ambiental, o que deu abertura ao estabelecimento de metas concretas para integrar as análises ambientais para as tomadas de decisão que visam ao desenvolvimento socioeconômico.

A Agenda 21, definida na Rio-92, foi rediscutida na Rio+5 e na Rio+10. O objetivo era ampliar e, de fato, viabilizar as ações propostas para o desenvolvimento sustentável, sempre avaliadas como "tímidas" e pouco influentes para conduzir a um novo modelo de desenvolvimento e organização social fundamentado na sustentabilidade. A intenção era proporcionar maior durabilidade e perenidade às condições de vida e desenvolvimento humano, pensando-se também nas próximas gerações.

Em 2019, a IV Assembleia das Nações Unidas para o Meio Ambiente deu ênfase à discussão de soluções inovadoras para a produção e o consumo sustentáveis e reuniu mais de 4.700 chefes de Estado, ministros do Meio Ambiente, empresários, representantes da sociedade civil e funcionários das Nações Unidas para discutir e firmar compromissos globais para a proteção ambiental. Pensando-se no macronível, os esforços institucionais perduram na busca pela sustentabilidade, estimulando e fomentando ações em diversos níveis.

Carlos Barbieri (1997), da Fundação Getulio Vargas (FGV), discute como os avanços e compromissos obtidos em macronível com as convenções, os acordos e as orientações nas últimas décadas apaziguaram, em parte, o pessimismo associado às questões ambientais diante dos fatos, dos acidentes e das constatações relacionados à intensificação da degradação do meio ambiente. Ainda que todo o quadro observado pela Comissão Brundtland fosse deplorável, segundo o autor, a confiança e a esperança em um "novo modelo" animavam o cenário.

O economista Ignacy Sachs (1993) já havia identificado essas projeções positivas que posteriormente viriam a ser identificadas como *desenvolvimento sustentável* nas conferências e acordos internacionais da década de 1970. A visão "otimista" trazida no relatório *Nosso futuro comum* contrapunha o cenário de problemas decorrentes das escolhas e dos sistemas socioeconômicos predominantes, algo que se ampliou nos anos 1980 e 1990 a despeito de todos os esforços. Foram inúmeros os acidentes químicos industriais, os efeitos intensos e danosos da poluição e de secas prolongadas, os problemas graves de abastecimento e de saneamento etc. que impactaram negativamente diferentes regiões do mundo. Segundo Barbieri (1997), esse tom otimista se baseava nas possibilidades tecnológicas crescentes e inovadoras do período e nas organizações sociais, havendo em ambos os casos capacidade de aprimoramento, bem como na capacidade da biosfera de absorver os efeitos das atividades antrópicas.

> Esse otimismo não é compartilhado universalmente, e muito ceticismo existe quanto às possibilidades de se alcançar este tipo de desenvolvimento. **Não falta quem observe que a expressão "desenvolvimento sustentável" encerra uma contradição em si; uma espécie de oximoro, isto é, uma combinação de palavras contraditórias.** Isso era de se esperar, pois as duas palavras dessa expressão são ambíguas e suscitam diversos entendimentos. A palavra **"desenvolvimento" evoca as ideias de crescimento econômico, mudança do padrão de vida da população e da base do sistema produtivo.** Grande parte do **problema relacionado com o seu entendimento refere-se às políticas de desenvolvimento praticadas até então em diversos países**, onde os segmentos sociais que detêm o poder político do **Estado afirmam como sendo nacionais os seus próprios objetivos e interesses.** (Barbieri, 1997, p. 28, grifo nosso)

Barbieri (1997) reforça a apropriação do termo *sustentabilidade* pelas ciências biológicas, utilizado para tratar de recursos renováveis exauríveis, principalmente os biológicos, em situação de exploração. Pelo estudo de dinâmicas de reposição de recursos nos ecossistemas, é possível estabelecer planos e limites de uso para que esses recursos sejam mantidos de forma duradoura e, consequentemente, reaproveitados.

Em 1991, apoiando o relatório *Nosso futuro comum* no que se refere à importância das relações de interdependência entre economia e desenvolvimento, organizações internacionais para a conservação do meio ambientes publicaram em parceria o documento *Cuidando do planeta Terra* (UICN; Pnuma; WWF, 1991). Nesse material, o desenvolvimento sustentável é debatido e apresentado como orientação capaz de melhorar a qualidade de vida humana dentro dos limites da capacidade dos ecossistemas, que já não são livres da interferência antrópica (UICN; Pnuma; WWF, 1991). Nesse período, os diversos aspectos que permeiam os termos *desenvolvimento* e *meio ambiente* foram aprofundados e discutidos para a mensuração e o estabelecimento de metas, como ocorre de forma inovadora naquele documento. A definição de indicadores e metas do desenvolvimento sustentável é um ponto de contínuo debate entre pesquisadores e gestores até os dias de hoje.

As contribuições de Ignacy Sachs reforçam duas dimensões além das sociais, econômicas e ecológicas (convencionalmente chamadas *tripé da sustentabilidade*): a **sustentabilidade espacial**, que apresenta maior equilíbrio territorial, como nas extensões e funções entre meio urbano e rural, e a **sustentabilidade cultural** (Barbieri, 1997). Essa última dimensão é muito importante para os contextos dos países em desenvolvimento megadiversos, pois trata da busca por concepções endógenas de desenvolvimento, de "modernização" e de integração de sistemas produtivos que respeitem as peculiaridades de cada ecossistema, de cada cultura e de cada local, de modo a produzir soluções específicas para cada contexto local (Sachs, 1993). Essa dimensão é capaz de integrar todas as demais, visto que pode despender maior atenção aos potenciais da sociobiodiversidade – um caminho fundamental para se valorizar, recuperar e, de fato, conservar a biodiversidade autóctone para um desenvolvimento sustentável.

Perceba que a ênfase nas dimensões da sustentabilidade varia, até mesmo a percepção da existência de determinada dimensão, conforme o campo e os objetivos dos atores e das organizações que a adotam – se valorizam mais o aspecto econômico, ambiental, social, geográfico, biocultural etc.

Como exemplo, podemos citar a Política Nacional de Desenvolvimento Sustentável dos Povos e Comunidades Tradicionais – Decreto n. 6.040, de 7 de fevereiro de 2007 (Brasil, 2007a) –, na qual o desenvolvimento sustentável é definido como "o uso equilibrado dos recursos naturais, voltado para a melhoria da qualidade de vida da presente geração, garantindo as mesmas possibilidades para as gerações futuras" (Brasil, 2007a, art. 3°, inciso III).

Na gestão de recursos comuns, a sustentabilidade (ou desenvolvimento sustentável) é compreendida como um processo orientado por três principais imperativos, relacionados aos aspectos ecológicos, socioculturais e econômicos, que visam atender às necessidades das gerações atuais sem que se prejudique a capacidade de atender às necessidades das futuras gerações. A sustentabilidade considera os ciclos dinâmicos de renovação, conservação, destruição e reorganização dos ecossistemas, sendo medida e compreendida por atributos relacionados aos distúrbios e à renovação, ao passo que o desenvolvimento é compreendido por atributos de crescimento e produção (Holling; Berkes, Folke, 1998).

Sauvé (1997) identifica que as diversas concepções sobre educação, meio ambiente e desenvolvimento sustentável influenciam na prática da EA, podendo coexistir ao se manterem essa diversidade e as elaborações próprias adequadas aos educadores. Nessa perspectiva, consideram-se opções pedagógicas que explicitam ou não teorias formais e que alinham definições e atuações aos contextos para que as ações de EA sejam relevantes e efetivas para o ganho de responsabilidade em todos os níveis, ainda mais abrangente e necessário do que se cunha com o desenvolvimento sustentável:

> A análise da teoria e da observação das práticas contemporâneas na EA nos traz uma consideração ainda maior. A EA, no que tange ao DS [desenvolvimento sustentável], deve reconhecer seus próprios limites. A complexidade dos problemas contemporâneos força a EA a interagir com outras dimensões educativas: educação para a paz, direitos humanos e educação, educação intercultural, desenvolvimento internacional e educação, educação e comunicação etc. Essa lista poderia ir muito mais adiante. **O maior objetivo dessas dimensões da educação contemporânea é o desenvolvimento de uma sociedade responsável. E sustentabilidade é uma das perspectivas esperadas.** Isso nos leva a acreditar que seria redundante falarmos de responsabilidade e sustentabilidade. O desenvolvimento responsável, que pode ser definido contextualmente, transforma-se na garantia

do tipo de sustentabilidade escolhido pela comunidade (por quê?, o quê?, para quem?, como?...). **A EA pode beneficiar a perspectiva incluída na educação para o desenvolvimento sustentável das sociedades responsáveis**, como foi inspirada a carta das ONGs na educação ambiental para as sociedades responsáveis e de responsabilidade global (Earth Council, 1992), **ultrapassando o modelo limitado do DS**. (Sauvé, 1997, p. 8, grifo nosso)

A responsabilidade carrega em si uma perspectiva ética abrangente e embasa ações de amor fraterno, zelo, cuidado e atenção, bem como uma preocupação positiva com relação à qualidade de vida presente e futura e ao direito à vida de todas as espécies do planeta. A EA, nessa perspectiva, agrega todas as definições que contemplam a responsabilidade, assegurando medidas de prevenção e precaução de perdas e riscos ligados ao meio ambiente. O princípio político-reflexivo da EA ajuda na análise das intenções, dos resultados concretos e dos propósitos explícitos e implícitos de seus proponentes. Aqueles que estão, de fato, comprometidos dão um passo muito além do sentido (hoje corriqueiro e superficial) da sustentabilidade, frequentemente adotado como um jargão "de fachada", "da moda" ou "para inglês ver".

5.4 Questão ambiental no Brasil

Não é difícil identificar como está a questão ambiental no Brasil: basta ler as notícias, observar a qualidade das maiores cidades do país e os problemas do meio rural etc. O desmatamento da vegetação nativa, os desastres e acidentes de origem antrópica, a poluição, incluindo a emissão de gases de efeito estufa (GEEs), a liberação e o uso de agrotóxicos, inclusive de alta toxicidade (muitos não permitidos em outros países), a invasão e exploração ilegal das terras indígenas, a introdução de espécies exóticas invasoras e de cultivares transgênicos, os assassinatos de ativistas socioambientais, entre outras questões, apresentam taxas ascendentes, apesar de todos os esforços institucionais realizados nos últimos anos de forma intersetorial.

O que está acontecendo nos cenários sociopolítico, econômico e cultural que está levando a todos, sobretudo as comunidades e nações mais pobres e vulneráveis, rumo ao caos socioambiental?

Fazer um panorama das temáticas relevantes do campo socioambiental no Brasil pode favorecer a promoção de ações práticas, transformadoras, como se espera na EA. Estas podem justificar as escolhas dos arcabouços teóricos e metodológicos, dos recursos didáticos, das práticas e da forma de enfatizar e abordar os problemas e os sistemas de conhecimento a serem endereçados.

A seguir, apresentaremos, de modo geral, temáticas em destaque na atualidade para explicar o cenário ambiental brasileiro, tendo em vista a conservação da biodiversidade, a urbanização, o saneamento básico e as MCs.

5.4.1 Desmatamento e outras ameaças à biodiversidade

No Brasil, as ameaças direta e indiretamente ligadas ao prejuízo dos ecossistemas naturais, como espécies exóticas invasoras, uso de pesticidas em grande escala – "Do total de 27 pesticidas na água dos brasileiros, 21 estão proibidos na União Europeia devido aos riscos que oferecem à saúde e ao meio ambiente" (Aranha; Rocha, 2019) – e caça e uso predatório de espécies nativas, vêm causando sérios impactos às espécies, além da perda acelerada da diversidade genética e dos SE.

No cenário mundial, o Brasil tem enorme responsabilidade no tocante ao desenvolvimento de estratégias que mantenham e favoreçam cada elemento que compõe sua diversidade biológica e sociocultural, tendo em vista que é a mais rica do planeta (Brasil, 1998b).

A partir dos anos 1990, com o estabelecimento de convenções e acordos internacionais por meio da Eco-92, foram desenvolvidas políticas públicas nacionais em resposta às demandas e necessidades emergentes da sociedade com relação ao meio ambiente, como perda da biodiversidade e MCs. Além dos esforços para a discussão e a divulgação da problemática da perda da biodiversidade, diversas câmaras técnicas foram formadas no âmbito da Comissão Nacional de Biodiversidade (Conabio) – como a Deliberação n. 49, de 30 de agosto de 2006 (Brasil, 2006b), que instituiu a Câmara Técnica Permanente sobre Espécies Exóticas Invasoras – e das Metas Nacionais de Biodiversidade para 2020, que internalizam as metas globais de biodiversidade estabelecidas na X Conferência das Partes da Convenção sobre Diversidade Biológica (COP-10), realizada em Aichi, no Japão, já aprovadas pela Conabio por meio da Resolução n. 6, de 3 de setembro de 2013 (Brasil, 2013b).

Preste atenção!

Em 2017, foi lançada a Plataforma Brasileira de Biodiversidade e Serviços Ecossistêmicos (BPBES), conforme o mesmo padrão da Intergovernmental Platform on Biodiversity and Ecosystem Services (IPBES), como iniciativa instrumental para investigar as questões da biodiversidade em nível nacional (BPBES, 2021).

5.4.2 Política Nacional da Biodiversidade (PNB)

O papel de destaque exercido pelo Brasil e sua adesão à Convenção sobre Diversidade Biológica (CDB) conduziram ao estabelecimento da Política Nacional da Biodiversidade (PNB). Assim, foram definidos os aspectos legais para a proteção e o acesso à biodiversidade e ao conhecimento tradicional associado, refletido recentemente na Lei n. 13.123, de 20 de maio de 2015 (Brasil, 2015a), e no Decreto n. 8.772, de 11 de maio de 2016 (Brasil, 2016). Essa "Nova Lei da Biodiversidade", como popularmente é chamada, visa à criação de condições para estimular o desenvolvimento socioeconômico integrado à conservação da biodiversidade e à provisão de benefícios às comunidades tradicionais, estipulando as obrigações para o acesso aos recursos genéticos e aos conhecimentos associados, bem como para a repartição dos ganhos decorrentes de sua utilização.

5.4.3 Urbanização acelerada e não planejada nas cidades brasileiras

Esse processo tem causado mudanças na ocupação do solo, as quais têm ocasionado os seguintes problemas: desmatamento de áreas, inclusive de grande relevância ecológica e para a conservação, como nascentes, beiras de rios, morros e unidades territoriais de conservação; intensificação dos problemas de saneamento básico e da gestão de resíduos sólidos – um estudo recente do WWF apontou o Brasil como o 4º país mais poluidor de lixo plástico do planeta e o que menos recicla (Brasil..., 2019) – e efluentes, que levam à contaminação e poluição dos solos e das águas; formação e ampliação de ilhas de calor, com aumento da poluição atmosférica; adensamento populacional e precarização da estrutura e dos serviços públicos; poluição visual e sonora pela sinergia de efeitos difusos; impactos à saúde física e mental; falta de áreas verdes; vulnerabilidade a eventos extremos, com chuvas intensas levando à inundação e a deslizamentos e secas prolongadas que resultam na falta de água; riscos biológicos (adensamento de pragas e de vetores de transmissão de patógenos); entre outros.

5.4.4 Políticas desenvolvimentistas brasileiras

As políticas desenvolvimentistas colocadas em prática no Brasil, já em sua formação histórica como nação, favorecem o lucro imediato e a qualquer custo de poucos agentes financeiros e segmentos sociais. Tendo em vista seu resiliente sistema oligárquico e corrupto (bastante perverso e cruel), é evidente a importância marcante de organizações governamentais de órgãos especializados, como o Ministério do Meio Ambiente (MMA) e suas autarquias – Instituto Chico Mendes de Conservação da Biodiversidade (ICMBio) e Instituto Brasileiro do Meio Ambiente (Ibama); de plataformas internacionais, como a União Internacional para a Conservação da Natureza (IUCN); de organizações não governamentais (ONGs), como o World Wide

Fund for Nature (WWF), o Greenpeace e os Amigos da Terra; e de diversas organizações da sociedade civil (OSCs) ligadas à base social, local e comunitária.

No contexto brasileiro, têm fundamental relevância iniciativas pouco reconhecidas e apoiadas institucionalmente, como aquelas para a gestão de resíduos sólidos. O Movimento Nacional dos Catadores de Materiais Recicláveis, por exemplo, fundado em 2001, apresenta ações de atendimento emergencial a famílias de catadores atingidas pela queda dos preços de materiais, além de lutar por melhores condições de trabalho nos diferentes níveis jurisdicionais, do município ao governo federal. Vale destacar que

> **As cooperativas e associações de catadores de materiais recicláveis prestam um serviço público à sociedade.** Elas estão constituídas legalmente enquanto organizações civis sem fins lucrativos; portanto, seu fim último não é o lucro, como é o caso das empresas de comercialização de materiais. Estas organizações trabalham com a finalidade da prestação de serviços à sociedade e ao meio ambiente. (Movimento Nacional dos Catadores de Materiais Recicláveis, 2009, p. 24, grifo nosso)

As políticas para o desenvolvimento ainda não endereçam diretamente a resolução dos problemas sociais pelas suas causas e raízes profundas. As desigualdades sociais se intensificaram nos últimos meses, e mais pessoas encontram meios de sobreviver "catando lixo pelas ruas". Você, leitor, já imaginou qual seria o prejuízo para a limpeza das cidades e como os aterros estariam ainda mais pressionados se não houvesse o trabalho dos catadores, autônomos ou associados? Certamente faltam projetos de desenvolvimento para a população mais vulnerável. A EA é uma área capaz de "dar vez e voz" a essas populações e trazer à luz as causas da tensa realidade socioeconômica que aflige milhões de brasileiros. Favorecer o reconhecimento dos catadores como agentes ambientais fundamentais os elevaria ao estado necessário para a sonhada dignidade, formalização e proteção daqueles que exercem tão significativa prestação de serviço para a saúde pública e o meio ambiente.

 Perguntas & respostas

É possível construir cidades sustentáveis e resilientes?

Os gravíssimos problemas ambientais presentes nas cidades, sobretudo nos países em desenvolvimento, como o Brasil, tornaram-se temas transversais que unem esforços de muitos profissionais, como cientistas, agentes de saúde, jornalistas e gestores.

5.4.5 Mudanças climáticas (MCs)

Mudanças climáticas (MCs) intensificadas pelo aumento dos GEEs (Gráfico 5.1) têm sido relacionadas a sérias perdas socioeconômicas e ao aumento da suscetibilidade a eventos extremos, incluindo impacto à integridade física por meio de acidentes e morte. De acordo com o climatologista Carlos Nobre, colaborador do Instituto Nacional de Pesquisas Espaciais (Inpe) e do IPCC, os extremos climáticos acentuaram-se no Brasil na última década, com secas recordes na Amazônia em 2005, 2010 e 2015, além do pior ciclo de chuvas no Nordeste entre 2012 e 2017 (Amaral, 2018).

Gráfico 5.1 – Elevação da temperatura global relacionada ao aumento da concentração de dióxido de carbono (CO_2)

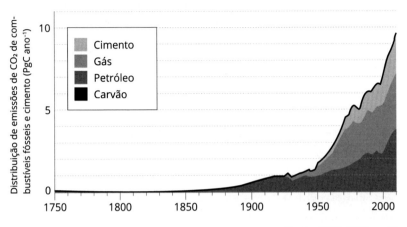

Fonte: IPCC, 2013, p. 51.

A COP-24, que ocorreu em 2018 na Polônia, contou com a apresentação da organização alemã Germanwatch sobre os países com as maiores perdas econômicas decorrentes de desastres climáticos. Nesse estudo, o Brasil, apesar de não estar entre os países mais vulneráveis às MCs, ocupou a 18ª posição (com perdas anuais de 6,4 bilhões de reais), sendo as maiores perdas diretas relacionadas a eventos extremos, como tempestades, ciclones, inundações e ondas de calor. Na pesquisa em questão, não foram consideradas as secas, que implicam prejuízos indiretos à saúde, ao abastecimento de água e à agricultura.

O Brasil dispõe de política específica para esse problema – a Política Nacional sobre Mudança do Clima (PNMC) – e é signatário do Pacto de Paris, mediante o qual se comprometeu a contribuir para que o aumento da temperatura planetária não passe de 1,5 °C ou 2 °C com relação aos níveis pré-industriais até o final do século. O cenário atual não é favorável ao cumprimento dessa meta, considerando-se o aumento do desmatamento, das queimadas e da queima de combustíveis fósseis e a falta de evidências de sua estagnação ou retrocesso, de modo geral.

No que se refere ao cenário internacional, também não há ações suficientes para frear as emissões a curto prazo em grande escala geográfica. O planeta já sofreu um aumento de 1 °C e já respiramos 66% a mais de dióxido de carbono – conforme os dados publicados no último relatório do IPCC (2021b). Os desastres provenientes de MCs custaram 320 bilhões de dólares à economia mundial (1,2 trilhão de reais) em 2017, com milhares de vidas perdidas (Planelles, 2018). Esses impactos são sentidos ainda mais pelas comunidades mais pobres e vulneráveis. Relatórios recém-publicados apontam que

> As pessoas em regiões de baixa renda têm sete vezes mais chances de morrer quando expostas a riscos naturais do que populações equivalentes em regiões de alta renda. Os mais pobres também têm seis vezes mais chances de serem feridos ou de precisarem se deslocar, abandonando suas terras e casas.
> (Brum, 2018)

Apesar de os países sul-americanos não serem os maiores emissores de poluentes, sua produção é significativa no cenário global. As políticas e acordos nacionais em voga precisam ser mantidos e fortalecidos para que possam ser implementadas medidas concretas que reduzam as emissões de dióxido de carbono e outros GEEs. O Brasil pode ganhar visibilidade para exigir que os países com maiores taxas de emissão, que detêm maior potencial de adaptação, executem as medidas necessárias para que nos próximos 12 anos o planeta não aqueça mais de 1,5 °C, o que seria catastrófico, conforme projeções e fatos já identificados.

5.5 Ética e cidadania em educação ambiental (EA)

Como podemos compreender o papel da ética e da cidadania nas ações de EA? A esta altura, leitor, você já deve ter percebido que a EA, para ser transformadora, requer a internalização de valores que se revelam e manifestam nas ações diárias, que devem estar fundamentadas em princípios éticos e na prática cidadã.

Na filosofia, a **ética** está vinculada ao estudo dos fundamentos da moral, sendo mais comum seu uso como conjunto de regras de conduta de um indivíduo ou de um grupo. A **cidadania**, por sua vez,

> diz respeito a um Estado de Direito que ganha corpo nas sociedades em que a organização política (o poder de tomar decisões e de administrar a vida pública) se orienta por princípios democráticos [...], diz respeito ao exercício, à vivência dos "direitos e deveres do cidadão", expressos na Constituição de cada país.
> (Penteado, 2000, p. 23-24)

Tendo isso em vista, nesta seção, examinaremos o papel da ética e da cidadania na EA, com base em arcabouços teóricos como os da ecopedagogia e da gestão de recursos comuns.

Preste atenção!

O filósofo grego Aristóteles (384-322 a.C.) é considerado o pai da biologia. Seu legado definitivamente foi marcante para muitos campos do saber, visto que favoreceu a delimitação das áreas do conhecimento.

A contribuição de Aristóteles foi tamanha que ele é o responsável pela fundação da ética como um campo disciplinar específico, que estuda a conduta humana na busca pelo bem comum. É na ética que ocorrem os debates sobre a disposição, inerente ou não ao ser humano, de agir sem causar malefícios aos demais. A conduta ética é o cerne do bem-estar e da melhoria da vida humana, de acordo com o período e a sociedade.

A palavra *ética* deriva do grego *ethikós*, termo proveniente de *ethos*, que significa "costume", "hábito", "modo de ser". Na obra *Ética a Nicômaco*, Aristóteles explicita a importância da ética no que tange às questões ambientais: "trata-se de um saber prático que nos permite tomar decisões em relação ao meio ambiente, às políticas públicas etc., evitando as soluções fáceis, mas comprometedoras do *Technological Fix* (soluções meramente técnicas, desvinculadas de um contexto ético)" (Brasil, 2006a, p. 13).

Para Marcondes (2006), há duas características aristotélicas que envolvem uma ética do meio ambiente, as quais estão sempre presentes nas bases da EA e da gestão socioambiental:

> Em primeiro lugar, sua concepção de que o ser **humano deve ser visto como integrado ao mundo natural**, como parte da natureza. Em segundo lugar, sua concepção de que o **saber técnico (*téchne*)** ou instrumental, por meio do qual o ser

humano intervém na natureza, ou seja, no meio ambiente, **deve ser subordinado à decisão racional e ao saber prudencial**. (Marcondes, 2006, p. 37, grifo nosso)

Essa indissociabilidade entre ser humano e natureza é sempre corroborada para impulsionar ações mais coerentes das sociedades, de forma a reforçar a precaução e a prevenção diante da complexidade e das incertezas presentes nos sistemas socioeconômicos e culturais em que estamos inseridos. A EA tem um papel fundamental de alertar sobre os riscos e comunicar as ameaças e os impactos causados pela degradação do meio ambiente. Nessa perspectiva, é importante enfatizar o **princípio da precaução**, que serve para lidar com questões que envolvem **múltiplas escalas**, especialmente quando os riscos aos SSEs não podem ser identificados ou dimensionados.

Escalas

As escalas são as dimensões que podem ser compreendidas como subsistemas de um sistema complexo, imbricadas umas nas outras ou organizadas hierarquicamente. Elas apresentam níveis como unidades de análise localizadas em diferentes posições, indo do mais específico ao mais amplo no espectro considerado (Vieira; Berkes; Seixas, 2005; Cash et al., 2006). Nos SSEs, diferentes níveis e escalas estabelecem relações horizontais – entre componentes de um mesmo nível – e verticais – entre componentes de diferentes níveis de uma mesma escala (multiníveis) ou de diferentes escalas (transescalares). Para o estudo de SSEs, são comumente utilizadas as escalas espacial (geográfica), temporal, jurisdicional, institucional, do sistema de gestão e de redes.

O princípio da precaução é um princípio fundamental do direito ambiental e lida com a possibilidade abstrata do risco quando não se pode precisar as magnitudes e os tipos de danos socioambientais e ecológicos de determinada ação. Está diretamente ligado a uma atuação preventiva, sendo prioritariamente utilizado quando o risco de degradação ecológica é considerado irreparável ou o impacto negativo ao meio ambiente e às comunidades humanas é alto, demandando que sejam aplicadas as medidas legais vigentes no país, nos estados e nos municípios em prol da conservação (Colombo, 2004).

Em meados do século XX, obras marcantes despontaram no tratamento das inter-relações entre a ética e as ações humanas sobre a natureza já em um cenário de acúmulo e surgimento das problemáticas socioambientais contemporâneas. Em 1949, o biólogo estadunidense Aldo Leopoldo (1887-1948) publicou *The Land Ethic* (*A ética da Terra*), obra considerada um dos marcos mais importantes do biocentrismo e da ética holística/ecológica, em que aponta a total dependência do ser humano com relação a outras espécies, bem como seu papel como grupo.

Em 1954, o movimento de "reverência por tudo o que vive" e a popularização da ética ambiental ganharam dimensões amplas com o teólogo e médico francês Albert Schweitzer (1875-1965), cujos feitos culminaram no Prêmio Nobel da Paz, em 1945. As contribuições deste e de outros pensadores desse período influenciam concepções e práticas de EA até hoje, especialmente aquelas que utilizam relatos, vivências e projetos transdisciplinares.

Na década de 1990, a **ecologia profunda** (*deep ecology*), introduzida por Arne Naess em 1973 e popularizada em meados dos anos 1980, ganhou ainda mais força e adeptos ao empregar moldes da ética ambiental biocêntrica, envolvendo fontes diversas para reforçar os valores morais reconectores, o reconhecimento e a identificação das relações "viscerais" da humanidade com a natureza. Trata-se de uma corrente que, apesar de estar fundamentada em escritos filosóficos e pesquisas científicas, também considera aspectos religiosos das mais variadas vertentes e tradições, com destaque para as asiáticas e as de povos indígenas.

O respeito aos outros seres vivos e ao meio ambiente tornou-se um princípio ético constantemente corroborado nos documentos de EA da década de 1970. A Carta de Belgrado, por exemplo, apresenta a EA, de forma integrada, como um de seus elementos fundamentais, pois reduz a fragmentação entre os problemas e instrumentaliza meios para a "erradicação das causas básicas da pobreza, da fome, do analfabetismo, da contaminação, da exploração e da dominação" (Carta..., 1975, p. 1). Para tal, o documento aponta como crucial o desenvolvimento de uma nova ética global ampla em diversas áreas sociais:

> **uma ética dos indivíduos e da sociedade que corresponda ao lugar do homem na biosfera; uma ética que reconheça e responda com sensibilidade as relações complexas, e em contínua evolução, entre o homem e a natureza e com seus similares.** Para assegurar o modelo de crescimento proposto por esse novo ideal mundial, devem ocorrer mudanças significativas em todo mundo, **mudanças baseadas em uma repartição equitativa dos recursos do mundo e em sua satisfação**, de modo mais justo, das necessidades de todos os povos. Esse novo tipo de desenvolvimento exigirá também a **redução máxima dos efeitos nocivos** sobre o meio ambiente, o uso de

resíduos para fins produtivos e o desenvolvimento de tecnologias que permitam alcançar estes objetivos. Sobretudo, se exigirá a garantia de uma **paz duradoura, através da coexistência e da cooperação entre as nações** que tenham sistemas sociais diferentes. Se conseguirá recursos substanciais destinados à satisfação das necessidades humanas restringindo os armamentos militares e reduzindo a corrida armamentista. A meta final deve ser o desarmamento. (Carta..., 1975, p. 1, grifo nosso)

Ainda na década de 1970, a EA foi vinculada à crítica do sistema hegemônico, mantendo abertura para a autoanálise. Uma das críticas levantadas foi justamente o fato de o debate se restringir à teorização ou à problematização, dado que se acaba ignorando a importância da ação.

Carlos Frederico Loureiro (2006) considera que a EA crítica deve dar ênfase à compreensão da realidade, dos valores, das atitudes e dos comportamentos. Para isso, o autor destaca o papel das **práticas dialógicas,** capazes de conscientizar sobre a inseparabilidade entre cultura e natureza e a necessidade de modificar a sociedade e as concepções e práticas convencionais da educação formal, das ciências e da filosofia. Isso é possível apenas por meio da aprendizagem mútua, proporcionada pelo diálogo, pela reflexão e pela ação no mundo, conforme preconizado por Paulo Freire – educador de referência para a pedagogia e a EA que fundamentou várias correntes específicas, como a EA crítica e a ecopedadogia.

Marcos Sorrentino e seus colaboradores fazem uma síntese que merece destaque quando definem a EA como um instrumento que permite concretizar a ética e a cidadania, de modo que as desigualdades e todos os problemas estruturais que prejudicam o meio ambiente possam ser superados:

> **A Educação Ambiental nasce como um processo educativo que conduz a um saber ambiental materializado nos valores éticos e nas regras políticas de convívio social e de mercado**, que implica a questão distributiva entre benefícios e prejuízos da apropriação e do uso da natureza. Ela deve, portanto, ser **direcionada para a cidadania ativa considerando seu sentido de pertencimento e corresponsabilidade** que, por meio da ação coletiva e organizada, busca a compreensão e a superação das causas estruturais e conjunturais dos problemas ambientais. (Sorrentino et al., 2005, p. 288-289, grifo nosso)

Na **ecopedagogia**, a cidadania é planetária e as ações se respaldam na consciência abrangente em benefício de toda a Terra. Nesse arcabouço, a cidadania assume valores de respeito amplo, e a complexidade estrutura as inter-relações imbricadas entre níveis e escalas inerentes aos sistemas sociais e ecológicos. Não poderia ser diferente, visto que essa corrente se fundamenta nos trabalhos de James Lovelock, Lynn Margulis, Fritjof Capra, Edgar Morin, Leonardo Boff, Paulo Freire, entre outros. A interdependência está para além do reconhecimento, visto que permeia o pensar e o campo subjetivo que antecede qualquer atuação do sujeito ecológico. Nessa vertente, o paradigma é a Terra, coabitada por bilhões de seres vivos, o que, filosoficamente, se contrapõe ao paradigma racionalista da cultura ocidental e cristã (Gadotti, 2009a). É comum verificar no discurso dessa corrente princípios éticos que resgatam o sagrado natural e a importância do aspecto feminino (gênero que nutre e gera a vida), referindo-se comumente ao respeito e ao viver comungado à Mãe Terra.

Embora a religiosidade costume preencher os campos subjetivos e socioculturais, como a identidade de grupo, a ecopedagogia reafirma um contexto diferenciado de espiritualidade, pois busca reconectar os sujeitos aos seus laços de coexistência e de troca intra e interespécies de maneira concreta, sem os misticismos alienadores e manipuladores político-ideológicos que, infelizmente, costumam assolar as massas religiosas.

A **cultura de paz**, há tempos adotada como princípio orientador da ONU, só poderá desenvolver-se mediante relações justas, e os problemas sociais e os conflitos políticos existentes precisam receber atenção direta e deliberada para que não se renuncie à justiça e à participação cidadã de todos:

> Declarações muito gerais podem contentar a todos, mas não levam à ação e, sobretudo, não mudam o rumo das coisas.
> **A responsabilidade é um valor que resulta da consciência de nossa interdependência** como seres humanos habitantes de um mesmo planeta. Ela se adquire pela educação e pela convivência. E aqui entra outro valor, o valor da comunidade de vida. Somos membros de uma só comunidade humana terrestre com um destino comum. A essência da cultura de paz é o diálogo, portanto, o espírito comunitário. E para sentir-se responsável, o membro de uma comunidade **precisa participar de todas as decisões que dizem respeito a seu bem-estar na comunidade**.
> (Gadotti, 2009b, p. 198, grifo nosso)

Quando a ética desponta como eixo, os conceitos de EA adotados refletem essa condição e são diretamente afetados, como indica a definição de EA disposta no documento *Vamos cuidar do Brasil*: "um processo **educativo que dialoga com valores éticos e regras políticas de convívio social**, cuja compreensão permeia as relações de causas e efeitos dos elementos socioambientais numa determinada época, para garantir o equilíbrio vital dos seres vivos" (Brasil, 2007c, p. 47, grifo nosso).

 Preste atenção!

A ONU foi fundada em 1945, após o fim da Segunda Guerra Mundial, para substituir a Liga das Nações. O principal objetivo era deter guerras entre países e fornecer uma plataforma para o diálogo entre Estados. A ONU conta com várias organizações subsidiárias para realizar suas missões, visto que seus objetivos foram se ampliando ao longo das décadas.

Essa perspectiva também se observa nos componentes da EA definidos pela Associação Norte-Americana para a Educação Ambiental (NAAEE) e condensados pelo Programa Hidrológico Internacional (PHI) da Organização das Nações Unidas para a Educação, a Ciência e a Cultura (Unesco):

Valores: Sensibilidade ambiental, comportamentos em relação aos problemas ambientais, motivação para participar da melhoria e da proteção ambiental. Princípio moral e importância dos valores.

Conhecimento ecológico: Compreensão dos principais conceitos ecológicos (ecossistemas, ciclos bioquímicos, transferência de energia); conhecimentos sobre os sistemas naturais; avaliação das limitações.

Conhecimentos sociopolíticos: Compreensão da interdependência econômica, social, política e ecológica; apreciação das influências culturais no meio ambiente; entendimento das relações entre as crenças, as estruturas políticas e os valores ambientais de várias culturas; conhecimento geográfico.

Conhecimento dos problemas ambientais: Entendimento da inter-relação de uma ampla gama de problemas ambientais, incluindo a qualidade e a quantidade da água (contaminação da água, uso e manejo de recursos, inundações e secas).

Habilidades: Definição de problemas; capacidade para analisar, resumir e avaliar a informação, assim como para planejar, implementar e avaliar ações.

Determinantes do comportamento ambientalmente responsável: Atribuir (no sentido de facultar, assumindo que a ação de uma pessoa terá um efeito, mais do que pensar que os resultados ocorrerão casualmente) controle para assumir responsabilidades pessoais.

Comportamentos ambientais responsáveis: Participação ativa com foco na solução de problemas e mediação de desacordos.
(PHI, 2011, p. XIV-XV)

Outro conceito articulador da ética, dos processos de formação ambiental e cidadania e da gestão de recursos comuns relevante para a EA é a responsabilidade pelo cuidado ecossistêmico, chamada **conservação ou diligência ecossistêmica** (*ecosystem stewardship*). Nesse caso, os indivíduos tornam-se agentes protagonistas, como "usuários-guardiões" locais, que, sendo capazes de compreender em nível profundo o porquê do desenvolvimento socioeconômico integrado à conservação da biodiversidade e dos SE, têm capacidade para atuar promovendo essa integração. A inserção direta da cultura e dos conhecimentos ecológicos locais e o engajamento social pela participação cidadã de agentes da comunidade conferem efetividade e maior duração às ações em defesa do meio ambiente e do uso sustentável dos recursos.

Ecosystem stewardship

Trata-se de uma estratégia para delinear os SSEs em condições de incertezas e mudanças, de modo a sustentar o provimento e as oportunidades de usos dos SE para o bem-estar humano. Nessa estratégia de manejo dos ecossistemas, procura-se manter os múltiplos SE com estruturas e estratégias adequadas a um contexto de mudanças, bem como com um cuidado ecossistêmico próprio na análise das vantagens e desvantagens de forma dinâmica (Chapin et al., 2009).

A diligência ecossistêmica é apresentada como uma orientação para as ações que promovem sustentabilidade socioecológica na gestão de recursos comuns. Para tanto, é preciso que os diferentes atores envolvidos reconectem percepções, valores, instituições, ações e sistemas de governança para a dinâmica da biosfera pelo cuidado ativo com o ecossistema (Chapin et al., 2009). Sistemas de conhecimento integrados, que incluem esse cuidado ativo para Conservação e Desenvolvimento Integrados (CDI), conferem bases cognitivas capazes de fortalecer as instituições locais necessárias para as interações transescalares e interníveis para a gestão de recursos biológicos e ecossistemas, compondo redes de conhecimento de agendas científicas e políticas.

No campo comunitário, as **comunidades intencionais** envolvendo pessoas com percepções e modos de vida comuns estão dando exemplos de como a ética e a cidadania podem surgir em campos novos de EA na busca por maior qualidade de vida e mediante a integração dos indivíduos participantes com seu meio social e ecológico.

Comunidades intencionais

Segundo Mendonça (2002), uma das primeiras comunidades intencionais surgiu em 1962 em Findhorn, na Escócia. Muitas outras se associaram e ainda se associam internacionalmente à Fellowship Intentional Communities (FIC), criada em 1948, com vistas à cooperação, à sustentabilidade, à justiça social, à não violência e à não coerção (pela liberdade e autonomia irrestritas).

Há alguns grupos que têm seus valores existenciais e morais, suas condutas éticas e seus exercícios de cidadania bem proeminentes. Eles costumam influenciar e integrar campanhas políticas e movimentos sociais ligados: à agroecologia, à permacultura, à agricultura orgânica, à economia solidária, à construção e às tecnologias descentralizadas e sustentáveis (bioarquitetura, bioconstrução, moradia verde, aproveitamento de resíduos, ecovilas, tecnologia ambiental), ao consumo responsável (incluindo ecoturismo), ao minimalismo e à "celebração da simplicidade", à alimentação e ao estilo de vida saudável e de baixo impacto negativo (*slow food*, vegetarianismo, veganismo, macrobiótica, ioga, medicina holística, aiurvédica), aos clubes de trocas, aos movimentos de jovens cidadãos (escotismo, igrejas), à educação alternativa (educação integral, antroposofia) e às normas ambientais (fiscalização, certificação, vigilância sanitária, capacitação social). Os efeitos das ações individuais nesses coletivos certamente se amplificam e potencializam, possivelmente ganhando escala e abrangência gradual para envolver núcleos maiores da sociedade, como seria necessário para a transformação em massa do comportamento vigente.

Síntese

Tendo em vista que, a todo momento, surgem novos entendimentos e problemáticas sobre o meio ambiente, o educador ambiental deve se atualizar constantemente sobre esses esforços. A sustentabilidade apresenta-se, nesse sentido, como uma referência orientadora diante da crise ecológica e ambiental intensificada a partir do século XX.

Neste capítulo, abordamos o papel ético e educacional dos seres humanos com relação ao meio ambiente. Destacamos os esforços científicos despendidos desde a década de 1970, os quais consolidam cada vez mais a teoria de Gaia. A rede de cientistas que se estabeleceu no mundo todo em plataformas de cooperação intergovernamentais ajuda a compreender o impacto causado pelos seres humanos no planeta, além de favorecer políticas e ações protetivas e restauradoras no que se refere ao clima, à biodiversidade e aos serviços ecossistêmicos (SE).

Também mostramos que sínteses integradoras e diagnósticas envolvendo sistemas complexos requerem ações multi-institucionais, como as compilações de pesquisas e as projeções sobre as MCs, a hidrosfera, a biodiversidade e a manutenção de SE para a qualidade de vida humana. Os resultados desses esforços podem ser mais bem aproveitados nas ações de educação ambiental (EA), tornando-a atualizada e inovadora.

Outro ponto que frisamos neste capítulo foi a associação de determinadas interpretações sobre natureza, sociedade e cultura a diferentes momentos históricos. Essa abordagem permite entender as causas e as consequências, por exemplo, da perda da biodiversidade e das MCs decorrentes das ações humanas. Além disso, abordamos os principais problemas ambientais que permeiam o cenário brasileiro, como o desmatamento e outras ameaças à biodiversidade, a urbanização acelerada e não planejada e a poluição de solos, água e ar.

Conforme demonstramos, os problemas socioambientais crescentes no Brasil e no mundo só serão mitigados com uma mudança de comportamento abrupta, que leve em conta princípios como a ética e a cidadania. Por isso, para que a EA seja, de fato, transformadora, deve ocorrer uma internalização de determinados valores, a fim de que eles sejam empregados nas ações diárias de todos os indivíduos.

 Indicações culturais

Livro

MARGULIS, L. **O planeta simbiótico**: uma nova perspectiva da evolução. Tradução de Laura Neves. Rio de Janeiro: Rocco, 2001.

Essa obra é fundamental para educadores ambientais, visto que permite vislumbrar uma nova cultura, inclusive no contexto da genética e da ecologia tradicionais.

Site

IUCN – International Union for Conservation of Nature and Natural Resources. **World Conservation Strategy**: Living Resource Conservation for Sustainable Development. [S.l.]: IUCN; Unep; WWF, 1980. Disponível em: <https://portals.iucn.org/library/efiles/documents/wcs-004.pdf>. Acesso em: 10 maio 2021.

Trata-se de um exemplo de abordagem que apresenta o desenvolvimento sustentável como estratégia de conservação dos recursos biológicos.

Vídeos

CATADORES de história. Direção: Tânia Quaresma. **MovNacional dos Catadores de Materiais Recicláveis**, 13 dez. 2018. 75 min. Disponível em: <https://www.youtube.com/watch?v=-GFgVpDs8oo&t=15s>. Acesso em: 10 maio 2021.

Esse longa-metragem foi merecidamente premiado no Festival de Brasília do Cinema Brasileiro, dada a riqueza da pesquisa histórica conduzida para realizá-lo, sendo composto por imagens e entrevistas e por um enredo emocionante. Não há quem não reconheça o papel dos catadores e a garra da luta diária desses profissionais e de sua organização de base depois de assistir a esse documentário.

CINE experimental – Koyaanisqatsi (1982). **San Isidro Cine Club**, 22 abr. 2017. 81 min. Disponível em: <https://www.youtube.com/watch?v=v6-K-arVl-U>. Acesso em: 10 maio 2021.

Koyaanisqatsi é um documentário clássico na área ambiental. Nele, é apresentado o mundo desequilibrado diante de tanto "progresso" e "benevolência tecnológica". O nome tem origem na língua nativa da tribo Hopi e significa "vida fora de equilíbrio", "vida em revolta", "vida em desmonoramento", "condições de vida que devem mudar".

ILHA das flores. Direção: Jorge Furtado. Brasil: Casa do Cinema de Porto Alegre, 1989. 12 min.

Desafiamos todos os seres humanos bípedes, de telencéfalo altamente desenvolvido e polegares opositores a descobrir o que é o mais desumano em sua espécie por meio desse emblemático curta-metragem. Se você já assistiu, pois é um "clássico" do ambientalismo no Brasil, fica o convite para ver de novo e observar aspectos ainda não percebidos sobre a qualidade do texto e das imagens – agora do ponto de vista de um agente de educação ambiental.

MOSTRA ECOFALANTE DE CINEMA AMBIENTAL. Disponível em: <https://ecofalante.org.br/>. Acesso em: 19 set. 2021.

A Ecofalante é uma organização não governamental (ONG) fundada em 2003 que promove exibições de filmes nacionais e internacionais de temas socioambientais. Sua mostra tornou-se o maior evento audiovisual da América do Sul no que se refere a essa temática. Talvez você possa se inspirar e vir a atuar de forma integrada nessa modalidade das artes, fomentando a educação ambiental pelas telas.

SAGAN, C. **Pálido ponto azul**. Legendado HD. 26 ago. 2010. Disponível em: <https://www.youtube.com/watch?v=FB-p8y5ZuUpM>. Acesso em: 10 maio 2021.

Qual é medida exata das aflições humanas diante das dimensões do Universo? A miséria e a crise humana construídas por nossas próprias mãos são refletidas de maneira muito poética diante da primeira imagem fotográfica da Terra vista do espaço, obtida na década de 1960. A poesia e o olhar mágico e sensível só poderiam vir de um verdadeiro cientista, movido pelo amor à vida e à natureza cósmica. O contato com a produção de Carl Sagan é obrigatório para todos os terráqueos, especialmente os que querem rumar para os estudos e a atuação no campo científico.

Atividades de autoavaliação

1. Analise as afirmações a seguir sobre o conceito de *meio ambiente* e assinale V para as verdadeiras e F para as falsas.

    ( ) Para Aguilar (2015), o meio ambiente é a natureza, tal como existe onde estamos e vivemos. Ele é todo o mundo que nos cerca e nos envolve.

    ( ) Para Vidal (citado por Oliveira, 2006), o meio ambiente constitui-se de inúmeros ecossistemas habitados por incontáveis organismos vivos, que vêm evoluindo há bilhões de anos. As organizações desses sistemas resultam naturalmente de um processo milenar de ajuste e evolução de extrema complexidade em nível planetário.

    ( ) Para Roose e Parijs (1997), o meio ambiente é o conjunto de condições, leis, influências e interações, de ordem física, química e biológica, que permite, abriga e rege a vida em todas as suas formas.

    ( ) Para Aguilar (2015), o ambiente é constituído pelos fatores físicos (como solo, água e temperatura) e pelos seres vivos que nele habitam. Trata-se do objeto de estudo da ecologia.

Agora, assinale a alternativa que apresenta a sequência correta:

- **A** F, V, F, V.
- **B** V, V, F, F.
- **C** V, V, V, F.
- **D** F, V, F, F.
- **E** F, F, F, F.

2. Em 1967, o historiador americano Lynn Townsend White Jr. publicou, na revista *Science*, um artigo intitulado "As raízes históricas da nossa crise ecológica" (*The Historical Roots of Our Ecological Crisis*), no qual relacionou aspectos do entendimento religioso judaico-cristão à forma de estabelecer:

- **A** o uso das ciências e das tecnologias para ampliar a exploração dos recursos naturais em prol do desenvolvimento da humanidade como um todo e de todas as espécies associadas a ela. Nessa perspectiva, a humanidade seria a principal espécie do planeta, semelhante a Deus.
- **B** a compreensão do que é natureza, revelando as razões culturais que justificam e causam a degradação ambiental nas sociedades humanas, visto que fundamentam a visão de mundo antropocêntrica que predominantemente retira o valor do mundo natural e das outras espécies.
- **C** relações de uso sustentável dos recursos com base em uma visão amorosa e respeitosa direcionada a todos os seres vivos e ao meio ambiente, uma vez que combate explicitamente a visão antropocêntrica que fundamenta a degradação ambiental nas sociedades humanas.
- **D** processos de manipulação da vida como um modo de manifestar respeito a ela, sendo a ciência e a tecnologia

uma dádiva divina entregue ao ser humano por meio de sua inteligência e racionalidade, e o homem, a principal espécie da Terra, semelhante a Deus.

E relações de proteção a outras formas de vida, ao meio ambiente e à natureza, dado que cabe aos seres humanos o papel de cuidadores do planeta Terra, já que ocupam uma posição central de semelhança a Deus.

3. Os aspectos culturais, subjetivos e psicológicos influenciam na forma como as relações do ser humano ocorrem no que concerne à biodiversidade, ao meio ambiente e à natureza como um todo. Sobre essas relações, indique as afirmações corretas.

I) No antropocentrismo, há a crença de que todos os seres têm sentido quando servem ao ser humano. Essa visão ignora que a maioria desses seres surgiu antes do aparecimento do ser humano e que a natureza definitivamente não depende de uma espécie com exclusividade para organizar sua imensa complexidade e biodiversidade.

II) Para Leonardo Boff (2006), duas atitudes fundamentais devem ser cultivadas diante da comunidade biológica e da natureza: o respeito e o cuidado. O respeito supõe, em primeiro lugar, reconhecer o outro em sua alteridade e, em segundo lugar, perceber seu valor intrínseco. Seres humanos que se entendem em comunhão com a comunidade de vida, como um elo da imensa cadeia, adotam comportamentos corretos em prol da natureza. O cuidado, por sua vez, além de uma atitude, é uma virtude fundamental, cultivada para que todos os seres vivam e não sofram, em meio à interação amorosa e não agressiva das pessoas conscientes, racionais e livres diante da realidade.

III) Aspectos culturais, subjetivos e psicológicos dão o substrato para o estabelecimento das relações entre os seres humanos e entre estes e os demais componentes bióticos e abióticos da natureza. Esses aspectos justificam desde as formas mais exploratórias e competitivas de relacionamentos até as mais sustentáveis e colaborativas.

IV) A questão cultural não necessita de consideração direta quando se buscam soluções para os problemas socioambientais da atualidade, pois não há como acessá-la de forma prática e estratégica.

Agora, assinale a alternativa correta:

A As afirmações I e IV estão corretas.
B As afirmações II e IV estão corretas.
C As afirmações II e III estão corretas.
D As afirmações I, II e III estão corretas.
E Todas as afirmações estão corretas.

4. Analise as afirmações a seguir sobre o termo *sustentável* e assinale V para as verdadeiras e F para as falsas.

( ) O termo *sustentável* era utilizado nas ciências biológicas, na ecologia, no campo do manejo e no uso de recursos e ecossistemas até meados da década de 1980.

( ) O termo *sustentável* tem origem nas palavras latinas *sustentare* ("conservar", "manter", "alimentar física ou moralmente", "segurar por baixo", "impedir que caia") e *sustentati-onis* ("aquilo que sustenta").

( ) O emprego e a difusão do termo *sustentável* como um referencial orientador ao desenvolvimento humano tiveram início no relatório *Nosso futuro comum*, publicado pela Comissão Brundtland no final da década de 1990.

( ) A Comissão Brundtland conceitua o desenvolvimento sustentável no relatório *Nosso futuro comum* como "aquele que atende às necessidades da geração do presente, sem comprometer a possibilidade de as gerações futuras atenderem as suas próprias necessidades" (CMMAD, 2011, p. 48).

Agora, assinale a alternativa que apresenta a sequência correta:

A V, V, V, V.
B F, V, V, V.
C F, F, V, V.
D V, F, F, V.
E V, V, F, V.

5. No que se refere ao panorama geral apresentado sobre os impactos das mudanças climáticas (MCs) no Brasil, pode-se afirmar que:

A eventos extremos provocados por MCs, como tempestades, ciclones, inundações e ondas de calor, causam sérios prejuízos socioeconômicos. Além disso, a esses eventos somam-se os efeitos acentuados dos extremos climáticos na última década – por exemplo, foram registradas secas recordes na Amazônia em 2005, 2010 e 2015, e o pior ciclo de chuvas no Nordeste ocorreu entre 2012 e 2017.

B a intensificação das MCs tem sido atrelada a sérias perdas socioeconômicas e à diminuição da frequência de eventos extremos, visto que reduziu o número de acidentes e mortes ligados a esses eventos. Isso resultou em uma economia de 6,4 bilhões de reais por ano e na proteção de milhares de vidas apenas no Brasil.

C outros países estão em situações mais delicadas que o Brasil no que se refere à vulnerabilidade às mudanças. O país ocupou o 18º lugar entre os países com maiores perdas diretas concernentes a eventos extremos (com perdas anuais de 6,4 bilhões de reais por ano, além das mortes) e ainda conta com segurança hídrica, sendo a nação com maior quantidade de água doce do mundo.

D as secas implicam prejuízos indiretos e pontuais à saúde, ao abastecimento de água e à agricultura no Brasil. Essas ameaças não são consideradas sérias, uma vez que somos o país com maior quantidade de água doce do mundo, além de promovermos políticas apropriadas, como a de saneamento básico, com tratamento de esgoto amplo e adequado em todas as regiões.

E o Brasil dispõe de política específica sobre as MCs. Além disso, é signatário do Pacto de Paris, no qual se comprometeu a incentivar o desmatamento, as queimadas e a queima de combustíveis fósseis para elevar a temperatura para além de 1,5 °C em relação aos níveis pré-industriais.

Atividades de aprendizagem

Questões para reflexão

1. Considerando seus estudos e experiências práticas, conceitue *ambiente*. Em seguida, compare sua concepção inicial com a discutida no capítulo.
2. A educação ambiental (EA) tem sido colocada em prática de maneira ampla? Quais são as principais dificuldades para implementá-la no ensino regular?

3. Quais princípios éticos e morais devem orientar as práticas cidadãs integradas à questão ambiental?
4. Podemos falar em avanços das sociedades e da cultura humana diante da perda da biodiversidade e do cenário preocupante de mudanças do clima?

Atividades aplicadas: prática

1. Examine a biografia de Thomas Henry Huxley e sintetize suas contribuições para as ciências. Elabore um relatório com as informações encontradas e insira informações adicionais sobre os arcabouços teóricos identificados.
2. Entreviste algum profissional que atue na área de educação ambiental (EA) em sua comunidade e verifique se há arcabouços teóricos claros que fundamentam sua prática.
3. Escolha um grupo social ou comunidade identitária – religiosa, cultural, geográfica (da rua, da vila ou do bairro) etc. – para propor uma ação de educação ambiental (EA). Depois, responda às seguintes questões:

    A) O que motivou sua escolha?
    B) Quais são as características desse grupo?
    C) Quais são suas principais potencialidades e os maiores problemas socioambientais?
    D) Qual seria o tema principal de sua ação diante do contexto socioecológico identificado?
    E) Quais são os objetivos preliminares, as motivações e as justificativas existentes?

    Em seguida, levante todas as necessidades de infraestrutura, logística e material. Avalie se é possível realizar a ação sem aporte financeiro e busque soluções/meios para reduzir ou substituir itens onerosos. Dê preferência aos itens e meios disponíveis gratuita ou voluntariamente, no caso de não existirem fontes de financiamento a curto prazo. Por fim, implemente, registre e relate a ação proposta.

4. Avalie os efeitos da ação de educação ambiental (EA) proposta na atividade anterior. Investigue elementos subjetivos de fundo e os valores éticos e morais que consolidam atitudes e comportamentos em prol de maior responsabilidade socioambiental e cidadania individual, aspectos que devem refletir no nível comunitário.

5. Faça uma entrevista com o grupo social ou comunidade identitária escolhido na atividade anterior.

    - Elabore questões curtas, a fim de realizar um diagnóstico sobre consumo.
    - Elabore perguntas direcionando o tema e os objetivos preliminares. Por exemplo, se o tema fosse consumismo exagerado, seria possível analisar: Como as pessoas percebem suas escolhas de consumo no que tange ao respeito ao meio ambiente e à dignidade humana? São escolhas que apresentam alguma dimensão favorável à sustentabilidade? Quais fatores pesam mais para os entrevistados efetivarem suas escolhas?
    - Antes de formular as perguntas a serem feitas, recomendamos que estude os métodos comumente aplicados em pesquisas sociais, a fim de obter instruções para a correta conduta em campo. Logo após, escolha e elabore questionamentos conforme os objetivos da pesquisa.

Saber elaborar perguntas (como e onde fazê-las) exige uma grande habilidade e competência para que informações ricas e desejadas na pesquisa possam ser acessadas com a menor influência possível do entrevistador. Questionários e entrevistas ainda contam com uma diversidade de formatos e estilos.

No que concerne à realização de entrevistas, Gil (2008) descreve quatro níveis principais de estruturação: informal, focalizado, por pautas e estruturado. A adoção de determinada estrutura ou de uma estrutura mista dependerá do objetivo da pesquisa, que se articula ao tipo de dado que se deseja coletar e ao modo como ele será organizado.

6. Investigue uma cidade reconhecida nacionalmente e outra reconhecida internacionalmente por sua gestão e pelas ações exemplares de desenvolvimento sustentável. Em seguida, explique quais são as principais ações de educação ambiental (EA) promovidas nessas cidades e se elas são empregadas como estratégias de desenvolvimento sustentável.

CAPÍTULO 6

PROJETOS DE EDUCAÇÃO AMBIENTAL (EA)

Não basta saber, deve-se também aplicar; não é suficiente querer, deve-se também fazer.

Johann Wolfgang von Goethe

Ninguém nasce sabendo escrever e implementar projetos. Há pessoas com habilidades e facilidade para a escrita; outras para comunicar verbalmente e envolver participantes da comunidade; outras para articular setores; outras para angariar fundos e obter financiamento; outras para criar uma atmosfera de afetividade e respeito, seja com a arte, seja com a culinária; outras para manter a organização, a limpeza e a beleza dos locais de convívio coletivo etc.

Como é possível perceber, as pessoas exercem papéis que se complementam, e todos os saberes e fazeres individuais se somam em uma sinergia coletiva única (que é muito mais que a soma das partes). Essa sinergia desponta como um exclusivo e interdependente "timbrar de vozes" em um coral, em que cada voz se converte em parte fundamental de algo que emerge de maneira única no todo. É esse elo coletivo que torna as ações efetivas e possíveis na sociedade. Quando ideias e projetos são canalizados em uma só pessoa, por mais habilidosa que ela seja, todo o trabalho fica difícil, correndo o risco de ser perdido ou interrompido por forças internas ou externas.

A diversidade de pessoas permite o desenvolvimento da inovação e do encontro de diferentes habilidades para a concretização de um objetivo comum, que potencializa a transformação no sentido para o qual a educação ambiental (EA) aponta, ou seja, para a integração das pessoas com a natureza e o meio ambiente, começando no nível individual e escalonando até o global. Uma elaboração hábil começa já na fase de concepção de um projeto, no mundo das ideias iniciais. A EA transformadora sensibiliza com relação aos mais diversos temas, integrando racionalidade e informação técnica e científica com outros sistemas de conhecimento, os quais, por vezes, estão mais ligados a dimensões afetivas, estéticas e formativas, que permeiam as relações das pessoas com a natureza. A integração de dimensões, com olhar atento àquelas mais periféricas e julgadas como de menor valor, torna-se foco de projetos comprometidos com a sociobiodiversidade, que ainda precisa ser mais bem inserida na EA no Brasil.

Tendo isso em vista, neste capítulo, relacionaremos os projetos de EA com o ensino e a pesquisa, indicando as habilidades necessárias para o processo de planejamento, elaboração e execução de ações práticas inovadoras.

A abordagem enfatizada neste capítulo é a da **construção coletiva de projetos de EA**. As agências financiadoras, em grande parte, já internalizaram princípios e objetivos básicos da EA. Por isso, avaliam a coerência das propostas e o alinhamento aos seguintes elementos: marcos e documentos históricos da institucionalização nacional e internacional da EA; cidadania e participação de todos os atores e setores sociais envolvidos; sustentabilidade para a melhoria das condições das presentes e futuras gerações; interdisciplinaridade ou transdisciplinaridade para uma compreensão integrada da realidade socioambiental em diversos aspectos (biológicos, físicos, sociais, econômicos e culturais); continuidade a partir da consolidação e incorporação das ações para a qualidade do meio ambiente e a conservação; efetividade com explícita referência ao que será conquistado com a realização da intervenção de EA; e regionalidade, considerando-se as particularidades ambientais e os atores e organizações locais e regionais, inclusive pelo necessário respeito às comunidades nas quais, de fato, se sente e se aplica qualquer projeto prático.

A concepção de Sato, Gauthier e Parigipe (2005, p. 106, grifo nosso) reforça esses direcionamentos:

> A EA deve se configurar como uma luta política, compreendida em seu nível mais poderoso de transformação: aquela que se revela em uma disputa de posições e proposições sobre o destino das sociedades, dos territórios e das desterritorializações; que acredita que **mais do que conhecimento técnico-científico, o saber popular igualmente consegue proporcionar caminhos de participação para a sustentabilidade através da transição democrática.**

Apesar das conquistas do Estado democrático de direito desde o final do século XX, que reconhecem e impulsionam a participação cidadã e das organizações sociais, vemos a intensificação da perda de direitos sociais e ambientais e dos espaços de diálogo e ação coletiva nas comunidades nos últimos anos. Atualmente, estudantes e agentes da educação e do meio ambiente enfrentam, e devem enfrentar pelos próximos anos, maiores desafios do que aqueles vividos durante as ditaduras latino-americanas e no início da institucionalização das democracias. A criação e a legitimação dos espaços comunitários e democráticos advêm dos esforços e da conscientização contínuos da ampla população, que pode optar nas urnas por representantes que abram, de fato, caminhos à participação e à sustentabilidade.

6.1 Diagnóstico socioambiental

Não há como interferir em um contexto socioambiental sem um conhecimento prévio das condições, da potencialidade, das limitações e das problemáticas do local ou da região em foco. Para ações comprometidas de EA, torna-se básico diagnosticar a realidade local para o desenvolvimento e a implementação de um projeto de EA.

Nesta seção, apresentaremos algumas possibilidades e instrumentos disponíveis para um diagnóstico abrangente e, ao mesmo tempo, refinado para atender às questões locais de determinada região, apontando as especificidades do sistema socioecológico (SSE) que sofrerá intervenção educativa. Para um diagnóstico mais participativo, sugerimos a execução das fases descritas a seguir, capazes de fornecer dados empíricos de fontes primárias e secundárias.

Fase zero – Observação em campo e levantamento de informações secundárias

Nesta fase, o agente executor deve levantar e organizar referências de fontes diversas em sua biblioteca digital e/ou pasta de arquivos e documento, indicando as potencialidades, o ordenamento territorial/zoneamento e os principais problemas socioambientais relacionados às comunidades e à localização em foco. É importante identificar, de forma abrangente, possíveis influências externas ou de macronível (mercado e agentes privados, regionais, estaduais, nacionais e internacionais). Essa escolha geralmente já abarca percepções próprias acerca do papel e da vivência do agente que pertence a essa comunidade e/ou localidade em que convive.

Fase 1 – Delineamento do escopo da ação

Padrões definidos por frequência ou grau de impacto emergirão das pesquisas iniciais da fase zero. Embora esta ainda seja uma etapa de concepção do projeto, já requer um direcionamento mínimo, com objetivos gerais e temas preliminares já definidos.

Fase 2 – Elaboração de atividades investigativas com a comunidade e as localidades potencialmente envolvidas

O escopo pretendido deve ser investigado em campo para que se compreendam a adesão, as percepções e as expectativas da comunidade. É preciso muito cuidado com o agente executor – caso seja independente, não deve ser confundido com o Poder Público. Recomenda-se o estudo prévio de métodos de pesquisa das ciências humanas e metodologias participativas para a elaboração e a condução de entrevistas formais e informais, questionários e grupos focais. Registros fotográficos indiretos da paisagem podem ser utilizados, atentando-se ao máximo ao direito de imagem e à exposição de pessoas – qualquer conflito ou suspeita por parte da comunidade precisa ser prevenido nesta fase, em especial pelo ganho de confiança.

 Importante!

A obtenção de dados envolvendo pessoas com a finalidade de pesquisa social, de qualquer área, seja pela aplicação de questionários, seja pela tomada de fotos ou vídeos, requer obrigatoriamente que o projeto seja submetido ao Comitê de Ética em Pesquisa (CEP) e à Comissão Nacional de Ética em Pesquisa (Conep) para receber aprovação, conforme regulamentado no Brasil pela Resolução n. 466, de 12 de dezembro de 2012 (Brasil, 2013a). Por isso, é fundamental planejar as ações e elaborar os questionários considerando-se o tempo necessário para a submissão e a aprovação do projeto.

Ao ser aprovado, é emitido um número do CEP, o Certificado de Apresentação de Apreciação Ética – CAAE (número do registro/protocolo na Plataforma Brasil), o qual deve constar nos documentos da pesquisa e no Termo de Consentimento Livre e Esclarecido (TCLE), que todos os participantes da pesquisa devem assinar – cada um deve ficar com uma cópia assinada pelo(a) pesquisador(a) responsável.

Fase 3 – Reflexão crítica e fechamento do diagnóstico socioambiental

Redige-se um material com os dados levantados e articulados para as temáticas destacadas na fase 2 e avaliadas como demanda em aberto e necessária à comunidade-foco. Esse registro pode ser construído no formato de relatório, como apresentação ou como uma combinação de ambos, a fim de que os dados sejam comunicados e disponibilizados para todos os envolvidos.

É importante que o pesquisador não se perca no meio de tantas possibilidades e informações. Por isso, deve manter a **clareza de intenção**. Uma dica é sempre retornar ao objetivo preliminar, com o intuito de que seja possível ajustar e articular as ações para um trabalho coletivo que atinja um objetivo maior e comum.

Dependendo do projeto, deve-se considerar já no diagnóstico o levantamento das informações disponíveis referentes aos itens indicados a seguir.

Análises geoespaciais existentes

Caso não se encontrem facilmente informações territoriais, deve-se visualizar e utilizar imagens do Google Earth, que dispõe de imagens de satélite em séries temporais (para compreender a dinâmica de uso e ocupação territorial). Conforme o caso, é relevante coletar todo o material que for possível sobre cartografia.

Os processos que envolvem **cartografia social** servem para entender o uso e a ocupação das áreas, bem como as transformações das paisagens em níveis variados da escala de tempo, por vezes sem registros em bases cartográficas oficiais ou de qualidade. Recursos complementares para produzir imagens de síntese com qualidade sobre o espaço geográfico podem ser úteis, como *softwares* disponíveis no mercado (QGis, AutoCAD, CorelDRAW etc.).

Cartografia social

Atualmente, a cartografia social "é vista como uma nova ferramenta utilizada no planejamento e na transformação social, sendo fundamentada na investigação-ação-participativa e desenvolvimento local. Os grupos sociais são os autores dos mapas, todo o processo de representação e construção de conhecimentos territoriais e feito em coletividade" (Costa et al., 2016, p. 73).

Análise de potenciais parceiros
Serve, por exemplo, para projetos que trabalham na vertente de adequação ambiental envolvendo áreas privadas, visto que, nesse caso, é importante articular com profissionais da gestão (ou do setor público, não governamental ou privado) o acesso a bancos de dados públicos e analisar o zoneamento e as leis incidentes sobre o território e o meio ambiente em foco para entender o que favorece e o que impede as proteções já formalizadas ou intencionadas.

Dessa maneira, pode-se também compreender melhor quem serão as pessoas e comunidades afetadas e/ou envolvidas direta e indiretamente no projeto. Aliás, sugerimos que você, leitor, evite usar o termo *público-alvo*, apesar de seu emprego ainda estar em voga. Isso porque você já entendeu, a esta altura, que as melhores ações de EA são feitas de maneira integrada com as pessoas envolvidas.

Análises socioeconômicas atualizadas
Deve-se buscar informações recentes e evitar reproduzir informações de relatórios secundários sem consultar as fontes originais de pesquisa. É possível surpreender-se ao verificar avanços (ou retrocessos) com base em pesquisas mais recentes, o que pode fazer grande diferença e trazer inovações para o projeto.

Análises da área da saúde pública
Deve-se verificar a existência de informações diretas e indiretas sobre endemias ou doenças relacionadas à falta de saneamento básico, a riscos e exposições a poluentes e a contaminantes difusos e concentrados. É preciso considerar também a obtenção de informações gerais sobre qualidade de vida e saúde psicológica

da população da região. Dados sobre a organização geopolítica local e sobre as ações prévias que resultaram em prevenção efetiva também podem ser úteis.

Análise de percepções e expectativas dos atores envolvidos
A ênfase no panorama geral referente, por exemplo, à qualidade de vida dos envolvidos, ao seu bem-estar e aos riscos percebidos se relaciona totalmente com os temas e o objetivo que se deseja construir coletivamente no projeto de EA, em formatos participativos.

6.2 Roteiro para a elaboração de um projeto de EA

Tendo em vista o que apresentamos sobre diagnóstico ambiental e material compilado preliminarmente, seguindo as instruções e recomendações deste e dos próximos roteiros, você aprenderá a organizar um projeto de EA para os mais diferentes ambientes: uma escola ou universidade, uma comunidade, uma empresa, uma unidade de conservação (UC) etc. A dedicação e as etapas devem ser pensadas para todos os espaços, com os ajustes necessários, considerando-se as exigências de cada conjuntura. A elaboração de um projeto também passa por fases, agrupadas didaticamente a seguir.

Fases do projeto

a. **Pré-projeto**: compreende o diagnóstico socioambiental e a construção participativa da proposta de intervenção; deve ser tratado previamente.

b. **Elaboração e escrita do projeto**: há uma estrutura comum, uma base convencional (descrita a seguir) para a formulação de projetos, necessária principalmente quando o objetivo da escrita é a obtenção de financiamento.
c. **Implementação e avaliações periódicas**: conforme o alinhamento e a articulação definidos no projeto, busca-se seguir o cronograma e responder a fatores para adaptar aspectos observados durante o percurso e as dinâmicas próprias da execução de atividades práticas.
d. **Finalização e avaliação final**: envolve avaliações coletivas e registros das atividades para a conclusão da intervenção direta – resultado de indicadores em monitoramento, entrega de relatórios finais e reforço de responsabilidades e esclarecimentos, especialmente no caso de continuidade das ações diretas e autônomas na comunidade e/ou com outros agentes públicos e/ou privados.
e. **Diagnóstico posterior**: avaliação da equipe executora, dos parceiros e apoiadores, das publicações e da divulgação da iniciativa efetivada.

É importante estruturar previamente um roteiro que servirá como a "coluna vertebral" da redação do projeto. Este funcionará como um *outline* ou um guia para orientar a escrita, garantindo a cadência de ideias, a manutenção do raciocínio lógico e a articulação dos conteúdos – objetivos, motivações e justificativas. Sem o roteiro, o projeto, ou qualquer escrita que venha a ser feita, corre o risco de ficar "sem pé nem cabeça", sem estrutura.

A seguir, apresentamos uma estrutura clássica de roteiro para projeto.

Estrutura geral para a elaboração e escrita de projetos de EA

- **Dados do projeto**: título, capa, equipe, organização, ano.
- **Apresentação geral da equipe e da estrutura organizacional**: pode conter brevemente experiências prévias e intervenção pretendida (projeto).
- **Introdução**: contextualiza, de maneira sucinta, o cenário e as problemáticas socioambientais aos quais o projeto se endereça ("Em que cenário está inserido o problema?").
- **Justificativa**: apresenta as contribuições da intervenção articulando-as ao cenário institucional, ecológico, ambiental, político e sociocultural ("Por que e para que executar o projeto?").
- **Objetivos**: explicitam diretamente as finalidades gerais e específicas do projeto ("O que se pretende fazer?").
- **Público-alvo e duração**: são definidos de maneira precisa. Descrições mais detalhadas sobre os grupos afetados diretamente pelo projeto são importantes para o reconhecimento e o diagnóstico prévios, idealmente construídos participativamente ("Quem são os beneficiários do projeto? E por quanto tempo?"). Apêndices da etapa de diagnósticos prévios enriquecem a proposta e fazem a diferença para os fomentadores e financiadores.
- **Metodologia**: é composta pelas atividades, pelos recursos e pelos referenciais teóricos que justificam as ações. Aqui são detalhadas todas as ações, em um plano de trabalho cronologicamente organizado, e os materiais que serão desenvolvidos e/ou utilizados pelo ou no projeto ("O que, como e por que será feito?"). Todas as ações, atividades e tarefas, bem

como os respectivos responsáveis, devem ser listadas, inclusive o monitoramento e as avaliações em que se utilizam indicadores coletivamente construídos pelos participantes ou pertencentes a um arcabouço de referência. Todas as atividades devem ser tangíveis na duração e de acordo com os recursos disponíveis e/ou solicitados. Os limites de tempo das atividades alinham-se ao cronograma das etapas e do projeto como um todo, considerando-se as funções da gestão (administrativas, de monitoramento, financeiras etc.).

- **Metas**: são diretamente articuladas aos objetivos gerais e específicos e são expressas por parâmetros quantitativos e/ou qualitativos sobre o cumprimento do projeto como um todo ou em suas partes. Os tipos de indicadores são definidos e empregados conforme o projeto, embora todos utilizem critérios de desempenho em determinado prazo e/ou por etapa. Todas as metas devem ser temporais, específicas, factíveis e alcançáveis ("Aonde se pretende chegar?") – trata-se das famosas metas Smart (*specific, measurable, achievable, relevant, time bound*; em português, específicas, mensuráveis, atingíveis, relevantes e temporais).
- **Equipe técnica**: conta com a listagem dos profissionais e das organizações executoras e parceiras. Sinopses descritivas dos envolvidos e as respectivas competências e responsabilidades no projeto podem ser apresentadas ("Quem realiza e quais são suas competências?").
- **Cronogramas e planilha orçamentária**: devem incluir também as ações de monitoramento e avaliação interna e externa, ainda que em um período previsto/não definido, favorecendo, no mínimo, um planejamento para a execução em tempo das avaliações ("Como andará e quanto custará?").
- **Bibliografia**: "Quais referências foram utilizadas?".

Fonte: Elaborado com base em São Paulo, 2010.

Se seu objetivo é escrever um projeto para obter financiamento, você deve se familiarizar com os editais e estude os formatos e tipos de ação previamente apoiados pela agência financiadora em questão, seja ela internacional, seja ela local. Em qualquer situação, é fundamental conhecer os valores e os propósitos dos financiadores, ainda que seu projeto pareça perfeito. Conhecer seu futuro apoiador é importante para que ele, de fato, venha a apoiar suas ações em EA, mantendo idealmente o interesse a longo prazo.

6.3 Elaboração de recursos didáticos para a EA

A forma de elaborar diferentes recursos didáticos para um projeto de EA (manuais, cartilhas, mídias, dinâmicas de grupo, atividades de sensibilização) dependerá de cada um dos projetos e dos respectivos objetivos, do público envolvido e das condições (físicas, financeiras, tipo de capacitação e habilidades pessoais e profissionais da equipe e de todos os envolvidos).

A efetividade de cada formato dependerá das circunstâncias e do desenvolvimento do próprio projeto. O ponto mais importante, nesse sentido, é que os recursos e estratégias de EA devem estar alinhados aos objetivos e às expectativas prenunciados no projeto, que já foi alinhado aos participantes e às circunstâncias ambientais. Também é necessário identificar que há muita informação disponível para a produção dos mais diversos recursos, estratégias e formatos de EA. É possível contar com uma rede de profissionais para discutir e compreender a efetividade do projeto, conforme o contexto socioecológico da intervenção que se pretende desenvolver ou melhorar.

Nesta seção, mostraremos que não há uma técnica e/ou um recurso exclusivo que abranja todas as peculiaridades que podem aparecer em um projeto de EA. Na maioria das vezes, é preciso um misto de recursos e estratégias regado a muita criatividade e atenção. É válido destacar que, para a efetividade da ação, não é interessante que esses recursos sejam desenvolvidos apenas pelo pesquisador, muito menos de modo centralizado.

Devem ser consideradas algumas condições para a elaboração do projeto: o que precisará ser solicitado; quais talentos estão disponíveis na equipe e no local e como despertá-los; como utilizá-los da melhor maneira possível; quais recursos são de interesse dos participantes; quais recursos são mais adequados para as atividades pretendidas etc. Dessa maneira, será possível compreender quais são os recursos mais apropriados e desejados pelos participantes já nas fases preliminares, ainda no pré-projeto, durante os diagnósticos.

Obviamente os recursos e as estratégias a serem empregados precisarão ser pensados para cada tipo de atividade que se almeja, tendo em vista os fins determinados para o projeto. Utilize sua imaginação para tentar vislumbrar se o recurso é apropriado para a atividade, e vice-versa. Crie um cenário fictício de antecipação das condições que já conheça a fim de saber se é minimamente adequado.

Experiência da autora

Considere os dois casos a seguir:

- Entregar binóculos para duplas de alunos dos anos finais do ensino fundamental (adolescentes) observarem aves, guiados por um ornitólogo. A atividade pode ser realizada em uma manhã de verão, a partir das 10 horas, em um parque com estrutura de academia ao ar livre.
- Convocar professores do ensino fundamental para uma palestra sobre o poder da EA na sensibilização de jovens que querem deixar um legado, ministrada por um biólogo especialista em ações escolares. A palestra tratará da sensibilização promovida por ele nas oficinas de confecção de papéis reciclados e pode ocorrer no período da tarde, depois de os professores terem dado as aulas da manhã.

Nos dois casos ilustrados, não há problemas de estrutura e capacitação para o desempenho das atividades pretendidas. No entanto, as atividades foram efetivas? As perguntas feitas basearam-se em casos que observei na prática. Não funcionaram, em minha avaliação, considerando-se o pouco engajamento das pessoas com as atividades realizadas e as críticas que tanto participantes quanto palestrantes apresentaram. Aos poucos, os alunos, no primeiro caso, e os professores, no segundo, foram se distanciando (física e/ou mentalmente) das atividades em vez de a participação aumentar.

Os recursos podem ser ótimos, mas o planejamento e a antecipação das condições que poderão prejudicar o engajamento das pessoas tornam-se, por vezes, mais importantes.

Conforme é possível perceber, o educador precisa reconhecer o limite dos recursos, ferramentas e instrumentos existentes, bem como buscar desenvolver novidades na EA, seja com novos recursos, seja com a antecipação de eventuais falhas.

Há alguns recursos comumente empregados na EA que podem facilitar e abrir um novo espectro de oportunidades de atuação, de acordo com seus interesses e suas possibilidades. A seguir, apresentaremos alguns exemplos para que você, leitor, possa se inspirar e aprender com eles.

Tópicos sobre recursos e estratégias comuns em EA

- **Produção textual gráfica, digital ou impressa, que inclui:**
  - relatórios, dissertações e teses;
  - jornais, revistas, periódicos e boletins;
  - *posts* educativos e científicos;
  - página na internet, *fanzines* e *blogs*;
  - matérias digitais para grupos de discussão ou redes de afinidade;
  - cartazes, panfletos, painéis, murais etc. – nesse caso, deve-se planejar também os métodos de difusão/distribuição e definir aspectos técnicos, como formato e tiragem;
  - livros, livretos, cartilhas, manuais, atlas, apostilas etc.

  Exemplos:

  ALIANÇA PELA ÁGUA. **Água**: manual de sobrevivência para a crise. [S.l.], 2015. Disponível em: <https://www.aliancapelaagua.com.br/wp-content/uploads/2016/10/Manual-de-Sobrevivencia-para-a-Crise.pdf>. Acesso em: 13 abr. 2021.

Trata-se de um manual produzido e distribuído pela Aliança pela Água durante a crise hídrica paulista de 2015.

AMAVI – Associação dos Municípios do Alto Vale do Itajaí. **Adequação ambiental da propriedade rural.** Disponível em: <https://apremavi.org.br/wp-content/uploads/2018/03/cartilha-adequacao-propriedade-rural.pdf>. Acesso em: 13 abr. 2021.
Trata-se de uma cartilha para produtores sobre adequação ambiental em propriedades rurais.

- **Vídeos, programas, *spots* de rádio, jogos digitais, *podcasts* e outras mídias da educomunicação:**
  - Programa *Salto para o Futuro*, da TV Escola (canal do Ministério da Educação – MEC).
  - Programa de Revitalização de Nascentes da Prefeitura Municipal de São José dos Campos/SP.
  - Iniciativa Pensando ao Contrário, da bióloga e *youtuber* Camila Victorino.

- **Aplicativos de monitoramento, de denúncia e para formação de redes:**
  - Cataki: serviço *on-line* para a coleta de materiais recicláveis.
  - Moda Livre: aplicativo que, desde 2013, disponibiliza informações sobre marcas de roupas que utilizam mão de obra análoga à escravidão.

- Polen: rede de lojas de produtos alternativos para consumo sustentável (conta com aplicativo).
- Aplicativos para o mapeamento de plantas alimentícias não convencionais nas cidades, como jaqueiras.
- Aplicativos de agências e pontos de ecoturismo sustentável.

- **Produções artísticas**:
  - teatro/dramatização;
  - artes plásticas, como o trabalho com modelos humanos de Eduardo Srur sobre a poluição dos rios na capital de São Paulo, apresentado na VII Virada Sustentável, e as famosas representações de Vik Muniz com a visão extraordinária do "lixo";
  - artes visuais, como a exposição *Campos invisíveis*, do artista Daniel Caballero;
  - literatura;
  - artes performáticas/musicais, como o Sarau Musical da Semana Nacional de Ciência e Tecnologia, organizado pelo Centro Nacional de Monitoramento e Alertas de Desastres Naturais (Cemaden), pelo Instituto Nacional de Pesquisas Espaciais (Inpe) e pela Universidade Estadual de São Paulo (Unesp);
  - fotografia;
  - artes gráficas, como o trabalho do grafiteiro Mundano, que destaca a importância dos catadores nas cidades por meio do projeto Pimp My Carroça;
  - *flashmobs*.

Figura 6.1 – Manifestações artísticas em homenagem ao Dia da Terra (22 de Abril)

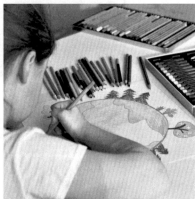

- **Atividades de campo**:
  - estudo do meio;
  - imersões e vivências;
  - itinerário ambiental;
  - leitura da paisagem;
  - trilhas e acampamentos temáticos;
  - visitas a organizações e exposições;
  - visitas técnicas.

- **Formações e eventos**:
  - ciclo de palestras e debates;
  - cursos, oficinas de treinamento, *workshops* e capacitação;
  - conferências, congressos e seminários;
  - encontros, rodas de conversa, feiras, saraus, festas e festivais;
  - datas comemorativas, como o Dia da Árvore.

Figura 6.2 – Eventos sobre sustentabilidade

Nota: (A) Evento do Dia da Terra (2013): demonstração de apoio à proteção ambiental em Montreal, Canadá; (B) Exposição de pequenas casas no Festival Anual de Proteção Ambiental, realizado no Fair Park, em Dallas (Texas), em 26 de abril de 2019.

- **Campanhas, mutirões, pontos de coleta, manifestos socioculturais e políticos e exposições coletivas:**
    - mutirões de limpeza, como catação de lixo nas praias;
    - movimento estudantil de extensão para a restauração e a gestão comunitária de áreas de proteção;
    - mutirões de plantio de árvores, instalação de hortas comunitárias, bioconstrução, projetos de agroecologia, entre outros;

- pontos de entrega e coleta de reciclagem (pilhas, lâmpadas, baterias, medicamentos, óleo de cozinha, solventes, produtos automobilísticos etc.);
- participação em eventos, passeatas e greves, como o Friday for Future;
- exposição em ruas, galerias, feiras de ciências etc.

Figura 6.3 – Exemplos de mutirões para restauração do meio ambiente

Nota: (A) Mutirão de limpeza na Ilha de Bali (Indonésia); (B) Voluntários em campanha para a restauração do mangue em Gelang Patah (Malásia).

- **Jogos e atividades lúdicas**:
  - jogos didático-pedagógicos de mesa, como tabuleiros e cartas;
  - jogos digitais, como o aplicativo gratuito SOS Mata Atlântica – O Jogo;

- jogos sensoriais e atividades de descoberta;
- clubinhos;
- dinâmicas ativas, como caça ao tesouro, esportes temáticos adaptados, campeonatos e danças tribais;
- oficinas, como confecção de artesanatos, reciclagem de papel, produção de sabonete artesanal de óleo usado e cinzas, compostagem e culinária ambiental;
- maquetes e condução de experimentos e análises ambientais, como simulações envolvendo, por exemplo, construção de maquetes didáticas; estudo de caso para a análise de sistemas ambientais; estudo de fenômenos; e atividade de pesquisa hipotético-dedutiva.

Figura 6.4 – Exemplos de experimentos

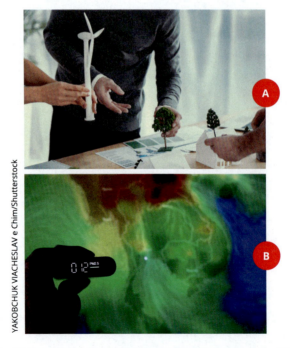

Nota: (A) Construção de maquetes para energias renováveis; (B) Medição de partículas na atmosfera e projeções sobre a qualidade do ar.

Preste atenção!

Não utilize materiais poluentes e contaminantes em seus experimentos, como EVA, isopor e crepom. Busque alternativas menos impactantes. Dê preferência a produtos, fibras e resinas naturais ou reutilizados na construção de maquetes e outros modelos.

- **Atividades de ciência cidadã e pesquisa-ação:**
  - monitoramento participativo;
  - projeto de conservação/gestão;
  - estudos de casos – análise de situação-problema e resolução de problemas associada a um projeto.

- **Capacitações para formadores em EA:**
  - formações específicas para professores do ensino básico;
  - cursos de extensão de instituições públicas e privadas de ensino técnico e superior;
  - disciplinas obrigatórias e eletivas da grade curricular do ensino superior;
  - formações nas organizações sociais e comunitárias com agentes locais e/ou externos.

Proposta de participação-ação para a construção do conhecimento (Propacc)

A metodologia Propacc pode ser empregada na realização de diagnósticos, na definição de estratégias de ação e na incorporação de visões atualizadas das questões ambientais na comunidade. Além disso, favorece a formação de professores no que tange à inclusão de temas transversais no currículo de ensino formal, como o meio ambiente.

Educologia ou educação ambiental ativa

Essa vertente enfatiza práticas e dinâmicas alternativas ao ensino formal em ambiente escolar e comunitário para o real envolvimento, motivação e compreensão dos alunos ou da população local, com vistas à cogestão ou gestão compartilhada, com divisão das responsabilidades entre todos (Magnólio, 2003).

- **Banco de dados**:
  - centros de referência;
  - bibliotecas;
  - videotecas;
  - mapotecas;
  - hemerotecas;
  - cedetecas.

- **Rede de trocas (banco de materiais e de conhecimento)**:
  - pontos municipais de entrega voluntária;
  - escolas para reuso de materiais na comunidade – sementes, roupas, livros, "feiras do rolo" etc.

- **Movimentos e ações populares**:
  - protestos e abaixo-assinados;
  - coletivos para horta comunitária e arborização urbana;
  - mobilidade urbana, como movimento pelas bicicletas na cidade;
  - ampliação das áreas verdes;
  - *flashmobs*, manifestos, greves, paralisações, intervenções pacíficas etc., como o Projeto Colhendo Sustentabilidade, realizado em Embu/SP (nível nacional), e a Greve Global pelo Clima – Friday for Future (nível internacional).

Figura 6.5 – Protestos dos estudantes no Friday for Future em Estocolmo, na Suécia, em maio de 2019, liderados pela jovem ativista ambiental Greta Thunberg

- **Guia ou código de comportamentos**:
  - auditoria ambiental;
  - certificações empresariais ou participativas.

- **Empreendimentos e vendas de produtos e serviços sustentáveis**:
  - feiras, exposições, lojas físicas e/ou virtuais para produtos orgânicos, livres de sofrimento humano e animal, sem transgênicos e de base comunitária, como a Feira do Produtor, promovida em distritos rurais.

Os recursos mencionados não são excludentes entre si, visto que apresentam pontos de contato e podem ser articulados de modo a ampliar ainda mais as possibilidades para desenvolver, de maneira adaptada e coerente, o contexto socioecológico e os objetivos em questão.

6.4 Desenvolvendo um projeto de EA

Para aprender a desenvolver um projeto de EA, é necessário prática. Não há segredo para começar: escolha um modelo de projeto, analise-o em detalhes e rascunhe uma proposta de EA para um problema que você tenha identificado, por exemplo, em sua região – algo que também tenha sido percebido por outras pessoas de sua comunidade (lembre-se: você também é um cidadão, agente direto da comunidade capaz de transformá-la).

Conforme indicamos anteriormente, o projeto deve conter um plano de trabalho, com tarefas em ordenamento temporal e os respectivos responsáveis, como detalhado no cronograma. Esses itens são fundamentais e não podem ser idealizados de forma impraticável ou inatingível, cabendo, por isso, reforçar que todos os objetivos gerais e específicos precisam ser tangíveis e investigados por indicadores quantitativos ou qualitativos.

Para iniciar, de fato, a ação educativa, certifique-se de que as condições de infraestrutura estão em ordem, como planejado. Já na implementação, as ações de monitoramento são iniciadas, de modo a garantir a condução do projeto no escopo e para o cumprimento de seus objetivos. Essas ações também estão inclusas no plano de trabalho para verificar as ações educativas em si e ajustá-las no sentido de resolver e corrigir imprevistos, conflitos e problemas que possam emergir na implementação.

A condução do projeto nunca ocorre exatamente como se planejou ou se desejou. Por isso, um "olhar adaptativo" deve ser estimulado desde o início, podendo, até mesmo, ser adotado como princípio para os trabalhos de todos os participantes. A perspectiva de ajustar, de ser responsivo às mudanças e aos *feedbacks* permite um pleno desenvolvimento da proposta de EA. Não há fracasso nem desvios: tudo é uma aprendizagem, e corrigir erros também alicerça e viabiliza avanços. Certamente, isso não o isenta de cumprir com o andamento necessário, de realizar as melhores práticas e ter o maior comprometimento possível com relação a todos os envolvidos.

Por fim, lembre-se de prevenir o surgimento de problemas e o desvio dos objetivos gerais e específicos propostos originalmente. Avaliações internas e externas se seguirão para afirmar a efetividade das ações no sentido almejado, como veremos na próxima seção.

6.5 Avaliando projetos de EA

As avaliações ocorrem periodicamente ao longo de todo o projeto e, como visto, também devem constar no plano de trabalho. Nesta seção, apresentamos, de modo geral, esse processo e alguns instrumentos empregados na área para avaliar os impactos do desenvolvimento de um projeto de EA.

A avaliação de um projeto passa pela verificação dos objetivos e das metas específicas, ainda no decorrer da intervenção, a fim de conferir se o andamento das ações corresponde ao almejado no tempo previsto. As avaliações periódicas são importantes, pois permitem identificar falhas em tempo hábil para correções dos fatores limitantes e de problemas que possam prejudicar e levar ao não cumprimento dos objetivos. Essa avaliação, comumente chamada de **avaliação de resultados**, também está relacionada à **avaliação de processos**, que mais especificamente averigua a eficiência dos métodos empregados.

Há *softwares* disponíveis no mercado (gratuitos e pagos) para gerir e administrar as etapas dos projetos em consonância com os objetivos específicos determinados, conforme as avaliações e necessidades do projeto. Esses *softwares* facilitam a gestão de projetos, sobretudo quando há questões mais complexas referentes a equipes interdisciplinares, pois oferecem uma plataforma de gerenciamento compartilhado e facilitam a comunicação com a equipe e o monitoramento do progresso das ações, além de indicar os prazos, organizar as atividades em andamento e as futuras e emitir alertas para as devidas implementações.

O segundo tipo, a **avaliação sobre os impactos sociais e ambientais**, é mais difícil de ser efetuado, dado que requer a definição de indicadores qualitativos e/ou quantitativos claros e coerentes com todo o arcabouço teórico, com as instituições de base do projeto, com as expectativas dos participantes etc. Essa avaliação trata dos conteúdos e do impacto das intervenções. Em um primeiro momento, utilizam-se informações obtidas de documentos, como relatórios, atas de reuniões, materiais produzidos e registros diversos, sumarizando-se as tendências conforme os esforços já realizados.

Os **indicadores** para a avaliação dos impactos socioambientais dos projetos podem ser formulados no projeto ou como atividade prévia do próprio projeto. De maneira complementar, os indicadores podem ser retirados e adaptados de arcabouços teóricos instrumentais ou, ainda, elaborados por agentes externos apoiadores e financiadores especializados em EA, na área socioambiental, em conservação, entre outros âmbitos.

Indicadores

Os indicadores são empregados para verificar os resultados obtidos no projeto e devem ser articulados aos objetivos e à natureza deste, podendo ser: numéricos e objetivos (quantitativos); subjetivos e por categorização/tipificação (qualitativos); ou mistos (quantitativos e qualitativos).

Ainda que essas primeiras avaliações sejam o corpo e a razão de ser do projeto, um dos primeiros pontos observados na avaliação, principalmente externa, refere-se à gestão e à administração dos recursos financeiros do projeto, principalmente se ele contou com o apoio e o financiamento de organizações não diretamente executoras. A organização e a transparência sobre as entradas e saídas de recursos financeiros configuram um aspecto básico em qualquer projeto materializado por órgãos governamentais ou não, públicos ou privados. A equipe gestora do projeto deve estar sempre atenta e organizada, desde as primeiras fases, para zelar pelos recursos e cumprir com os prazos de relatórios parciais e finais de comprovação dos gastos.

No campo da EA, muito mais do que as avaliações financeiras e orçamentárias, interessam as avaliações político-pedagógicas, que averiguam a efetividade do projeto do início ao fim, perdurando, até mesmo, para além do término da intervenção direta.

Síntese

Neste último capítulo, mostramos como planejar, elaborar e executar ações práticas inovadoras mediante o desenvolvimento de projetos de educação ambiental (EA), de modo a possibilitar a aquisição de maior habilidade para atuar no ensino, na pesquisa ou em outras áreas.

Conforme indicamos, para ações comprometidas de EA, é imprescindível diagnosticar a realidade local. Por isso, apresentamos abordagens e instrumentos disponíveis para um diagnóstico abrangente e, ao mesmo tempo, refinado para atender às percepções dos agentes locais, apontando as especificidades do sistema socioecológico (SSE) que sofrerá a intervenção educativa. Para um diagnóstico mais participativo, é importante a atenção a diferentes fases de execução, a fim de obter dados empíricos, de fontes primárias e secundárias, que permitam entender a conjuntura e as dimensões mais relevantes a serem trabalhadas.

Além disso, enfatizamos a importância da escolha dos recursos didáticos que serão empregados no projeto de EA, como manuais, cartilhas, mídias, dinâmicas de grupo e atividades de sensibilização. Essa escolha depende de cada um dos projetos e dos respectivos objetivos gerais e específicos, do público envolvido e das condições estabelecidas. Cabe observar ainda que os resultados de cada formato e estratégia dependem das circunstâncias e da condução do próprio projeto. Assim, os recursos e as estratégias de EA devem estar alinhados aos objetivos e às expectativas prenunciados nos projetos, conforme previamente acordado com os participantes e segundo as circunstâncias socioambientais.

Não tenha medo de começar a desenvolver seu próprio projeto de EA. É importante confiar em suas intenções e motivações, capacitando-se continuamente por meio de teorias e práticas. Aprendemos ainda mais quando praticamos, o que as avaliações, constantes e periódicas, ao longo de todo o projeto indicarão e comprovarão.

🔍 Indicações culturais

Artigos

5 FERRAMENTAS gratuitas para gestão de projetos. **CIO**, 14 mar. 2019. Disponível em: <https://cio.com.br/5-ferramentas-gratuitas-para-gestao-de-projetos/>. Acesso em: 13 abr. 2021. Confira nessa matéria cinco possibilidades de ferramentas a serem utilizadas na gestão de projetos.

TOMAZELLO, M. G. C.; FERREIRA, T. R. das C. Educação ambiental: que critérios adotar para avaliar a adequação pedagógica de seus projetos? **Ciência & Educação**, v. 7, n. 2, p. 199-208, 2001. Disponível em: <http://www.scielo.br/pdf/ciedu/v7n2/05.pdf>. Acesso em: 13 abr. 2021. Os processos educativos em educação ambiental (EA) e as discussões sobre critérios de avaliação de projetos na visão de vários especialistas são apresentados nesse artigo das pesquisadoras Maria Guiomar Carneiro Tomazello e Tereza Raquel das Chagas Ferreira.

VILARINHO, L. R. G.; MONTEIRO, C. C. do R. Projetos de educação ambiental escolar: uma proposta de avaliação. **Revista Brasileira de Educação Ambiental (RevBEA)**, São Paulo, v. 14, n. 1, p. 439-455, 2019. Disponível em: <https://periodicos.unifesp.br/index.php/revbea/article/view/2590>. Acesso em: 13 abr. 2021. A lista de verificação (*checklist*) elaborada por Lúcia Regina Goulart Vilarinho e Cláudia Correia do Rego Monteiro pode ser utilizada no planejamento e na execução das ações de educação ambiental (EA). Lembre-se de considerar os indicadores para reduzir e evitar as falhas desde o início.

Livros

MELO, G. de P. **Noções práticas de educação ambiental para professores e outros agentes multiplicadores**. João Pessoa: Ibama, 2007. Disponível em: <http://www.ibama.gov.br/phocadownload/publicacoes/educacaoambiental/nocoes-praticas-educacao-ambiental-profs-educadores.pdf>. Acesso em: 13 abr. 2021.

Além de compilar ricas informações históricas, orientações e fundamentos legais da educação ambiental (EA), essa publicação enfatiza as instruções para a elaboração e a implementação de projetos de EA no contexto escolar.

SÃO PAULO (Estado). Secretaria de Estado do Meio Ambiente. Coordenação de Educação Ambiental. Fundo Estadual de Recursos Hídricos. **Educação ambiental**: roteiro para elaboração de projetos. São Paulo, 2010. Disponível em: <https://edisciplinas.usp.br/pluginfile.php/316037/mod_resource/content/1/roteiro-para-elaboracao-de-projetos-fehidro-caapset2010.pdf>. Acesso em: 13 abr. 2021.

Essa publicação apresenta um roteiro com orientações detalhadas e didáticas para cada um dos itens que devem constar em um projeto básico de educação ambiental (EA). Esse documento pode interessar a quem deseja se aprofundar na elaboração de propostas de projetos, pois, de forma geral, as agências financiadoras usam critérios e análises comuns para assegurar a viabilidade da proposta em vários sentidos.

SÃO PAULO (Estado). Secretaria do Meio Ambiente. Coordenadoria de Planejamento Ambiental Estratégico e Educação Ambiental. **Manual para elaboração, administração e avaliação de projetos socioambientais**. São Paulo, 2005. Disponível em: <http://www.ecoar.org.br/web/files/files/manual_para_elaboracao_administracao_e_avaliacao_de_projetos_socioambientais.pdf>. Acesso em: 13 abr. 2021.

Trata-se de um excelente material desenvolvido para iniciantes que desejam compreender mais sobre tipos de recursos e financiamentos concernentes a projetos de educação ambiental (EA). O material elenca dicas de como avaliar e comunicar as ações de EA efetuadas.

Vídeo

LEME, P. S. Meio ambiente e sustentabilidade: aula 05 – Projetos de intervenção em EA. **Univesp**, 18 ago. 2015. 19 min. Disponível em: <https://www.youtube.com/watch?v=nbAPLfmdrKE>. Acesso em: 13 abr. 2021.

Nesse material, a professora Patrícia Silva Leme explica o que são os projetos de educação ambiental (EA) mediante o exame de sua estrutura básica. Ela expõe alguns aspectos a serem considerados tendo em vista o que observou em suas vivências educacionais, com o objetivo de evitar resultados contrários aos programas prescritivos, como exemplifica no vídeo.

Atividades de autoavaliação

1. Agências financiadoras de projetos socioambientais já indicam princípios e objetivos básicos da educação ambiental (EA). Além disso, avaliam a coerência das propostas e o alinhamento conforme:

    A os marcos e documentos históricos da EA; o endereçamento de objetivos voltados à cidadania, à participação de todos os atores e setores sociais e à sustentabilidade, melhorando as condições das presentes e futuras gerações; a abordagem exclusivamente interdisciplinar, envolvendo diferentes áreas e universidades; a continuidade dos cuidados ao meio ambiente, mesmo após o período de financiamento; a garantia do cumprimento dos objetivos da intervenção de EA; e a regionalidade, integrando as particularidades ambientais e os atores locais e regionais.

    B os marcos e documentos históricos nacionais e internacionais da EA; o endereçamento de objetivos voltados à cidadania, à participação de todos os atores e setores sociais e à sustentabilidade, melhorando as condições das presentes e futuras gerações; a abordagem exclusivamente transdisciplinar, comprometida na compreensão integrada da realidade socioambiental em diversos aspectos (biológicos, físicos, sociais, econômicos e culturais); a garantia do cumprimento dos objetivos da intervenção de EA; e a regionalidade, com atenção para comunidades locais e tradicionais.

    C os marcos e documentos exclusivamente nacionais da EA; o endereçamento de objetivos voltados à cidadania, à participação de todos os atores e setores sociais e à sustentabilidade; a continuidade a partir da consolidação e incorporação das ações para a qualidade do meio ambiente e sua conservação; a efetividade, com explícita referência ao que será conseguido com a realização da intervenção de EA; e a regionalidade, considerando-se as particularidades ambientais e os atores e organizações locais e regionais, inclusive pelo necessário respeito às comunidades em que, de fato, se sente e se aplica qualquer projeto prático.

D os marcos e documentos históricos da EA nacionais e internacionais; o endereçamento de objetivos voltados à cidadania, à participação de todos os atores e setores sociais e à sustentabilidade, com a melhoria das condições das presentes e futuras gerações; a abordagem interdisciplinar ou transdisciplinar; a continuidade dos cuidados ao meio ambiente, mesmo após o período de financiamento; a garantia do cumprimento dos objetivos da intervenção de EA; e a regionalidade, integrando as particularidades ambientais e os atores locais e regionais.

E os marcos e documentos que institucionalizam a EA nacional e internacionalmente; o endereçamento de objetivos voltados à cidadania, à participação de todos os atores e setores sociais e à sustentabilidade; a consolidação e incorporação das ações para a qualidade do meio ambiente e sua conservação; a efetividade, com explícita referência ao que será conseguido com a realização da intervenção de EA; e a inclusão obrigatória de comunidades tradicionais, que potencializa qualquer projeto prático nessa área.

2. Para Sato, Gauthier e Parigipe (2005), a educação ambiental (EA) configura-se como:

   A) uma luta política, compreendida em seu nível mais poderoso de transformação: aquele que se revela em uma disputa de posições e proposições sobre o destino das sociedades, dos territórios e das desterritorializações; que acredita no conhecimento técnico-científico acima do saber popular para proporcionar caminhos de participação que visam à sustentabilidade e à garantia da democracia.

   B) uma luta política, compreendida em seu nível mais poderoso de transformação: aquele que se revela em uma disputa de posições e proposições sobre o destino das sociedades, dos territórios e das desterritorializações; que acredita que o conhecimento técnico-científico e o saber popular podem, igualmente, proporcionar caminhos de participação para a sustentabilidade por meio da transição democrática.

   C) uma luta contrária à política, que visa manter o Estado de bem-estar social, não se discutindo as posições e proposições sobre o destino das sociedades, dos territórios e das desterritorializações; que acredita que o conhecimento científico e o saber popular podem, igualmente, delinear caminhos de participação para a sustentabilidade, sem a necessidade de que se questione a democracia.

   D) uma luta política, compreendida em seu nível mais poderoso de transformação: aquele que se revela em uma disputa de posições e proposições sobre o destino das sociedades, dos territórios e das desterritorializações; que acredita exclusivamente no saber popular como recurso capaz de proporcionar caminhos de participação para a sustentabilidade por meio da transição democrática.

E uma luta contrária à política, na qual não se faz necessária a transformação, já que as atuais posições e proposições beneficiam o destino das sociedades e dos territórios em direção à sustentabilidade e à democracia. Além disso, os conhecimentos técnico-científicos estão sendo bem aproveitados em tecnologias usadas para ampliar o saber popular, favorecendo os processos participativos.

3. Um diagnóstico socioambiental prévio e realizado, desde o início, de forma participativa favorece a efetividade de uma futura intervenção de educação ambiental (EA). Algumas fases para sua realização foram propostas nesta obra, sendo elas:

A observação em campo e levantamento de informações secundárias (fase zero); elaboração de atividades investigativas na comunidade e em localidades potencialmente envolvidas (fase 1); delineamento do escopo da ação (fase 2); e reflexão crítica e fechamento do diagnóstico socioambiental (fase 3).

B delineamento do escopo da ação para posterior observação em campo e levantamento de informações secundárias (fase 1); elaboração de atividades investigativas na comunidade e em localidades potencialmente envolvidas (fase 2); e reflexão crítica e fechamento do diagnóstico socioambiental (fase 3).

C delineamento do escopo da ação para posterior observação em campo e levantamento de informações secundárias (fase zero); elaboração de atividades investigativas na comunidade e em localidades potencialmente envolvidas (fase 1); e reflexão crítica e fechamento do diagnóstico socioambiental (fase 2).

D observação em campo e levantamento de informações secundárias (fase zero); delineamento do escopo da ação (fase 1); reflexão crítica e fechamento do diagnóstico socioambiental (fase 2); e elaboração de atividades investigativas na comunidade e em localidades potencialmente envolvidas (fase 3).

E observação em campo e levantamento de informações secundárias (fase zero); delineamento do escopo da ação (fase 1); elaboração de atividades investigativas na comunidade e em localidades potencialmente envolvidas (fase 2); reflexão crítica e fechamento do diagnóstico socioambiental (fase 3).

4. Relacione as fases para a elaboração de um projeto às respectivas descrições.

Fase
1. Pré-projeto
2. Elaboração e escrita do projeto
3. Implementação e avaliações periódicas
4. Finalização e avaliação final
5. Diagnóstico posterior

Descrição
( ) Envolve avaliações coletivas e registros das fases de conclusão, resultados de indicadores monitorados, entrega de documentos e relatórios finais, reforço de responsabilidades e esclarecimentos.
( ) Diagnóstico socioambiental e construção participativa da proposta de intervenção.

( ) Feita com a equipe executora, parceiros e apoiadores.

( ) Conforme alinhamento e articulação definidos no projeto, busca-se seguir o cronograma e responder a fatores para adaptar aspectos observados durante o percurso, bem como as dinâmicas próprias da execução de atividades práticas.

( ) Processo que parte de uma base frequentemente comum da formulação de projetos, contemplando itens a serem seguidos especialmente quando se visa à obtenção de financiamento.

Agora, assinale a alternativa que apresenta a sequência correta:

A 3 – 5 – 4 – 2 – 1.
B 3 – 5 – 1 – 4 – 2.
C 4 – 5 – 1 – 3 – 2.
D 4 – 1 – 5 – 3 – 2.
E 4 – 2 – 5 – 3 – 1.

5. Analise as afirmações a seguir sobre o processo de avaliação de projetos de educação ambiental (EA) e assinale V para as verdadeiras e F para as falsas.

( ) A avaliação de um projeto passa pela verificação dos objetivos e das metas específicas apenas ao final da intervenção, com a finalidade de identificar se as ações ocorreram em consonância com o esperado e se cumpriram os objetivos e as metas iniciais.

( ) As avaliações ao longo do projeto não são fundamentais, como as avaliações de resultados e de processos, mas são recomendadas para identificar falhas em tempo hábil com relação à eficiência dos métodos empregados, pois favorecem a escolha de estratégias para corrigir os problemas que podem prejudicar o alcance dos objetivos.

( ) *Softwares* de gestão de projetos oferecem uma plataforma de gerenciamento compartilhado e facilitam a comunicação com os membros da equipe e o monitoramento do progresso das atividades, além de indicar os prazos para o cumprimento das metas e submetas, organizar as atividades em andamento e as futuras e emitir alertas para as devidas implementações e andamentos administrativos e financeiros.

( ) A avaliação dos impactos socioambientais do projeto requer a definição de indicadores qualitativos e/ou quantitativos claros e coerentes com o arcabouço teórico, com as instituições de base do projeto, com as expectativas dos participantes etc. Essa avaliação trata dos conteúdos e do impacto da intervenção. Em um primeiro momento, informações de documentos, como relatórios, atas de reuniões, materiais produzidos e registros diversos, são utilizadas para a elaboração de uma síntese dos esforços e de seus efeitos, enfatizando-se o retorno dos participantes e os indícios de mudanças positivas.

( ) Os indicadores para a avaliação dos impactos socioambientais foram definidos em processos participativos, recorrendo-se a arcabouços teóricos instrumentais, elaborados por especialistas e agentes apoiadores e financiadores de EA. Devem seguir a Política Nacional de Educação Ambiental (Pnea), que determina o emprego obrigatório de indicadores conforme a corrente e o espaço de intervenção do projeto.

Agora, assinale a alternativa que apresenta a sequência correta:

A V, V, V, V, V, V.
B V, V, V, V, V, F.
C F, V, V, V, V, V.
D F, V, V, V, V, F.
E F, F, V, V, V, F.

Atividades de aprendizagem

Questões para reflexão

1. Relembre ações de educação ambiental (EA) que tiveram falhas no planejamento e compartilhe alguns *insights* que você obteve com base nessas experiências. Como essas falhas poderiam ter sido evitadas?
2. O que é necessário para se desenvolver um projeto de educação ambiental (EA)?

Atividades aplicadas: prática

1. Converse com profissionais que escreveram e aplicaram projetos de educação ambiental (EA). Em seguida, defina o que os projetos têm em comum.
2. Elabore um projeto de educação ambiental (EA) conforme as instruções elencadas neste capítulo.

CONSIDERAÇÕES FINAIS

*Não basta ter sido bom quando deixar o mundo.
É preciso deixar um mundo melhor.*

Bertolt Brecht

O meio ambiente é um bem coletivo e sua qualidade depende de fatores originados em um passado muito anterior à história do ser humano na Terra. Sendo emprestado para nosso usufruto, devemos zelar por ele, garantir e ampliar sua qualidade para as próximas gerações, humanas e não humanas. Usufruímos de heranças ambientais de milhares de anos, mas estamos deixando apenas os resíduos de uma vida irresponsável e consumista, algo que acarreta impactos negativos. Quantos vieram antes e quantas gerações poderão viver bem futuramente?

Nesta obra, apesar da conjuntura de dificuldades e desafios, buscamos estimular a esperança e a vontade de colocar em prática reflexões e sentimentos que geralmente já dominam os profissionais que procuram aprender mais sobre a educação ambiental (EA), sobretudo das áreas da biologia e demais ciências naturais. Por isso, é importante conectar suas motivações às dos demais profissionais que diariamente atuam em prol de uma EA significativa, que vise à transformação das relações dos seres humanos com seus locais de convívio e, consequentemente, com todo o planeta.

Nessa perspectiva, buscamos explicitar uma aprendizagem favorável e coerente com as mudanças que precisam ser empreendidas no campo socioambiental, ainda que não sejam perfeitas ou não saiam como o esperado.

A rede de EA tem se tornado cada vez mais abrangente, expandindo-se por todas as regiões e redutos do Brasil e do mundo. Ela é movida diariamente por pessoas engajadas na transformação individual e coletiva para o aprimoramento da relação entre meio ambiente e sociedade. É com ações autênticas e próprias, formais, não formais e informais, que essa rede se mantém, a despeito de tantas limitações e dos rumos contrários ainda escolhidos por grandes influenciadores, empresas, governos e cidadãos amortecidos em face do grande bem que o meio ambiente representa.

Nesta reta final, gostaríamos de ressaltar a importância tanto do estudo teórico quanto das ações de conservação da natureza e dos serviços ecossistêmicos (SE), a fim de se promover a sustentabilidade direta e ativa nas dimensões sociais e ambientais. Uma simples expressão que emita com motivação o "cuidar da vida" já é um grande movimento de EA.

Todos os educadores formais e não formais são sementes que lançam outras sementes, as quais germinam e se estabelecem. Lembre-se disso quando se sentir desanimado(a). É importante que haja união e que acreditemos em nosso potencial e no dos coletivos sociais nos quais interagimos. Trata-se de um rico contraponto ao "pessimismo" que nos impõem a cultura e o comportamento de massa do capitalismo.

As boas ideias e pequenas práticas ainda conseguirão atingir patamares mais altos, mesmo que tenhamos de ver o colapso ambiental e ecológico que atingirá a todos. Quem passou pelos fatídicos anos de 2020 e 2021, dada a dimensão tomada pela pandemia de covid-19, sentiu no dia a dia como tais ações são necessárias para a manutenção do equilíbrio ambiental e a restauração da harmonia entre os seres humanos e a natureza.

LISTA DE SIGLAS

Abema – Associação Brasileira de Entidades Estaduais de Meio Ambiente
Anped – Associação Nacional de Pós-Graduação e Pesquisa em Educação
Anppas – Associação Nacional de Pós-Graduação e Pesquisa em Ambiente e Sociedade
Anppea – Articulação Nacional de Políticas Públicas de Educação Ambiental
Apib – Articulação dos Povos Indígenas do Brasil
BEE – *Bulletin of Environmental Education*
BMV – Programa Brasil Mata Viva
BPBES – Brazilian Platform on Biodiversity and Ecosystem Services (Plataforma Brasileira de Biodiversidade e Serviços Ecossistêmicos)
CAAE – Certificado de Apresentação de Apreciação Ética
Capes – Coordenação de Aperfeiçoamento de Pessoal de Nível Superior
CCST/Inpe – Centro de Ciência do Sistema Terrestre do Instituto Nacional de Pesquisas Espaciais
CDB – Convenção da Diversidade Biológica
CDI – Conservação e Desenvolvimento Integrados
Ceaa – Campanha de Educação de Adolescentes e Adultos
CEAs – Centros de Educação Ambiental
CEBB – Centro de Estudos Budistas Bodisatva
Cedin – Centro de Desenvolvimento Infantil do Jardim do Castelo

Cemaden – Centro Nacional de Monitoramento e Alertas de Desastres Naturais
CEP – Comitê de Ética em Pesquisa
Cetesb – Companhia Ambiental do Estado de São Paulo
CFE – Conselho Federal de Educação
CGEA – Coordenação Geral de Educação Ambiental
CGEAT – Coordenação Geral de Educação Ambiental e Temas Transversais da Educação Básica
Cieas – Comissões Interinstitucionais Estaduais de Educação Ambiental
Cipea – Comissão Intersetorial Permanente de Educação Ambiental
Cisea – Comissão Intersetorial de Educação Ambiental
CNE – Conselho Nacional de Educação
CNBB – Confederação Nacional dos Bispos do Brasil
CNMA – Conferência Nacional do Meio Ambiente
CNPq – Conselho Nacional de Desenvolvimento Científico e Tecnológico
CNRH – Conselho Nacional de Recursos Hídricos
Cnumad – Conferência das Nações Unidas sobre Meio Ambiente e Desenvolvimento
Coea – Coordenação Geral de Educação Ambiental
Conabio – Comissão Nacional de Biodiversidade
Conama – Conselho Nacional do Meio Ambiente
Conep – Comissão Nacional de Ética em Pesquisa
COP-10 – Convenção sobre Diversidade Biológica
CPSBio – Cadeia produtiva da sociobiodiversidade
Ctem – Câmara Técnica de Educação, Capacitação, Mobilização Social e Informação em Recursos Hídricos
DEA – Departamento de Educação Ambiental

DUDH – Declaração Universal dos Direitos Humanos
EA – Educação ambiental
EDF – Environmental Defense Fund (Fundo de Defesa do Meio Ambiente)
EJA – Educação de jovens e adultos
Embrapa – Empresa Brasileira de Pesquisa Agropecuária
Encea – Estratégia Nacional de Comunicação e Educação Ambiental em Unidades de Conservação
Esalq/USP – Escola Superior de Agricultura Luiz de Queiroz da Universidade de São Paulo
FBCN – Fundação Brasileira para a Conservação da Natureza
Fboms – Fórum Brasileiro de ONGs e Movimentos Sociais
Feema-RJ – Fundação Estadual de Engenharia do Meio Ambiente do Rio de Janeiro
FGV – Fundação Getulio Vargas
FIC – Fellowship Intentional Communities
FNMA – Fundo Nacional do Meio Ambiente
FSC – Forest Stewardship Council
Funai – Fundação Nacional do Índio
Funbea – Fundo Brasileiro de Educação Ambiental
GEEs – Gases de efeito estufa
GEF – Global Environment Facility (Fundo Global para o Meio Ambiente)
GSCM – Green Supply Chain Management (cadeia de suprimento verde)
Ibama – Instituto Brasileiro do Meio Ambiente
IBDF – Instituto Brasileiro de Defesa Florestal
ICMBio – Instituto Chico Mendes de Conservação da Biodiversidade
IFH – Índice de Felicidade Humana

Inep – Instituto Nacional de Estudos e Pesquisas Educacionais Anísio Teixeira
Inmetro – Instituto Nacional de Metrologia, Qualidade e Tecnologia
Inpe – Instituto Nacional de Pesquisas Espaciais
IPBES – Intergovernmental Science-Policy Platform on Biodiversity and Ecosystem Services (Plataforma Intergovernamental sobre Biodiversidade e Serviços Ecossistêmicos)
IPCC – Intergovernmental Panel on Climate change (Painel Intergovernamental sobre Mudanças Climáticas)
IPSO – International Programme on State of the Ocean (Programa Internacional sobre o Estado do Oceano)
ISO – International Organization for Standardization (Organização Internacional de Normalização)
IUCN – International Union for Conservation of Nature (União Internacional para a Conservação da Natureza)
LDBEN – Lei de Diretrizes e Bases da Educação Nacional
Leed – Leadership in Energy & Environmental Design (Liderança em Energia e Design Ambiental)
LPVN – Lei de Proteção da Vegetação Nativa
Mapa – Ministério da Agricultura, Pecuária e Abastecimento
MCs – Mudanças climáticas
MCTI – Ministério da Ciência, Tecnologia e Inovações
MEC – Ministério da Educação e Cultura
MIC – Ministério da Indústria e do Comércio
MMA – Ministério do Meio Ambiente
MPB – Música popular brasileira

NAAEE – North American Association for Environmental Education (Associação Norte-Americana para a Educação Ambiental)
Nasa – National Aeronautics and Space Administration (Administração Nacional da Aeronáutica e do Espaço)
NEAs – Núcleos Estaduais de Educação Ambiental
ODM – Objetivos de Desenvolvimento do Milênio
ODS – Objetivos de Desenvolvimento Sustentável
OMS – Organização Mundial de Saúde
ONGs – Organizações não governamentais
ONU – Organização das Nações Unidas
OSCs – Organizações da sociedade civil
Panacea – Plano Andino-Amazônico de Comunicação e Educação Ambiental
PBL – *Problem-based learning* (aprendizagem baseada em problemas)
PCN – Parâmetros Curriculares Nacionais
PEAs – Projetos de educação ambiental
PHI – Programa Hidrológico Internacional
PIB – Produto Interno Bruto
PIEA – Programa Internacional de Educação Ambiental
Placea – Programa Latino-Americano e Caribenho de Educação Ambiental
PME – Plano Municipal de Educação
PNA – Plano Nacional de Adaptação à Mudança do Clima
PNAA – Programa Nacional de Alfabetização de Adultos
PNB – Política Nacional da Biodiversidade
PNE – Plano Nacional da Educação
Pnea – Política Nacional de Educação Ambiental
PNJMA – Plano Nacional de Juventude e Meio Ambiente

PNMA – Política Nacional do Meio Ambiente
PNMC – Política Nacional sobre Mudança do Clima
PNPSB – Plano Nacional de Promoção das Cadeias de Produtos da Sociobiodiversidade
PNRS – Política Nacional de Resíduos Sólidos
Pnuma – Programa das Nações Unidas para o Meio Ambiente
POPs – Poluentes orgânicos persistentes
PPA – Plano plurianual
PPP – Projeto político-pedagógico
ProFEA – Programa Nacional de Formação de Educadores Ambientais
ProNEA – Programa Nacional de Educação Ambiental
Propacc – Proposta de participação-ação para a construção do conhecimento
Proveg – Política Nacional de Recuperação da Vegetação Nativa
Rebea – Rede Brasileira de Educação Ambiental
Rebeca – Rede Brasileira de Educomunicação Ambiental
Rejuma – Rede da Juventude pelo Meio Ambiente e Sustentabilidade
RSA – Responsabilidade socioambiental
Rupea – Rede Universitária de Programas de Educação Ambiental
Saic – Secretaria de Articulação Institucional e Cidadania Ambiental
SBPC – Sociedade Brasileira para o Progresso da Ciência
SE – Serviços ecossistêmicos
Secadi – Secretaria de Educação Continuada, Alfabetização e Diversidade
Sema – Secretaria Especial do Meio Ambiente
SGA – Sistema de gestão ambiental

Sibea – Sistema Brasileiro de Informação sobre Educação Ambiental e Práticas Sustentáveis
Sisnama – Sistema Nacional de Meio Ambiente
Sisnea – Sistema Nacional de Educação Ambiental
Snuc – Sistema Nacional de Unidades de Conservação da Natureza
SSE – Sistema socioecológico
Sudepe – Superintendência do Desenvolvimento da Pesca
Sudhevea – Superintendência da Borracha
TCC – Trabalho de conclusão de curso
TCLE – Termo de Consentimento Livre e Esclarecido
UCs – Unidades de conservação
UFMT – Universidade Federal de Mato Grosso
UFPE – Universidade Federal de Pernambuco
UnB – Universidade de Brasília
Unece – United Nations Economic Commission for Europe (Comissão Econômica das Nações Unidas para a Europa)
Unesco – United Nations Educational, Scientific and Cultural Organization (Organização das Nações Unidas para a Educação, a Ciência e a Cultura)
Unesp – Universidade Estadual de São Paulo
Unicef – United Nations International Children's Emergency Fund (Fundo de Emergência Internacional das Nações Unidas para a Infância)
USP – Universidade de São Paulo
WEEC – World Environmental Education Congress
WRI – World Resources Institute
WWF – World Wide Fund for Nature

REFERÊNCIAS

A CARTA DA TERRA EM AÇÃO. **O texto da Carta da Terra.** Disponível em: <http://www.cartadaterrabrasil.com.br/prt/texto-da-carta-da-terra.html>. Acesso em: 14 abr. 2021.

ACSELRAD, H. Ambientalização das lutas sociais: o caso do movimento por justiça ambiental. **Estudos Avançados**, v. 24, n. 68, p. 103-119, 2010. Disponível em: <https://www.revistas.usp.br/eav/article/view/10469/12204>. Acesso em: 2 ago. 2021.

AGUILAR, J. B. **Para viver juntos**: ciências da natureza. Ensino fundamental – 7º ano. 4. ed. São Paulo: Edições SM, 2015.

AMARAL, A. C. Brasil está entre países que mais perdem dinheiro com mudanças climáticas. **Folha de S.Paulo**, 5 dez. 2018. Disponível em: <https://www1.folha.uol.com.br/ambiente/2018/12/brasil-esta-entre-paises-que-mais-perdem-dinheiro-com-mudancas-climaticas.shtml>. Acesso em: 16 fev. 2021.

ARANHA, A.; ROCHA, L. 1 em 4 municípios tem "coquetel" com agrotóxicos na água (consulte o seu). **Exame**, 17 abr. 2019. Disponível em: <https://exame.com/brasil/1-em-4-municipios-tem-coquetel-com-agrotoxicos-na-agua-consulte-o-seu/>. Acesso em: 16 fev. 2021.

BALLATER GEDDES PROJECT 2004. **Sir Patrick Geddes (1854-1932)**: Geddes Today "Geddes Then". 2004. Disponível em: <http://metagraphies.org/Sir-Patrick-Geddes/university-militant/geddesexhib04web.pdf>. Acesso em: 16 fev. 2021.

BARBIERI, J. C. **Desenvolvimento e meio ambiente**: as estratégias de mudanças da Agenda 21. 5. ed. Petrópolis: Vozes, 1997.

BERKES, F.; FOLKE. C. Linking Social and Ecological Systems for Resilience and Sustainability. In: BERKES, F.; FOLKE, C. (Ed.). **Linking Social and Ecological Systems**: Management Practices and Social Mechanisms for Building Resilience. Cambridge: Cambridge University Press, 1998. p. 1-25.

BOFF, L. A Carta da Terra. **Global Manager**, Caxias do Sul, v. 6, n. 10, p. 79-95, jun. 2006. Disponível em: <http://ojs.fsg.br/index.php/global/article/view/507/404>. Acesso em: 22 jul. 2021.

BPBES – Brazilian Platform on Biodiversity and Ecosystem Services. **Quem somos**. Disponível em: <https://www.bpbes.net.br/quem-somos/>. Acesso em: 16 fev. 2021.

BRANDÃO, C. R. **O voo da arara-azul**: escritos sobre a vida, a cultura e a educação ambiental. Campinas: Armazém do Ipê, 2007.

BRASIL. Constituição (1988). **Diário Oficial da União**, Brasília, DF, 5 out. 1988. Disponível em: <http://www.planalto.gov.br/ccivil_03/Constituicao/Constituicao.htm>. Acesso em: 16 fev. 2021.

BRASIL. Decreto n. 2.519, de 16 de março de 1998. **Diário Oficial da União**, Poder Executivo, Brasília, DF, 17 mar. 1998a. Disponível em: <http://www.planalto.gov.br/ccivil_03/decreto/d2519.htm>. Acesso em: 16 fev. 2021.

BRASIL. Decreto n. 4.281, de 25 de junho de 2002. **Diário Oficial da União**, Poder Executivo, Brasília, DF, 26 jun. 2002a. Disponível em: <http://www.planalto.gov.br/ccivil_03/decreto/2002/D4281.htm>. Acesso em: 16 fev. 2021.

BRASIL. Decreto n. 4.339, de 22 de agosto de 2002. **Diário Oficial da União**, Poder Executivo, Brasília, DF, 23 ago. 2002b. Disponível em: <http://www.planalto.gov.br/ccivil_03/decreto/2002/d4339.htm>. Acesso em: 16 fev. 2021.

BRASIL. Decreto n. 6.040, de 7 de fevereiro de 2007. **Diário Oficial da União**, Poder Executivo, Brasília, DF, 8 fev. 2007a. Disponível em: <http://www.planalto.gov.br/ccivil_03/_ato2007-2010/2007/decreto/d6040.htm>. Acesso em: 16 fev. 2021.

BRASIL. Decreto n. 6.101, de 26 de abril de 2007. **Diário Oficial da União**, Poder Executivo, Brasília, DF, 27 abr. 2007b. Disponível em: <https://legislacao.presidencia.gov.br/atos/?tipo=DEC&numero=6101&ano=2007&ato=2f8UTWE9ENRpWT9c2>. Acesso em: 2 ago. 2021.

BRASIL. Decreto n. 7.794, de 20 de agosto de 2012. **Diário Oficial da União**, Poder Executivo, Brasília, DF, 21 ago. 2012a. Disponível em: <http://www.planalto.gov.br/ccivil_03/_ato2011-2014/2012/decreto/d7794.htm>. Acesso em: 16 fev. 2021.

BRASIL. Decreto n. 8.772, de 11 de maio de 2016. **Diário Oficial da União**, Poder Executivo, Brasília, DF, 12 maio 2016. Disponível em: <http://www.planalto.gov.br/ccivil_03/_Ato2015-2018/2016/Decreto/D8772.htm>. Acesso em: 16 fev. 2021.

BRASIL. Decreto n. 8.972, de 23 de janeiro de 2017. **Diário Oficial da União**, Poder Executivo, Brasília, DF, 24 jan. 2017. Disponível em: <http://www.planalto.gov.br/ccivil_03/_ato2015-2018/2017/decreto/D8972.htm>. Acesso em: 16 fev. 2021.

BRASIL. Lei n. 6.938, de 31 de agosto de 1981. **Diário Oficial da União**, Poder Executivo, Brasília, DF, 2 set. 1981. Disponível em: <http://www.planalto.gov.br/ccivil_03/leis/L6938.htm>. Acesso em: 16 fev. 2021.

BRASIL. Lei n. 9.394, de 20 de dezembro de 1996. **Diário Oficial da União**, Poder Legislativo, Brasília, DF, 23 dez. 1996. Disponível em: <http://www.planalto.gov.br/ccivil_03/leis/l9394.htm>. Acesso em: 16 fev. 2021.

BRASIL. Lei n. 9.795, de 27 de abril de 1999. **Diário Oficial da União**, Poder Legislativo, Brasília, DF, 28 abr. 1999. Disponível em: <http://www.planalto.gov.br/ccivil_03/leis/l9795.htm>. Acesso em: 16 fev. 2021.

BRASIL. Lei n. 9.985, de 18 de julho de 2000. **Diário Oficial da União**, Poder Executivo, Brasília, DF, 19 jul. 2000a. Disponível em: <http://www.planalto.gov.br/ccivil_03/leis/l9985.htm>. Acesso em: 16 fev. 2021.

BRASIL. Lei n. 10.172, de 9 de janeiro de 2001. **Diário Oficial da União**, Poder Legislativo, Brasília, DF, 10 jan. 2001. Disponível em: <http://www.planalto.gov.br/ccivil_03/leis/leis_2001/l10172.htm>. Acesso em: 16 fev. 2021.

BRASIL. Lei n. 12.651, de 25 de maio de 2012. **Diário Oficial da União**, Poder Legislativo, Brasília, DF, 28 maio 2012b. Disponível em: <http://www.planalto.gov.br/ccivil_03/_ato2011-2014/2012/lei/l12651.htm>. Acesso em: 16 fev. 2021.

BRASIL. Lei n. 13.123, de 20 de maio de 2015. **Diário Oficial da União**, Poder Executivo, Brasília, DF, 21 maio 2015a. Disponível em: <http://www.planalto.gov.br/CCIVIL_03/_Ato2015-2018/2015/Lei/L13123.htm>. Acesso em: 16 fev. 2021.

BRASIL. Ministério da Educação. **Educação ambiental**: publicações. Disponível em: <http://portal.mec.gov.br/index.php?option=com_content&view=article&id=13639%3Aeducacao-ambiental-publicacoes&catid=194%3Asecad-educacao-continuada&Itemid=913>. Acesso em: 16 fev. 2021a.

BRASIL. Ministério da Educação. **Tratado de Educação Ambiental para Sociedades Sustentáveis e Responsabilidade Global**. Disponível em: <http://portal.mec.gov.br/seb/arquivos/pdf/teassrg.pdf>. Acesso em: 26 mar. 2021b.

BRASIL. Ministério da Educação. Conselho Nacional de Educação. Conselho Pleno. Resolução n. 2, de 15 de junho de 2012. **Diário Oficial da União**, Brasília, DF, 18 jun. 2012c. Disponível em: <http://portal.mec.gov.br/index.php?option=com_docman&view=download&alias=10988-rcp002-12-pdf&category_slug=maio-2012-pdf&Itemid=30192>. Acesso em: 16 fev. 2021.

BRASIL. Ministério da Educação. Coordenação Geral de Educação Ambiental. **Proposta de Diretrizes Curriculares Nacionais para a Educação Ambiental**. Brasília, 2009a. Disponível em: <http://portal.mec.gov.br/dmdocuments/publicacao13.pdf>. Acesso em: 16 fev. 2021.

BRASIL. Ministério da Educação. Coordenação Geral de Educação Ambiental. **Vamos cuidar do Brasil**: conceitos e práticas em educação ambiental na escola. Brasília, 2007c. Disponível em: <http://portal.mec.gov.br/dmdocuments/publicacao3.pdf>. Acesso em: 16 fev. 2021.

BRASIL. Ministério da Educação. Secretaria de Educação Continuada, Alfabetização e Diversidade. **Pensar o ambiente**: bases filosóficas para a educação ambiental. Brasília, DF: MEC; Unesco, 2006a. (Coleção Educação para Todos). Disponível em: <http://portal.mec.gov.br/dm documents/publicacao4.pdf>. Acesso em: 19 set. 2021.

BRASIL. Ministério da Educação. Secretaria de Educação Fundamental. **Parâmetros Curriculares Nacionais**: terceiro e quarto ciclos do ensino fundamental – apresentação dos temas transversais. Brasília, 1998b. Disponível em: <http://portal.mec.gov.br/seb/arquivos/pdf/ttransversais.pdf>. Acesso em: 16 fev. 2021.

BRASIL. Ministério da Educação e Cultura. Conselho Federal de Educação. Parecer n. 226, de 11 de março de 1987. Disponível em: <http://www.dominiopublico.gov.br/pesquisa/DetalheObraForm.do?select_action=&co_obra=54207>. Acesso em: 27 mar. 2021.

BRASIL. Ministério da Saúde. Conselho Nacional de Saúde. Resolução n. 466, de 12 de dezembro de 2012. **Diário Oficial da União**, Brasília, DF, 13 jun. 2013a. Disponível em: <https://bvsms.saude.gov.br/bvs/ saudelegis/cns/2013/res0466_12_12_2012.html>. Acesso em: 12 abr. 2021.

BRASIL. Ministério do Desenvolvimento Agrário. **Plano Nacional de Promoção das Cadeias de Produtos da Sociobiodiversidade**. Brasília, DF, 2009b. Disponível em: <https://bibliotecadigital.seplan.planejamento.gov.br/bitstream/handle/123456789/1024/Plano%20Sociobiodiversidade.pdf?sequence=1&isAllowed=y>. Acesso em: 2 ago. 2021.

BRASIL. Ministério do Meio Ambiente. **Avaliação dos 10 anos de Conferência Nacional Infantojuvenil pelo Meio Ambiente.** 5 jan. 2015b. Disponível em: <https://antigo.mma.gov.br/educacao-ambiental/pol%C3%ADtica-nacional-de-educa%C3%A7%C3%A3o-ambiental/historico-brasileiro/itemlist/category/84-a-politica-de-educacao-ambiental.html>. Acesso em: 7 abr. 2021.

BRASIL. Ministério do Meio Ambiente. **Diretrizes para Estratégia Nacional de Comunicação e Educação Ambiental em Unidades de Conservação.** Brasília, DF, 2012d. Disponível em: <http://www.icmbio.gov.br/portal/images/stories/comunicacao/publicacao_encea.pdf>. Acesso em: 16 fev. 2021.

BRASIL. Ministério do Meio Ambiente. **Glossário.** Disponível em: <https://antigo.mma.gov.br/biodiversidade/biodiversidade-brasileira/gloss%C3%A1rio.html>. Acesso em: 2 ago. 2021c.

BRASIL. Ministério do Meio Ambiente. Portaria n. 269, de 26 de junho de 2003. Brasília, 2003.

BRASIL. Ministério do Meio Ambiente. **Programa Nacional de Educação Ambiental.** 3. ed. Brasília, DF, 2005a. Disponível em: <http://portal.mec.gov.br/secad/arquivos/pdf/educacaoambiental/pronea3.pdf>. Acesso em: 18 mar. 2021.

BRASIL. Ministério do Meio Ambiente. Conselho Nacional do Meio Ambiente. Recomendação n. 14, de 26 de abril de 2012. **Diário Oficial da União**, Brasília, DF, 27 abr. 2012e. Disponível em: <http://www.ibama.gov.br/sophia/cnia/legislacao/CONAMA/RE0014-160412.PDF>. Acesso em: 19 fev. 2021.

BRASIL. Ministério do Meio Ambiente. Departamento de Educação Ambiental. **Encontros e caminhos**: formação de educadoras(es) ambientais e coletivos educadores. Brasília, 2014. v. 3. Disponível em: <http://www.terrabrasilis.org.br/ecotecadigital/images/abook/pdf/Nov.14.08.pdf>. Acesso em: 16 fev. 2021.

BRASIL. Ministério do Meio Ambiente. Secretaria de Biodiversidade e Florestas. **Convenção sobre Diversidade Biológica**. Brasília, 2000b. Disponível em: <https://www.gov.br/mma/pt-br/textoconvenoportugus.pdf>. Acesso em: 2 ago. 2021.

BRASIL. Ministério do Meio Ambiente. Secretaria de Biodiversidade e Florestas. Comissão Nacional de Biodiversidade. Resolução n. 6, de 3 de setembro de 2013. Brasília, DF, 2013b. Disponível em: <https://www.icmbio.gov.br/portal/images/stories/docs-plano-de-acao-ARQUIVO/00-saiba-mais/02_-_RESOLU%C3%87%C3%83O_CONABIO_N%C2%BA_06_DE_03_DE_SET_DE_2013.pdf>. Acesso em: 12 abr. 2021.

BRASIL. Ministério do Meio Ambiente. Secretaria de Biodiversidade e Florestas. Diretoria de Conservação da Biodiversidade. Comissão Nacional de Biodiversidade. Deliberação n. 49, de 30 de agosto de 2006. Brasília, DF, 2006b. Disponível em: <https://antigo.mma.gov.br/estruturas/conabio/_arquivos/15_24112008035046.pdf>. Acesso em: 12 abr. 2021.

BRASIL. Ministério do Meio Ambiente. Órgão Gestor da Política Nacional de Educação Ambiental. **Documentos técnicos**: Comissões Estaduais Interinstitucionais de Educação Ambiental. Brasília, 2005b. (Série Documentos Técnicos, n. 1). Disponível em: <http://www.biblioteca florestal.ufv.br/bitstream/handle/123456789/14488/MMA_S%c3%a9rie-documentos-t%c3%a9cnicos-01.pdf?sequence=1&isAllowed=y>. Acesso em: 7 abr. 2021.

BRASIL. Ministério do Meio Ambiente. Órgão Gestor da Política Nacional de Educação Ambiental. **Documentos técnicos**: Relatório de gestão 2007 a julho de 2008. Brasília, 2008. Disponível em: <http://www.bibliotecaflorestal.ufv.br/handle/123456789/14479>. Acesso em: 7 abr. 2021.

BRASIL. Ministério do Meio Ambiente. Órgão Gestor da Política Nacional de Educação Ambiental. **Educação ambiental**: por um Brasil sustentável – ProNEA, marcos legais e normativos. 5. ed. Brasília, 2018. Disponível em: <https://antigo.mma.gov.br/images/arquivo/80219/Pronea_final_2.pdf>. Acesso em: 7 abr. 2021.

BRASIL. Ministério do Meio Ambiente. Órgão Gestor da Política Nacional de Educação Ambiental. **Programa de Educomunicação Socioambiental**. Brasília, 2005c. (Série Documentos Técnicos, n. 2). Disponível em: <http://www.bibliotecaflorestal.ufv.br/bitstream/handle/123456789/14489/MMA_S%c3%a9rie-documentos-t%c3%a9cnicos-02.pdf?sequence=1&isAllowed=y>. Acesso em: 2 ago. 2021.

BRASIL é o 4º país do mundo que mais gera lixo plástico. **WWF**, 4 mar. 2019. Disponível em: <https://www.wwf.org.br/informacoes/noticias_meio_ambiente_e_natureza/?70222/Brasil-e-o-4-pais-do-mundo-que-mais-gera-lixo-plastico>. Acesso em: 16 fev. 2021.

BRUM, E. Os "malucos" sapateiam no palco. **El País**, 6 dez. 2018. Disponível em: <https://brasil.elpais.com/brasil/2018/12/06/politica/1544113288_218824.html?fbclid=IwAR2_AYdWiXeH8ZSLzglL2IxglEs-eFRvalxtSUsiGa_rYxhigR6x2rMi_Bc>. Acesso em: 16 fev. 2021.

CARTA de Belgrado: uma estrutura global para a educação ambiental. 1975. Disponível em: <http://www.fzb.rs.gov.br/upload/20130508155641carta_de_belgrado.pdf>. Acesso em: 16 fev. 2021.

CARVALHO, I. C. de M. **Educação ambiental**: a formação do sujeito ecológico. 3. ed. São Paulo: Cortez, 2008.

CASH, D. W. et al. Scale and Cross-Scale Dynamics: Governance and Information in a Multilevel World. **Ecology and Society**, v. 11, n. 2, p. 8, 2006.

CBD – Convention on Biological Diversity. **Global Biodiversity Outlook 4**: a Mid-Term Assessment of Progress Towards the Implementation of the Strategic Plan for Biodiversity 2011-2020. Montreal, 2014. Disponível em: <https://www.cbd.int/gbo/gbo4/publication/gbo4-en.pdf>. Acesso em: 19 fev. 2021.

CEBB – Centro de Estudos Budistas Bodisatva. **Mandala das escolas**. Disponível em: <http://www.cebb.org.br/mandala-das-escolas/>. Acesso em: 18 mar. 2021.

CEMADEN EDUCAÇÃO. **Sobre**. Disponível em: <http://educacao.cemaden.gov.br/site/project/>. Acesso em: 24 mar. 2021.

CHAPIN, F. S. et al. Ecosystem Stewardship: Sustainability Strategies for a Rapidly Changing Planet. **Trends in Ecology and Evolution**, v. 25, n. 4, p. 241-249, Nov. 2009. Disponível em: <https://www.researchgate.net/publication/38098772_Ecosystem_Stewardship_Sustainability_Strategies_for_a_Rapidly_Changing_Planet/link/5a5ecf4daca272d4a3dfce97/download>. Acesso em: 2 ago. 2021.

CMMAD – Comissão Mundial sobre Meio Ambiente e Desenvolvimento. **Nosso futuro comum**. 2. ed. Rio de Janeiro: Ed. da FGV, 2011.

COLLERE, M. A. de O. Educação ambiental: a contribuição dos projetos escolares nas discussões ambientais nas escolas públicas municipais de Colombo/PR. **Ra'e Ga**, Curitiba, n. 10, p. 73-82, 2005. Disponível em: <https://revistas.ufpr.br/raega/article/view/3393/3770>. Acesso em: 19 fev. 2021.

COLOMBO, S. B. O princípio da precaução no direito ambiental. **Jus Navigandi**, Teresina, ano 9, n. 488, nov. 2004. Disponível em: <http://jus.com.br/artigos/5879>. Acesso em: 16 fev. 2021.

COSTA, N. O. da. et al. Cartografia social: uma ferramenta para a construção do conhecimento territorial – reflexões teóricas acerca das possibilidades de desenvolvimento do mapeamento participativo em pesquisas qualitativas. **Acta Geográfica**, Boa Vista, ed. esp., p. 73-86, 2016. Disponível em: <https://revista.ufrr.br/actageo/article/view/3820/2045>. Acesso em: 19 fev. 2021.

CUNHA, A. G. da. **Dicionário etimológico da língua portuguesa**. 4. ed. Rio de Janeiro: Lexikon, 2010.

DALTRO, W. L. **Araras – 1902**: história da primeira Festa das Árvores do Brasil. Araras: Topázio, 2002.

DAVENPORT, C. Há forte risco de crise climática já em 2040, aponta relatório da ONU. **Folha de S.Paulo**, 8 out. 2018. Disponível em: <https://www1.folha.uol.com.br/ambiente/2018/10/ha-forte-risco-de-crise-climatica-ja-em-2040-aponta-relatorio-da-onu.shtml>. Acesso em: 16 fev. 2021.

DIAS, G. F. **Educação ambiental**: princípios e práticas. São Paulo: Gaia, 2004.

DÍAZ, S. et al. The IPBES Conceptual Framework: Connecting Nature and People. **Current Opinion in Environmental Sustainability**, v. 14, p. 1-16, June 2015.

DRUMMOND, J. A.; VARGAS, G. M. Desenvolvimento e ética: para onde ir na América Latina. In: SACHS, I. **Desenvolvimento includente, sustentável, sustentado**. Rio de Janeiro: Garamond, 2008. p. 9-23.

ECOAR. **Quem somos**. Disponível em: <http://www.ecoar.org.br/web/pag.php?id=26>. Acesso em: 22 fev. 2021.

EMISSÕES de carbono quebram o recorde em um retrocesso global devastador. **SoCientífica**, 2019. Disponível em: <https://socientifica.com.br/emissoes-de-carbono-quebram-o-recorde-em-um-retrocesso-global-devastador/>. Acesso em: 2 ago. 2021.

FARINACI, J. S. Urbanidades possíveis. **TEDx Talks**, 20 nov. 2012. 13 min. Disponível em: <https://www.youtube.com/watch?v=KqJ8j4JDSrw>. Acesso em: 12 mar. 2021.

FLORIANI, D. et al. Para pensar a 'subjetividade' no debate do sócio-ambientalismo. **Polis**, v. 9, n. 27, p. 81-108, 2010. Disponível em: <https://journals.openedition.org/polis/7111>. Acesso em: 22 fev. 2021.

GADOTTI, M. **A Carta da Terra na educação**. São Paulo: Editora e Livraria Instituto Paulo Freire, 2010. (Série Cidadania Planetária, n. 3). Disponível em: <http://www.acervo.paulofreire.org:8080/jspui/bitstream/7891/2812/1/FPF_PTPF_12_048.pdf>. Acesso em: 2 ago. 2021.

GADOTTI, M. **Ecopedagogia, pedagogia da Terra, pedagogia da sustentabilidade, educação ambiental e educação para a cidadania planetária**: conceitos e expressões diferentes e interconectados por um projeto comum. 2009a. Disponível em: <http://www.acervo.paulofreire.org:8080/jspui/bitstream/7891/3397/1/FPF_PTPF_01_0420.pdf>. Acesso em: 16 fev. 2021.

GADOTTI, M. **Pedagogia da Terra**. 2. ed. São Paulo: Peirópolis, 2009b.

GIL, A. C. **Métodos e técnicas de pesquisa social**. 6. ed. São Paulo: Atlas, 2008.

GONZÁLEZ-GAUDIANO, E. Interdisciplinaridade e educação ambiental: explorando novos territórios epistêmicos. In: SATO, M.; CARVALHO, I. (Org.). **Educação ambiental**: pesquisa e desafios. Porto Alegre: Artmed, 2005. p. 119-134.

GRÁFICO das emissões de CO_2 por combustíveis fósseis. **Ciência e Clima**, 10 maio 2018. Disponível em: <https://cienciaeclima.com.br/grafico-co2-combustiveis-fosseis/>. Acesso em: 16 fev. 2021.

GRÜN, M. **Ética e educação ambiental**: a conexão necessária. Campinas: Papirus, 1996.

GÜELL, P. Subjetividad social: desafío para el nuevo siglo. **Polis**, v. 2, p. 1-7, 2002. Disponível em: <http://polis.revues.org/7853>. Acesso em: 16 fev. 2021.

HOLLING, C. S.; BERKES, F.; FOLKE, C. Science, Sustainability and Resource Management. In: BERKES, F.; FOLKE, C. (Ed.). **Linking Social and Ecological Systems**: Management Practices and Social Mechanisms for Building Resilience. Cambridge: Cambridge University Press, 1998. p. 342-362.

HOUAISS, A.; VILLAR, M. S.; FRANCO, F., M. **Dicionário Houaiss da língua portuguesa**. Rio de Janeiro: Objetiva, 2009.

HUMANOS representam 0,01% dos seres vivos e mataram 83% dos mamíferos. **Galileu**, 22 maio 2018. Disponível em: <https://revistagalileu.globo.com/Ciencia/noticia/2018/05/humanos-representam-001-dos-seres-vivos-e-mataram-83-dos-mamiferos.html?fbclid=IwAR09da5r44PDNfW19nIVt0nMhC0o4Um3pkZtqv1C_X7yusmn0-L-8A4stx8>. Acesso em: 3 abr. 2021.

ICMBIO – Instituto Chico Mendes de Conservação da Biodiversidade. **Atlas dos manguezais do Brasil**. Brasília, 2018. Disponível em: <https://www.icmbio.gov.br/portal/images/stories/manguezais/atlas_dos_manguezais_do_brasil.pdf>. Acesso em: 3 abr. 2021.

ICMBIO – Instituto Chico Mendes de Conservação da Biodiversidade. **Catálogo de produtos da sociobiodiversidade do Brasil**. 2. ed. Brasília, 2019. Disponível em: <https://www.icmbio.gov.br/portal/images/stories/comunicacao/publicacoes/publicacoes-diversas/catalago_de_produtos_da_sociobiodiversidade_do_brasil.pdf>. Acesso em: 2 ago. 2021.

IFPB – Instituto Federal da Paraíba. **Formação para multiplicadores da metodologia da Rede Rizoma**: tecnologia em extensão. 6 abr. 2017. Disponível em: <http://www.ifpb.edu.br/noticias/2017/04/formacao-para-multiplicadores-da-metodologia-da-rede-rizoma-tecnologia-em-extensao>. Acesso em: 16 fev. 2021.

IMAFLORA – Instituto de Manejo e Certificação Florestal e Agrícola. **Florestas de Valor**: novos modelos de negócio para Amazônia – Financiador: Fundo Amazônia/BNDES. jun. 2018. Disponível em: <http://www.imaflora.org/downloads/biblioteca/5c3f2a0294aa9_FV_JUL_2018.pdf>. Acesso em: 16 fev. 2021.

INEP – Instituto Nacional de Estudos e Pesquisas Educacionais Anísio Teixeira. **Sinopses estatísticas da educação básica**. Disponível em: <http://inep.gov.br/sinopses-estatisticas-da-educacao-basica>. Acesso em: 16 fev. 2021.

IPCC – Intergovernmental Panel on Climate Change. **Climate Change 2014**: Impacts, Adaptation, and Vulnerability. Geneva: WMO; Unep, 2014. Disponível em: <https://www.ipcc.ch/site/assets/uploads/2018/03/WGIIAR5-IntegrationBrochure_FINAL-1.pdf>. Acesso em: 16 fev. 2021.

IPCC – Intergovernmental Panel on Climate Change. **Special Report**: Global Warming of 1.5 °C. Disponível em: <https://www.ipcc.ch/ar6-syr/>. Acesso em: 19 set. 2021a.

IPCC – Intergovernmental Panel on Climate Change. **Synthesis Report of the Sixth Assessment Report A Report of the Intergovernmental Panel on Climate Change**. Disponível em: <https://www.ipcc.ch/ar6-syr/>. Acesso em: 19 set. 2021b.

IPCC – Painel Intergovernamental sobre Alterações Climáticas. **Alterações Cimáticas 2013**: a base científica. Lisboa: Instituto Português do Mar e da Atmosfera, 2013. Disponível em: <https://www.ipcc.ch/site/assets/uploads/2021/03/ar5_wg1_spm.pdf>. Acesso em: 16 fev. 2021.

JACOBI, P. R. Educar na sociedade de risco: o desafio de construir alternativas. **Pesquisa em Educação Ambiental**, v. 2, n. 2, p. 49-65, 2007. Disponível em: <https://www.periodicos.rc.biblioteca.unesp.br/index.php/pesquisa/article/view/6142/4501>. Acesso em: 16 fev. 2021.

JOLLIVET, M.; PAVÉ, A. O meio ambiente: questões e perspectivas para a pesquisa. In: VIEIRA, P. F.; WEBER J. (Org.). **Gestão de recursos naturais renováveis e desenvolvimento**: novos desafios para a pesquisa ambiental. 3. ed. São Paulo: Cortez, 1997. p. 53-113.

KRENAK, A. Entrevista. **Roda Viva**, 19 abr. 2021. 93 min. Disponível em: <https://www.youtube.com/watch?v=BtpbCuPKTq4>. Acesso em: 2 maio 2021.

KRUG, T. **Mudanças climáticas**. Prefeitura de São José dos Campos, 26 mar. 2019. Palestra proferida no Seminário de Educação Ambiental.

LAYRARGUES, P. P. Para onde vai a educação ambiental? O cenário político-ideológico da educação ambiental brasileira e os desafios de uma agenda política crítica contra-hegemônica. **Revista Contemporânea de Educação**, Rio de Janeiro, v. 7, n. 14, p. 388-411, ago./dez. 2012. Disponível em: <https://revistas.ufrj.br/index.php/rce/article/view/1677/1526>. Acesso em: 16 fev. 2021.

LAYRARGUES, P. P.; LIMA, G. F. da C. As macrotendências político-pedagógicas da educação ambiental brasileira. **Ambiente & Sociedade**, São Paulo, v. 17, n. 1, p. 23-40, jan./mar. 2014. Disponível em: <https://www.scielo.br/pdf/asoc/v17n1/v17n1a03.pdf>. Acesso em: 16 fev. 2021.

LEFF, E. Sociedade, política e natureza: conhecimento para qual sustentabilidade? **Novos Cadernos NAEA**, Belém, v. 19, n. 2, p. 9-20, maio/ago. 2016. Disponível em: <https://periodicos.ufpa.br/index.php/ncn/article/view/3742/3912>. Acesso em: 16 fev. 2021.

LIMA, A. **As consequências do lindano (BHC) e de outros contaminantes organoclorados na ecologia global**. 20 out. 2014. Disponível em: <https://pt.slideshare.net/allbio03/o-que-esses-elementos-tem-em-comum-palestras-gerais>. Acesso em: 16 fev. 2021.

LIMA, A. L. e. **Bambus nativos do Brasil**: panorama das iniciativas para uma cadeia produtiva integrada à conservação. 375 f. Tese (Doutorado em Meio Ambiente e Sociedade) – Universidade Estadual de Campinas, Campinas, 2019. Disponível em: <http://repositorio.unicamp.br/jspui/bitstream/REPOSIP/335105/1/Lima_AlineLopesE_D.pdf>. Acesso em: 3 mar. 2021.

LOUREIRO, C. F. B. **Trajetória e fundamentos da educação ambiental**. 2. ed. São Paulo: Cortez, 2006.

MAGALHÃES, S. S.; BORGES, L. M. da S.; SOUZA, A. L. de. Educação ambiental: ações para a diferença. **Revista Científica Multidisciplinar Núcleo do Conhecimento**, ano 4, v. 11, p. 28-44, mar. 2019. Disponível em: <https://www.nucleodoconhecimento.com.br/educacao/acoes-para-a-diferenca>. Acesso em: 3 mar. 2021.

MAGNÓLIO, P. R. S. (Org.). **Educologia**: a educação ambiental ativa. Guararema: J. Pádua, 2003.

MARCONDES, D. Aristóteles: ética, ser humano e natureza. In: BRASIL. Ministério da Educação. Secretaria de Educação Continuada, Alfabetização e Diversidade. **Pensar o ambiente**: bases filosóficas para a educação ambiental. Brasília, 2006. p. 33-41. Disponível em: <http://portal.mec.gov.br/dmdocuments/publicacao4.pdf>. Acesso em: 16 fev. 2021.

MARQUES, L. Livros 128: capitalismo e colapso ambiental. **Univesp**, 23 out. 2015. 27 min. Entrevista. Disponível em: <https://www.youtube.com/watch?v=_tuBDRmrqTs>. Acesso em: 2 ago. 2021.

MENDONÇA, R. **Como cuidar do seu meio ambiente**. São Paulo: Bei Comunicação, 2002. (Coleção Entenda e Aprenda).

MOVIMENTO NACIONAL DOS CATADORES DE MATERIAIS RECICLÁVEIS. A crise financeira e os catadores de materiais recicláveis. **Boletim Mercado de Trabalho**, Ipea, Rio de Janeiro, n. 41, p. 21-24, nov. 2009. Disponível em: <http://repositorio.ipea.gov.br/bitstream/11058/4058/1/bmt41_09_Eco_Crise_41.pdf>. Acesso em: 19 fev. 2021.

NADER, G. Cuidado com o conto do Greenwashing. **Veja Rio**, 25 jul. 2018. Disponível em: <https://vejario.abril.com.br/blog/giovanna-nader/cuidado-com-o-conto-do-greenwashing/>. Acesso em: 16 fev. 2021.

NANDI, D. V. Os temas ecológicos nas Campanhas da Fraternidade. **Encontros Teológicos**, n. 72, ano 30, n. 3, p. 27-36, 2015. Disponível em: <https://facasc.emnuvens.com.br/ret/article/viewFile/27/23>. Acesso em: 16 fev. 2021.

NASCIMENTO, K. A. do. **Repensar a prática**: os projetos escolares de educação ambiental. Disponível em: <http://www.conhecer.org.br/download/PRATICAS/leitura%20anexa%201.pdf>. Acesso em: 6 abr. 2021.

NATUREZA CRÍTICA. **Sobre**. Disponível em: <https://www.blogs.unicamp.br/naturezacritica/sobre/>. Acesso em: 2 ago. 2021.

NAZAREA, V. D. **Cultural Memory and Biodiversity**. Arizona: University of Arizona Press, 1998.

NEIMAN, Z.; RABINOVICI, A.; SOLA, F. A questão ambiental, a sustentabilidade e inter, pluri ou transdisciplinaridade. In: CUNHA, B. P. da; AUGUSTIN, S. (Org.). **Sustentabilidade ambiental**: estudos jurídicos e sociais. Caxias do Sul: Educs, 2014. p. 24-47. Disponível em: <https://www.ucsminhaescolha.com.br/site/midia/arquivos/Sustentabilidade_ambiental_ebook.pdf#page=2>. Acesso em: 22 fev. 2021.

NORTH, D. C. Institutions. **Journal of Economic Perspectives**, v. 5, n. 1, p. 97-112, Winter 1991. Disponível em: <https://edisciplinas.usp.br/pluginfile.php/1695541/mod_resource/content/1/North%20%281991%29.pdf>. Acesso em: 2 ago. 2021.

NUNES, M. Friday for Future: jovens se unem para protestar contra falta de ação dos adultos. No Brasil, também. **Conexão Planeta**, 12 mar. 2019. Disponível em: <http://conexaoplaneta.com.br/blog/greve-mundial-pelo-clima-jovens-se-unem-para-protestar-contra-a-inacao-dos-adultos-sobre-o-tema-em-15-3>. Acesso em: 14 mar. 2021.

OCA – Laboratório de Educação e Política Ambiental. **Conheça a Oca**. Disponível em: <http://oca.esalq.usp.br/conheca-a-oca/>. Acesso em: 16 fev. 2021a.

OCA – Laboratório de Educação e Política Ambiental. **Linhas de pesquisa**. Disponível em: <https://ocaesalq.wordpress.com/producoes-oca/oqueeaoca/linhas-de-pesquisa/>. Acesso em: 16 fev. 2021b.

OLIVEIRA, E. M. de. **Educação ambiental**: uma possível abordagem. 3. ed. rev. Brasília: Ibama, 2006. (Coleção Meio Ambiente, n. 2; Série Educação Ambiental). Disponível em: <https://www.ibama.gov.br/sophia/cnia/livros/educacaoambientalumaabordagemdigital.pdf>. Acesso em: 16 fev. 2021.

OLIVEIRA, M. Operadores booleanos. **Sistema de Bibliotecas da PUC-Rio**, 27 ago. 2009. Disponível em: <http://www.dbd.puc-rio.br/wordpress/?p=116>. Acesso em: 16 fev. 2021.

ORTNER, S. B. Subjetividade e crítica cultural. **Horizontes Antropológicos**, Porto Alegre, v. 13, n. 28, p. 375-405, jul./dez. 2007. Disponível em: <https://www.scielo.br/pdf/ha/v13n28/a15v1328.pdf>. Acesso em: 16 fev. 2021.

OSÓRIO, A. Ecofeminismo, teorias do care e as críticas a protetoras de animais de rua. **Estudos Feministas**, Florianópolis, v. 26, n. 3, p. 1-20, 2018. Disponível em: <https://periodicos.ufsc.br/index.php/ref/article/view/57762/37915>. Acesso em: 16 fev. 2021.

PALMER, J. A (Org.). **50 grandes ambientalistas**: de Buda a Chico Mendes. Tradução de Paulo Cezar Castanheira. São Paulo: Contexto, 2006.

PENTEADO, H. D. **Meio ambiente e formação de professores**. 2. ed. São Paulo: Cortez, 2000.

PERLIN, J. **História das florestas**: a importância da madeira no desenvolvimento da civilização. Tradução de Marija Mendes Bezerra. Rio de Janeiro: Imago, 1992.

PHI – Programa Hidrológico Internacional da Unesco. Fundação do Projeto Internacional WET. **Água e educação**: guia geral para docentes das Américas e do Caribe. Brasília, 2011. Disponível em: <http://www.unesco.org/new/fileadmin/MULTIMEDIA/HQ/SC/pdf/Water_and_education_UNESCO_WET_pt.pdf>. Acesso em: 16 fev. 2021.

PHILIPPI JR., A.; PELICIONI, M. C. F. **Educação ambiental e sustentabilidade**. Barueri: Manole, 2004.

PHILIPPI JR., A.; SAMPAIO, C. A. C.; FERNANDES, V. (Ed.). **Gestão empresarial e sustentabilidade**. Barueri: Manole, 2017. (Coleção Ambiental, v. 21).

PINHO, M. F. M. et al. Representações de ambiente e educação ambiental: implicações na práxis educativa de professores de ensino fundamental em Moju, PA, Brasil. **Terræ Didatica**, v. 13, n. 3, p. 295-302, 2017. Disponível em: <https://periodicos.sbu.unicamp.br/ojs/index.php/td/article/view/8651224/17550>. Acesso em: 22 fev. 2021.

PINTO, A. et al. **Boas práticas para manejo florestal e agroindustrial**: produtos florestais não madeireiros. Belém: Imazon; Sebrae, 2010. Disponível em: <https://imazon.org.br/PDFimazon/Portugues/livros/BoasPraticasManejo.pdf>. Acesso em: 2 ago. 2021.

PLANELLES, M. Emissões globais de CO2 crescem e batem novo recorde. **El País**, 5 dez. 2018. Disponível em: <https://brasil.elpais.com/brasil/2018/12/05/internacional/1544012893_919349.html>. Acesso em: 16 fev. 2021.

PORTAL EDUCAÇÃO. **Conceitos de educação ambiental**. Disponível em: <https://siteantigo.portaleducacao.com.br/conteudo/artigos/biologia/conceitos-de-educacao-ambiental/27420>. Acesso em: 2 ago. 2021.

RAYMUNDO, M. H. A. et al. (Org.) **Avaliação e monitoramento de políticas públicas de educação ambiental no Brasil**: transição para sociedades sustentáveis. Piracicaba: MH-Ambiente Natural, 2019. Disponível em: <https://www.funbea.org.br/wp-content/uploads/2020/01/livro-MonitoraEA-2.pdf>. Acesso em: 2 ago. 2021.

REBEA – Rede Brasileira de Educação Ambiental. **O que é a REBEA?** Disponível em: <https://www.rebea.org.br/index.php/a-rede>. Acesso em: 16 fev. 2021.

REIGOTA, M. **Meio ambiente e representação social**. São Paulo: Cortez, 1995.

REIGOTA, M. **O que é educação ambiental?** 2. ed. São Paulo: Brasiliense, 2009.

RICKLEFS, R. E. **A economia da natureza**. Tradução de Cecília Bueno, Pedro P. de Lima e Silva e Patrícia Moussinho. 5. ed. Rio de Janeiro: Guanabara Koogan, 2003.

ROOSE, F.; PARIJS, P. v. (Org.). **Pensamento ecológico**. São Paulo: Imaginário, 1997.

SACHS, I. et al. Estratégias de transição para o século XXI. In: BURSZTYN, M. et al. (Org.). **Para pensar o desenvolvimento sustentável**. São Paulo: Brasiliense, 1993. p. 29-56.

SANTOS, B. de S. Modernidade, identidade e a cultura de fronteira. **Tempo Social**, São Paulo, v. 5, n. 1-2, p. 31-52, 1993. Disponível em: <http://www.boaventurasousasantos.pt/media/Modernidade%20Identidade%20Fronteira_Tempo Social1994.pdf>. Acesso em: 16 fev. 2021.

SÃO PAULO (Estado). Dados Abertos da Educação. **Microdados do Censo Escolar**. Disponível em: <https://dados.educacao.sp.gov.br/dataset/microdados-do-censo-escolar>. Acesso em: 2 ago. 2021.

SÃO PAULO (Estado). Secretaria de Estado do Meio Ambiente. Coordenação de Educação Ambiental. Fundo Estadual de Recursos Hídricos. **Educação ambiental**: roteiro para elaboração de projetos. São Paulo, 2010. Disponível em: <https://edisciplinas.usp.br/pluginfile.php/316037/mod_resource/content/1/roteiro-para-elaboracao-de-projetos-fehidro-caap-set2010.pdf>. Acesso em: 16 fev. 2021.

SATO, M.; CARVALHO, I. (Org.). **Educação ambiental**: pesquisa e desafios. Porto Alegre: Artmed, 2005.

SATO, M.; GAUTHIER, J. Z.; PARIGIPE, L. A insurgência do grupo pesquisador na educação ambiental sociopoética. In: SATO, M.; CARVALHO, I. (Org.). **Educação ambiental**: pesquisa e desafios. Porto Alegre: Artmed, 2005. p. 99-118.

SAUVÉ, L. **Courants théoriques et pratiques en éducation relative à l'environnement**: essai de cartographie du domaine. 2003. Disponível em: <https://wikis.cdrflorac.fr/wikis/Ecorespon//wakka.php?wiki=OutilS/download&file=Courants_ERE_Sauv.pdf>. Acesso em: 16 fev. 2021.

SAUVÉ, L. Educação ambiental e desenvolvimento sustentável: uma análise complexa. **Revista de Educação Pública**, v. 6, n. 10, jul./dez. 1997. Disponível em: <http://www.projeto sustentabilidade.sc.usp.br/index.php/content/download/996/8723/file/Sauve,%201997.doc>. Acesso em: 2 ago. 2021.

SAUVÉ, L. Uma cartografia das correntes em educação ambiental. In: SATO, M.; CARVALHO, I. (Org.). **Educação ambiental**: pesquisa e desafios. Porto Alegre: Artmed, 2005. p. 11-44.

SAUVÉ, L.; ORELLANA, I. A formação continuada de professores em educação ambiental: a proposta EDAMAZ. In: SANTOS, J. E. dos; SATO, M. **A contribuição da educação ambiental à esperança de Pandora**. São Carlos: Rima, 2001. p. 273-287.

SEIXAS, C. S.; DAVY, B. Self-Organization in Integrated Conservation and Development Initiatives. **International Journal of the Commons**, v. 2, p. 99-125, 2007. Disponível em: <https://www.thecommonsjournal.org/articles/abstract/10.18352/ijc.24/>. Acesso em: 2 ago. 2021.

SORRENTINO, M. Plano Nacional de Educação Ambiental: como tirá-lo do papel? Entrevista. **Portal Vermelho**, 14 jun. 2012. Disponível em: <http://www.vermelho.org.br/noticia/185 539-1>. Acesso em: 16 fev. 2021.

SORRENTINO, M. Prefácio. In: SATO, M.; CARVALHO, I. (Org.). **Educação ambiental**: pesquisa e desafios. Porto Alegre: Artmed, 2005. p. VII-IX.

SORRENTINO, M. et al. Educação ambiental como política pública. **Educação e Pesquisa**, São Paulo, v. 31, n. 2, p. 285-299, maio/ago. 2005. Disponível em: <https://www.scielo.br/pdf/ep/v31n2/a10v31n2.pdf>. Acesso em: 16 fev. 2021.

STEFFEN, W. et al. Planetary Boundaries: Guiding Human Development on a Changing Planet. **Science**, v. 347, n. 6.223, p. 736-748, Feb. 2015. Disponível em: <https://science.sciencemag.org/content/sci/347/6223/1259855.full.pdf>. Acesso em: 2 ago. 2021.

TAMAIO, I. **O professor na construção do conceito de natureza**: uma experiência de educação ambiental. São Paulo: Annablume, 2002.

TAVARES, R. Construindo mapas conceituais. **Ciências & Cognição**, v. 12, p. 72-85, 2007. Disponível em: <http://www.cienciasecognicao.org/revista/index.php/cec/article/view/641/423>. Acesso em: 16 fev. 2021.

TOZONI-REIS, M. F. de C. A construção coletiva do conhecimento e a pesquisa-ação participativa: compromissos e desafios. **Pesquisa em Educação Ambiental**, v. 2, n. 2, p. 89-107, 2007. Disponível em: <https://repositorio.unesp.br/bitstream/handle/11449/108278/ISSN2177-580X-2007-2-2-89-107.pdf?sequence=1&isAllowed=y>. Acesso em: 16 fev. 2021.

UICN – Unión Mundial para la Naturaleza; PNUMA – Programa de las Naciones Unidas para el Medio Ambiente; WWF – Fondo Mundial para la Naturaleza. **Cuidar la Tierra**: Estrategia para el Futuro de la Vida. Gland, Oct. 1991. Disponível em: <https://portals.iucn.org/library/sites/library/files/documents/CFE-003-Es-Summ.pdf>. Acesso em: 16 abr. 2021.

UNEP – United Nations Environment Programme. **Declaration of the United Nations Conference on the Human Environment**. Stockholm, June 1972. Disponível em: <https://www.ipcc.ch/apps/njlite/srex/njlite_download.php?id=6471>. Acesso em: 16 fev. 2021.

UNESCO – United Nations Educational, Scientific and Cultural Organization. **International Strategy for Action in the Field of Environmental Education and Training for the 1990s**. Paris, 1988. Disponível em: <https://unesdoc.unesco.org/ark:/48223/pf0000080583>. Acesso em: 27 mar. 2021.

UNICEF – Fundo das Nações Unidas para a Infância. **Declaração Universal dos Direitos Humanos**. Paris, 10 dez. 1948. Disponível em: <https://www.unicef.org/brazil/declaracao-universal-dos-direitos-humanos>. Acesso em: 2 ago. 2021.

VEIGA, J. E. (Org.). **Gaia**: de mito a ciência. São Paulo: Senac, 2012.

VIEIRA, P. F.; BERKES, F.; SEIXAS, C. S. (Ed.). **Gestão integrada e participativa de recursos naturais**: conceitos, métodos e experiências. Florianópolis: Secco/Aped, 2005.

VILARINHO, L. R. G.; MONTEIRO, C. C. do R. Projetos de educação ambiental escolar: uma proposta de avaliação. **Revista Brasileira de Educação Ambiental (RevBEA)**, São Paulo, v. 14, n. 1, p. 439-455, 2019. Disponível em: <https://periodicos.unifesp.br/index.php/revbea/article/view/2590/1611>. Acesso em: 16 fev. 2021.

VILLAS-BÔAS, A. 100 dias de retrocessos socioambientais. **Instituto Socioambiental**, 10 abr. 2019. Disponível em: <https://www.socioambiental.org/pt-br/blog/blog-do-isa/100-dias-de-retrocessos-socioambientais>. Acesso em: 16 fev. 2021.

WILSON, E. O.; PETER, F. M. **Biodiversidade**. Rio de Janeiro: Nova Fronteira, 1988.

WEEC NETWORK – World Environmental Education Congress. **History**. Disponível em: <https://weecnetwork.org/about-us/history/>. Acesso em: 2 ago. 2021.

ZAKRZEVSKI, S.; SATO, M. Revisitando a história da educação ambiental nos programas escolares gaúchos. **Ambiente & Educação**, Rio Grande, v. 11, p. 25-49, 2006. Disponível em: <https://periodicos.furg.br/ambeduc/article/view/766/262>. Acesso em: 16 fev. 2021.

BIBLIOGRAFIA COMENTADA

CALLEJAS, G. V. Ideas para la conceptualización y práctica de la educación ambiental en las comunidades indígenas de América Latina. In: CONGRESSO IBEROAMERICANO DE EDUCAÇÃO AMBIENTAL, 5., 2006, Joinville. Disponível em: <https://eaterciario.files.wordpress.com/2015/09/conferencias-del-v-congreso-iberamericano-de-educacion-ambiental-brasil-2006.pdf>. Acesso em: 2 maio 2021.

Nesse trabalho, Germán Vargas Callejas lista as principais problemáticas socioambientais que assolam os povos originários da América Latina e esclarece suas potencialidades para a reparação e a construção de processos educativos em seus territórios. Para o autor, a educação ambiental deve priorizar a prevenção de problemas ambientais, algo que requer comportamentos ecológicos adequados e uma racionalidade biocêntrica. Para fortalecer esse processo, é preciso potencializar e conservar a consciência e a sensibilidade ambientais próprias dos povos indígenas.

DIAS, G. F. **Atividades interdisciplinares de educação ambiental**. 2. ed. São Paulo: Gaia, 2006.

Nessa obra, Genebaldo Dias apresenta um panorama detalhado do desenvolvimento da educação ambiental em vários níveis institucionais, tanto no contexto nacional quanto no internacional. Trata-se de um pesquisador que se empenhou na produção de materiais didáticos em português sobre a área, a fim de divulgar informações diversas sobre as políticas direta e indiretamente relacionadas à educação ambiental e sobre seus avanços e suas limitações no Brasil e no mundo.

GOMES, M. P. **Os índios e o Brasil**: passado, presente e futuro. São Paulo: Contexto, 2012.

Essa obra apresenta um importante panorama dos diferentes aspectos que configuram a história dos povos originários no Brasil, tendo em vista sua luta e o grande esforço institucional para a garantia, a manutenção e a ampliação de seus espaços políticos, culturais e territoriais.

PHILIPPI JR., A.; PELICIONI, M. C. F. (Ed.). **Educação ambiental em diferentes espaços**. São Paulo: Signus/Cepa, 2007. (Coleção Estudos e Pesquisas Ambientais).

Maria Cecilia Focesi Pelicioni e Arlindo Philippi Junior editaram importantes obras na área socioambiental, de modo a difundir conceitos e práticas atualizadas nas universidades, nas organizações sociais e nas empresas. Especificamente, essa obra enfatiza a formação e a capacitação para a aplicação da educação ambiental em diversos contextos, como o comunitário, o escolar, o empresarial e o público.

SATO, M.; CARVALHO, I. (Org.). **Educação ambiental**: pesquisa e desafios. Porto Alegre: Artmed, 2005.

Nessa obra, são apresentadas contribuições de especialistas nacionais e internacionais com relação a conceitos tradicionais e inovadores do campo de pesquisa em educação ambiental. Entre os temas abordados, destacam-se: as correntes de educação ambiental definidas por Lucie Sauvé; o holismo na ética tratado por Mauro Grün; as estratégias alternativas de educação ambiental que enfatizam a corrente sociopoética, desenvolvidas por Valdo Barcelos, Michèle Sato, Jacques Gauthier e Lymbo Parigipe; e os aspectos interdisciplinares da educação ambiental abordados por Edgar González-Gaudiano.

SILVA, A. L. da; GRUPIONI, L. D. B. (Org.). **A temática indígena na escola**: novos subsídios para professores de 1º e 2º graus. São Paulo: Global; Brasília: MEC/Mari/Unesco, 2004.

Trata-se de uma obra recomendada pelo Comitê de Educação Escolar Indígena e pelo Ministério da Educação, os quais visam promover e divulgar materiais didático-pedagógicos sobre as sociedades indígenas brasileiras.

VEIGA, J. E. de. (Org.). **Gaia**: de mito a ciência. São Paulo: Senac, 2012.

Nessa obra, diversos pesquisadores analisam os pontos válidos da teoria Gaia, desenvolvida por James Lovelock, dissociando-a de visões animistas do planeta (que carecem de evidências comprobatórias) e definindo-a como um sistema ao qual todos estamos integrados.

Trata-se de um trabalho atual e importante para a compreensão de como os ciclos biogeoquímicos se relacionam com a conservação, a evolução biológica e a qualidade de vida humana. Há capítulos muito especiais que detalham os ciclos biogeoquímicos, como o balanço energético da Terra, a formação e a manutenção da atmosfera oxigenada, a evolução das espécies e a árvore genética universal desenvolvida a partir do RNA ribossômico.

Ao abordar esses temas, a obra busca esclarecer como o planeta sempre esteve em constante mudança e equilíbrio, até que, em curto espaço de tempo, os seres humanos desencadearam a sexta extinção em massa na Terra. Dessa forma, esse livro tem como objetivo motivar a reflexão sobre o efeito das ações humanas para a Terra.

APÊNDICE

Cronologia dos avanços da educação ambiental (EA)

Ano/Período	Marco internacional	Marco nacional (Brasil)
1808	• Contexto de avanços proeminentes nas ciências naturais e sociais. • Crescimento populacional e limitação dos recursos naturais.	• Lutas indígenas e quilombolas pela preservação de suas terras, recursos e culturas (unidades de expressão e resistência biocultural). • Criação do Jardim Botânico do Rio de Janeiro por Dom João VI.
Década de 1850	• Charles Darwin publica *A origem das espécies*.	• Avanço do desmatamento para instalação de monoculturas de café com base na Lei n. 601, de 18 de setembro de 1850, de Dom Pedro II.
1872	• 10 de abril: primeiro Dia da Árvore em Nebrasca, nos Estados Unidos. Mais tarde, a data inspirou eventos similares por todo o mundo.	• Assinatura do Decreto n. 4.887, de 5 de janeiro de 1872, pela Princesa Izabel, dando início a uma atividade florestal particular e ao comércio legal de madeiras.
1889	• Emersão das ações institucionais de EA, como as de Patrick Geddes. • Propostas de preservação em micro e macronível.	• Instituição da Lei Áurea (Lei n. 3.353, de 13 de maio de 1888), que extingue a escravidão no Brasil.
1902	• Surgimento de iniciativas nos Estados Unidos para a criação de Refúgios da Vida Selvagem. • Divulgação dos impactos da poluição e da degradação do ar e dos solos.	• Primeira Festa das Árvores, realizada em 7 de junho em Araras, São Paulo. O evento foi considerado o primeiro evento ambientalista no Brasil.
Década de 1930	• Avanços técnicos da industrialização – a linha de montagem para produção em massa já estava estabelecida desde 1923.	• Aprovação do Código Florestal (Decreto n. 23.793, de 23 de janeiro de 1934). • Criação da Primeira Unidade de Conservação do Brasil (Parque Nacional do Itatiaia). • Primeira Conferência Brasileira de Proteção à Natureza. • Promulgação do Decreto n. 19.402, de 14 de novembro de 1930: cria o Ministério dos Negócios da Educação e Saúde Pública, para desenvolver atividades da educação, da saúde, do esporte e do meio ambiente.

(continua)

(continuação)

Ano/Período	Marco internacional	Marco nacional (Brasil)
1947	• Fundação da União Internacional para a Conservação da Natureza (IUCN).	• Governo brasileiro lança a Campanha de Educação de Adolescentes e Adultos (Ceaa), seguindo recomendações da Unesco.
1948	• Carta Internacional dos Direitos Humanos (Declaração Universal dos Direitos Humanos – DUDH). • Pacto Internacional dos Direitos Civis e Políticos e dos Direitos Econômicos, Sociais e Culturais. • Criação da Fellowship Intentional Communities (FIC).	• Início da discussão para a criação da Lei de Diretrizes de Base da Educação Nacional (LDBEN) na esfera nacional.
1949	• Aldo Leopoldo escreve *The Land Ethic* (*A Ética da Terra*).	• Estabelecimento de políticas públicas para consolidar o ensino profissionalizante no mesmo nível do ensino normal para adentrar o ensino superior.
1958	• Ambientalismo crescente nos Estados Unidos e na Europa em virtude da poluição e de eventos e catástrofes envolvendo adoecimento e morte em massa de seres humanos e outras espécies.	• Criação da Fundação Brasileira para a Conservação da Natureza (FBCN). • Segundo Congresso Nacional de Educação de Adultos, com destaque para a participação do educador Paulo Freire.
1961	• Proclamação do Ano Mundial da Semente pela Assembleia Geral da Organização das Nações Unidas (ONU).	• Demarcação da primeira Terra Indígena no país: Parque do Xingu. • Adoção de dois símbolos nacionais: o pau-brasil (árvore) e o ipê (flor). • Aprovação da primeira LDBEN (Lei n. 4.024, de 20 de dezembro DE 1961), depois de 13 anos em tramitação. • Início do Movimento de Educação de Base (interrompido, contudo, em 1965).
1962	• Rachel Carson publica *Silent Spring* (*Primavera silenciosa*).	• O método de alfabetização de adultos de Paulo Freire tem seu escopo ampliado e passa a orientar o maior programa de alfabetização do Brasil, tornando o educador o encarregado do Programa Nacional de Alfabetização de Adultos (PNAA). • No ano seguinte, é desenvolvido o primeiro Plano Nacional de Educação (PNE).

(continuação)

Ano/Período	Marco internacional	Marco nacional (Brasil)
1965	• Emprego do termo *educação ambiental* (*Enviromental Education*) na Conferência de Educação, realizada na Universidade de Keele, na Grã-Bretanha (Keele Conference on Education and Countryside).	• Interrupção da instalação dos 20 mil círculos de cultura previstos para alfabetizar 2 milhões de pessoas, em virtude do golpe militar ocorrido no ano anterior. • O Plano Nacional de Alfabetização de Adultos é orientado pela proposta de Freire, estabelecida pelo Decreto n. 53.465, de 21 de janeiro de 1964, durante o governo de João Goulart.
1966	• Pacto Internacional sobre os Direitos Humanos – Assembleia Geral da ONU.	• Alteração do PNE para Plano Complementar de Educação, que introduz alterações na distribuição dos recursos federais para a educação de jovens e adultos (EJA).
1967	• Estabelecimento do Fundo de Defesa do Meio Ambiente (EDF). • Greenpeace e outras organizações não governamentais (ONGs) são fundadas para a defesa do meio ambiente.	• Criação da Fundação Nacional do Índio (Funai). • Estabelecimento constitucional do gasto mínimo com educação, exigência excluída posteriormente na reforma educacional da ditadura militar.
1968	• Fundação do Clube de Roma. • Primeiro alerta formal sobre a crise ambiental de origem antrópica por delegação da Suécia na ONU. • Manifestações de maio de 1968 na França. • Astronautas da Apollo 8 tiram a primeira foto do nascer da Terra visto da Lua.	• Implantação de uma série de mudanças na estrutura e no orçamento do ensino formal, como a Lei da Reforma Universitária, no âmbito do ensino superior, que amplia o atendimento, porém sem garantir qualidade e formação crítica aos estudantes.
1969	• Paul Ehrlich populariza o termo *ecologia* nos debates ambientais. • O termo *preservação* é cunhado na ONU e na IUCN.	• Paulo Freire publica a *Pedagogia do oprimido*.
1970	• Publicação de *A Place to Live* (*Um lugar para viver*) pela National Audubon Society. • Internacionalização do termo *educação ambiental* a partir da promulgação da Lei sobre Educação Ambiental dos Estados Unidos.	• Aumento dos recursos orçamentários para a ampliação das universidades federais.

(continuação)

Ano/Período	Marco internacional	Marco nacional (Brasil)
1971	• Publicação de *A Blueprint for Survival* (*Um esquema para a sobrevivência*) e do primeiro exemplar da revista *Bulletin of Environmental Education* (BEE). • Implementação de programas impulsionadores da EA (como o European Conservation Year).	• Promulgação da Lei n. 5.692, de 11 de agosto de 1971: fixa as Diretrizes e Bases para o Ensino de 1° e 2° graus.
1972	• Primeira Conferência Mundial sobre o Meio Ambiente Humano da ONU. • Conferência de Estocolmo (Suécia): Declaração de Estocolmo. • Estabelecimento do Programa das Nações Unidas para o Meio Ambiente (Pnuma). • Publicação do Relatório *The Limits of Growth* (*Os limites do crescimento*) pelo Clube de Roma.	• A delegação brasileira declara, na Conferência de Estocolmo, que o país estava aberto à poluição, visto que precisava de dólares, de desenvolvimento e de empregos. O Brasil lidera os países do Terceiro Mundo que não aceitam a teoria do crescimento zero proposta pelo Clube de Roma. • Campanha de reintrodução do pau-brasil, considerado extinto em 1920, pela Universidade Federal de Pernambuco (UFPE).
1973	• Estabelecimento do World Directory of Environmental Education Programs (Registro Mundial de Programas em Educação Ambiental) nos Estados Unidos, envolvendo 60 países e 660 programas. • James Lovelock e Lynn Margulis postulam a hipótese de Gaia no artigo "Atmospheric Homeostasis by and for the Biosphere: The Gaia Hypothesis".	• Promulgação do Decreto n. 73.030, de 30 de outubro de 1973: institui a Secretaria Especial do Meio Ambiente (Sema) em âmbito federal no Ministério do Interior, encabeçado por Paulo Nogueira-Neto, que, entre outras atividades, inclui ações de EA.
1974	• Realização do Seminário de Educação Ambiental em Jammi, na Finlândia, com apoio da Organização das Nações Unidas para a Educação, a Ciência e a Cultura (Unesco). • Reconhecimento da EA como educação integral e permanente. • Estabelecimento do dia 5 de junho como o Dia Mundial do Meio Ambiente pela ONU.	• Fortalecimento dos movimentos ecológicos no Brasil.

(continuação)

Ano/Período	Marco internacional	Marco nacional (Brasil)
1975	• Realização do Belgrado Workshop on Environmental Education pela Unesco (Iugoslávia). O evento contou com a participação de 65 países. • Publicação da Carta de Belgrado, que estabelece as metas e princípios da EA. • Lançamento do Programa Internacional de Educação Ambiental (PIEA) pela Unesco e pelo Pnuma. • Declaração de Amsterdã sobre mudança global.	• Lançamento da primeira emissora de televisão pública de cunho educativo do Brasil, a TV Educativa (conhecida também como TVE Brasil e TVE RJ) no canal 2. A primeira transmissão ocorreu em 5 de novembro, com o programa João da Silva sendo o mais atrativo por ser um curso supletivo com dramatização dos conteúdos pedagógicos e acompanhamento de material didático.
1976	• Reunião Sub-regional de EA para o Ensino Secundário, realizada em Chosica, no Peru. • Na reunião, ficou definido que as questões ambientais relacionam-se às necessidades de sobrevivência e aos direitos humanos na América Latina. • Congresso de Educação Ambiental realizado em Brasarville, na África. Esse evento dimensionou a pobreza como maior problema ambiental existente.	• Primeiro Curso de Extensão para professores do 1º grau em Ecologia promovido pela Sema, pela Fundação Educacional do Distrito Federal e pela Universidade de Brasília (UnB).
1977	• Conferência Intergovernamental de Educação Ambiental (Tbilisi, Geórgia – antiga União Soviética): primeiro congresso internacional sobre educação ambiental, promovido pela Unesco. Estabelece os princípios orientadores da EA e remarca seu caráter interdisciplinar, crítico, ético e transformador. • Fundação da Sociedade Internacional para EA (The International Society for EE) nos Estados Unidos.	• Implantação do Projeto de Educação Ambiental em Ceilândia (1977-1981). • Elaboração de um documento de EA pela Sema para definir seu papel no contexto brasileiro. • Realização de seminários, encontros e debates preparatórios na Fundação Estadual de Engenharia do Meio Ambiente do Rio de Janeiro (Feema-RJ) para a Conferência de Tbilisi. • A disciplina Ciências Ambientais passa a ser obrigatória nos cursos de Engenharia.

(continuação)

Ano/Período	Marco internacional	Marco nacional (Brasil)
1978	• Reconhecimento das tendências de mudanças no clima global, culminando na organização da primeira Conferência Mundial do Clima no ano seguinte.	• Início do desenvolvimento do Projeto Natureza pela Secretaria de Educação do Rio Grande do Sul. Foi inovador como ação institucionalizada e perdurou por sete anos (até 1985).
1979	• Encontro Regional de Educação Ambiental para América Latina (San José, Costa Rica). • Realização da Primeira Conferência Mundial do Clima em Genebra, na Suíça.	• Publicação do documento *Ecologia: uma proposta para o ensino de 1° e 2° graus* pelo Ministério da Educação e Cultura (MEC) e pela Companhia Ambiental do Estado de São Paulo (Cetesb).
1980	• Seminário Regional Europeu sobre EA, para Europa e América do Norte. • Realização do Seminário Regional sobre EA nos Estados Árabes pela Unesco e pelo Pnuma (Manama, Barém). • Primeira Conferência Asiática sobre EA (Nova Deli, Índia).	• Discussões regionais em EA por todo o país.
1981	• Publicação do *World Conservation Strategy* pela IUCN, pela World Wide Fund for Nature (WWF) e pelo Pnuma.	• Estabelecimento da Política Nacional do Meio Ambiente – PNMA (Lei n. 6.938, de 31 de agosto de 1981). • Criação do Sistema Nacional de Meio Ambiente (Sisnama).
1982	• Reunião Internacional de Especialistas sobre o Progresso e as Tendências em Educação Ambiental.	• Primeiro Encontro de Educação Ambiental realizado pela Secretaria de Meio Ambiente de Porto Alegre.
1984	• Estabelecimento do Programa Hidrológico Nacional da Unesco.	• Resolução do Conselho Nacional do Meio Ambiente (Conama), porém sem definição das diretrizes para EA. • Primeiro Encontro Paulista de EA (Sorocaba).
1985	• Estabelecimento do Protocolo de Montreal entre países signatários para combater a emissão de gases que degradam a camada de ozônio.	• Criação da Associação Brasileira de Entidades Estaduais de Meio Ambiente (Abema). • Início da série de seminários Universidade e Meio Ambiente.

(continuação)

Ano/Período	Marco internacional	Marco nacional (Brasil)
1986	• Realização do Seminário Internacional de Desenvolvimento Sustentado e Conservação de Regiões Estuarino-Lacunares (Manguezais) em São Paulo. • Realização de vários encontros e seminários específicos sobre EA em todos os continentes. • Criação do movimento *Slow Food* na Itália.	• Tratamento da EA em eventos ambientais e inclusão dessa pauta em cursos de ensino superior. • Organizações iniciais para a EA: criação dos Centros de Educação Ambiental do MEC. • Primeiro Seminário Nacional sobre Universidade e Meio Ambiente.
1987	• Segundo Congresso Internacional de Educação Ambiental do Pnuma (Moscou, Rússia): Publicação da Estratégia Internacional de Ação no Campo da Educação Ambiental e da Formação em Educação Ambiental para o Decênio de 1990. • Publicação de *Nosso futuro comum* (Relatório Brundtland) pela Comissão Mundial, com patrocínio da primeira-ministra norueguesa Gro Harlem Brundtland. • Estabelecimento do Protocolo de Montreal. • Prêmio Global 500 é dedicado a Chico Mendes. • Hipótese Claw sobre a inter-relação entre algas e outros organismos marinhos e o clima global.	• Parecer n. 226, de 11 de março de 1987, do Conselho Federal de Educação (CFE): inclusão da EA entre os conteúdos curriculares das escolas de 1° e 2° graus. • Paulo Nogueira-Neto representa o Brasil na Comissão Brundtland. • Segundo Seminário Universidade e Meio Ambiente (Belém, Pará). • O líder indígena e filósofo Ailton Krenak profere na Assembleia Constituinte um discurso marcante em defesa dos direitos dos povos indígenas.
1988	• Assassinato de Chico Mendes. • Declaração de Caracas: gestão ambiental na América e necessidade de mudança do modelo de desenvolvimento. • Criação do Painel Intergovernamental sobre Mudanças Climáticas (IPCC) por iniciativa do Pnuma e da Organização Meteorológica Mundial.	• Constituição da República Federativa do Brasil: artigos (especialmente os art. 23, 205 e 225) e incisos dedicados ao meio ambiente e à EA; inclusão da EA em todos os níveis de ensino. • Formação das Redes Paulista e Capixaba de Educação Ambiental. • Tradução e publicação do Relatório Brundtland pela Fundação Getulio Vargas (FGV).

(continuação)

Ano/Período	Marco internacional	Marco nacional (Brasil)
1989	• Realização do Seminário Internacional para a Incorporação da EA no Ensino Técnico Agrícola na América Latina (Brasil). • Primeiro Seminário sobre materiais para a EA (Santiago/Chile). • Convenção de Basileia sobre Rejeitos e Resíduos Tóxicos – ONU. • Declaração de Haia – preparação para a Rio-92: importância da cooperação internacional nas questões ambientais.	• Criação do Instituto Brasileiro do Meio Ambiente (Ibama) pela fusão da Sema, da Superintendência do Desenvolvimento da Pesca (Sudepe), da Superintendência da Borracha (Sudhevea) e do Instituto Brasileiro de Defesa Florestal (IBDF). Nele funciona a Divisão de Educação Ambiental. • Criação do Fundo Nacional do Meio Ambiente (FNMA), que manteve 20% dos projetos de EA ao longo dos anos 1980 e fortaleceu redes de EA nos anos 2000 nos níveis nacional, estadual e regional. • Programa de Educação Ambiental em Universidade Aberta da Fundação Demócrito Rocha (Recife e Fortaleza). • Primeiro Encontro Nacional sobre Educação Ambiental no Ensino Formal realizado pelo Ibama e pela UFPE.
1990	• Promoção de diversos encontros sobre a questão ambiental: Globe 90 – Canadá; Direito Ambiental – França; Clima – Genebra etc. • Proclamação do Ano Internacional do Meio Ambiente pela Unesco. • Primeiro Curso Latino-Americano de Especialização em Educação Ambiental promovido pelo Pnuma, pelo Ibama, pelo Conselho Nacional de Desenvolvimento Científico e Tecnológico/Coordenação de Aperfeiçoamento de Pessoal de Nível Superior (CNPq/Capes) e pela Universidade Federal de Mato Grosso – UFMT (Cuiabá, 1990-1994).	• Quarto Seminário Nacional sobre Universidade e Meio Ambiente (Florianópolis, Santa Catarina). • Criação de um novo conceito para a conservação da biodiversidade pelas reservas extrativistas.

(continuação)

Ano/Período	Marco internacional	Marco nacional (Brasil)
1991	• Reuniões preparatórias da Rio-92. • Publicação de *Cuidando da Terra* (*Caring for Earth*) pelo IUCN, pelo WWF e pelo Pnuma. • Criação do Fundo Global para o Meio Ambiente (GEF) para países em desenvolvimento enfrentarem o impacto das mudanças climáticas sobre diversas áreas.	• Portarias n. 678, de 14 de maio de 1991, e n. 2.421, de 21 de novembro de 1991, do MEC: inclusão da EA nos currículos de ensino e definição de grupo de trabalho para a atuação nos estados. • Lançamento do Projeto de Informações sobre EA pelo Ibama e pelo MEC. • Encontro Nacional de Políticas e Metodologias para EA realizado pelo MEC, pela Unesco e pela Embaixada do Canadá. • Comissão Interministerial para a preparação da Conferência das Nações Unidas sobre Meio Ambiente e Desenvolvimento (Rio-92): EA como um dos instrumentos da política ambiental brasileira.
1992	• Conferência sobre Educação para Todos (Tailândia). • ECO 92: • Conferência das Nações Unidas sobre Meio Ambiente e Desenvolvimento (Cnumad)/ Rio-92/Cúpula da Terra: Declaração do Rio de Janeiro; Agenda 21; Tratado sobre a Educação Ambiental para as Sociedades Sustentáveis e Responsabilidade Global, elaborado pela Sociedade Civil Planetária; Convenção sobre Mudanças Climáticas; Convenção da Biodiversidade; Convenção sobre o Clima; e Princípios de Dublin sobre a Água e o Desenvolvimento Sustentável. • Fórum Global das ONGs: compromissos da sociedade civil com a EA e Primeira Jornada Internacional de EA, aberta pelo educador Paulo Freire. • Criação da União dos Cientistas Preocupados e publicação do *World Scientists' Warning to Humanity* (*Alerta de Cientistas Mundiais para a Humanidade*), assinado por 1.700 cientistas.	• Adesão aos tratados, acordos, convenções, declarações e princípios estabelecidos na Rio-92. • Carta Brasileira de Educação Ambiental – MEC. • Primeiro Encontro Nacional de Centros de Educação Ambiental – CEAs (Foz do Iguaçu, Paraná). • Segundo Fórum Brasileiro de Educação Ambiental: criação da Rede Brasileira de Educação Ambiental (Rebea). • Criação do Ministério do Meio Ambiente (MMA). • Instituição dos Núcleos de Educação Ambiental pelo Ibama em todas as superintendências estaduais para operacionalizar as ações educativas na gestão ambiental estadual. • Criação dos Núcleos Estaduais de Educação Ambiental (NEAs) do Ibama. • Realização do *Workshop* sobre Educação Ambiental, promovido pelo MEC em Jacarepaguá (Rio de Janeiro). Além dos debates sobre as metodologias e bases curriculares da EA, o evento resultou na Carta Brasileira de Educação Ambiental, a qual destaca a necessidade de capacitação de recursos humanos para a EA.

(continuação)

Ano/Período	Marco internacional	Marco nacional (Brasil)
1993	• Congresso Sul-Americano (continuidade da Eco 92) na Argentina. • Conferência dos Direitos Humanos (Viena, Áustria). • Aplicação do Tratado da Convenção da Diversidade Biológica (CDB), assinado na Cnumad por 167 países.	• Criação de redes de educação ambiental em diversas unidades federativas do país. • Transformação do grupo de trabalho de EA do MEC em Coordenação Geral de Educação Ambiental (Coea/MEC) e na Divisão de Educação Ambiental do Ibama para consolidar a EA no Sistema Nacional do Meio Ambiente (Sisnama). • Criação dos Centros de Educação Ambiental do MEC, com a finalidade de difundir metodologias em EA. • Proposta Interdisciplinar de EA para a Amazônia – publicação de um documento com 10 temas ambientais da região e outro metodológico.
1994	• Primeiro Congresso Ibero-Americano de Educação Ambiental (Guadalajara, México). • Conferência sobre População e Desenvolvimento da ONU (Cairo, Egito).	• Inclusão do meio ambiente como tema transversal na Política Educacional Brasileira. • Aprovação do Programa Nacional de EA (ProNEA), envolvendo o MMA, o MEC, o Ministério da Indústria e do Comércio (MIC) e o Ministério da Ciência, Tecnologia e Inovações (MCTI). • Publicação em português da Agenda 21 feita por crianças e jovens – Fundo de Emergência Internacional das Nações Unidas para a Infância (Unicef).
1995	• Primeira Conferência das Partes para a Convenção sobre Mudanças Climáticas: Mandato de Berlim.	• Portaria n. 482, de 5 de maio de 1995, do MEC: criação dos cursos Técnico em Meio Ambiente e Auxiliar Técnico em Meio Ambiente no 2° grau. • Aprovação da EA como componente obrigatório em projetos ambientais e/ou de desenvolvimento sustentável.
1996	• Segunda Conferência da ONU sobre Assentamentos Humanos (Istambul, Turquia).	• Estabelecimento das Diretrizes e Bases da Educação Nacional (Lei n. 9.394, de 20 de dezembro de 1996): abertura para a inclusão da EA no currículo nacional; meio ambiente como tema transversal. • Grupo de Trabalho Interministerial de Educação Ambiental promovido pelo MMA. • Criação da Câmara Técnica de Educação Ambiental do Conama.

(continuação)

Ano/Período	Marco internacional	Marco nacional (Brasil)
1997	• Rio+5: Conferência Internacional da Unesco sobre Meio Ambiente e Sociedade/Conferência Tessalônica: Educação e Consciência Pública para a Sustentabilidade (Thessaloniki, Grécia). • Estabelecimento do Protocolo de Kyoto. • Segundo Congresso Ibero-Americano de EA (Guadalajara, México).	• Falecimento de Paulo Freire. • Elaboração dos Parâmetros Curriculares Nacionais (PCN). • Primeira Conferência Nacional de Educação Ambiental: Declaração de Brasília para a Educação Ambiental. • Cursos de Educação Ambiental para as escolas técnicas promovidos pela Coordenação de Educação Ambiental do MEC.
1998	• Quarta Conferência das Partes para a Convenção sobre Mudanças Climáticas.	• Lei Contra Crimes Ambientais (Lei n. 9.605, de 12 de fevereiro de 1998). • Decreto n. 2.519, de 16 de março de 1998: ratifica a CDB.
1999	• World Conference on Science for the Twenty-first Century: a New Commitment (Budapeste, Hungria). • Publicação de *A ciência para o século XXI: uma nova visão e uma base de ação* (Declarações de Budapeste e Santo Domingo). • Conselho de Negócios Mundiais para o Desenvolvimento Sustentável: reunião de 150 multinacionais no Rio de Janeiro. • Primeiro Encontro Internacional da Carta da Terra na Perspectiva da Educação (São Paulo). • Publicação da *Carta da Ecopedagogia: em defesa de uma pedagogia da Terra* (Movimento pela Ecopedagogia). • Lançamento internacional da revista *Tópicos en Educación Ambiental*, editada no México.	• Lei n. 9.795, de 27 de abril de 1999: dispõe sobre a EA e institui a Política Nacional de Educação Ambiental (Pnea). • Criação da Diretoria do ProNEA – Secretaria Executiva do MMA. • Iniciativa da Carta da Terra. • Estabelecimento dos Parâmetros em Ação – Meio Ambiente na Escola e do Programa de Formação Continuada de Professores. • Criação do Movimento dos Protetores da Vida – Carta de Princípios (Brasília, DF). • A Coea do MEC passa a compor a Secretaria de Ensino Fundamental.
2000	• Cúpula do Milênio: Estabelecimento dos Objetivos de Desenvolvimento do Milênio (ODM) na Declaração do Milênio (191 países signatários). • Comissão da Carta da Terra publica a Carta da Terra.	• Lei n. 9.988, de 19 de julho de 2000: institui o Sistema Nacional de Unidades de Conservação da Natureza (Snuc). • Integração do Programa 0052 – Educação Ambiental, do MMA, ao Plano Plurianual (2000-2003): ações sob a responsabilidade do MMA, do Ibama, do Banco do Brasil e do Jardim Botânico do Rio de Janeiro. • Lançamento da *Base para a Discussão da Agenda 21 Brasileira* pelo Palácio do Planalto.

(continuação)

Ano/Período	Marco internacional	Marco nacional (Brasil)
2001	• Cenário de instabilidade política mundial. • Desenvolvimento de políticas de EA em diversos países, como Malawi, Zimbábue e Mauritius. • Realização de eventos de EA na Europa, na América Latina e na Ásia. • Desenvolvimento de guias de trabalho em EA para o desenvolvimento do programa específico de EA do Ministério da Educação de Cuba.	• Primeira inclusão da EA no Censo Escolar do Instituto Nacional de Estudos e Pesquisas Educacionais Anísio Teixeira (Inep). • Plano Nacional de Educação (Lei n. 10.172, de 9 de janeiro de 2001). • Fundação do Movimento Nacional dos Catadores de Materiais Recicláveis.
2002	• Conferência das Nações Unidas para o Desenvolvimento Sustentável/Rio+10 (Joanesburgo, África do Sul). • Publicação de pesquisas para fundamentar a teoria Gaia (por exemplo, *Testing Gaia: The Effect of Life on Earth's Habitability and Regulation* – Timothy Lenton, 2002).	• Decreto n. 4.281, de 25 de junho de 2002: regulamenta a Pnea. • Lançamento do Sistema Brasileiro de Informação sobre Educação Ambiental e Práticas Sustentáveis (Sibea).
2003	• 14ª Reunião do Foro de Ministros de Meio Ambiente da América Latina e Caribe (Panamá): Programa Latino-Americano e Caribenho de Educação Ambiental (Placea). • Estabelecimento dos princípios do Equador por bancos internacionais financiadores de projetos. • Primeiro Congresso Mundial de Educação Ambiental – 1º WEEC – World Environmental Education Congress (Espinho, Portugal), idealizado na Rio-92. O evento contou com 300 participantes de 40 países. • Quarto Congresso Ibero-Americano de Educação Ambiental: Um Mundo Melhor é Possível (Havana, Cuba).	• Portaria Ministerial n. 268, de 26 de junho de 2003: institui a Diretoria de Educação Ambiental (DEA) para representar o MMA como órgão gestor da Pnea (transformado em departamento em 2007). • Estabelecimento da viabilização de ações e diretrizes da Pnea como prioridade do MEC e reestruturação da Coordenação Geral de Educação Ambiental (Cgea) para a Secretaria Executiva. • Revisão do ProNEA. • Criação de diversos grupos de trabalho e primeira ação do Órgão Gestor da Pnea (Termo de Cooperação Técnica para a I Conferência Nacional Infantojuvenil pelo Meio Ambiente). • Inclusão da EA no Plano Plurianual (PPA). • Primeira Conferência Nacional do Meio Ambiente (CNMA). • Criação da Rede da Juventude pelo Meio Ambiente e Sustentabilidade (Rejuma).

(continuação)

Ano/Período	Marco internacional	Marco nacional (Brasil)
2004	• Segundo Encontro Regional do Comitê Europeu de Políticas Ambientais sobre Educação para o Desenvolvimento Sustentável (Roma, Itália). • Segundo Congresso Mundial de Educação Ambiental – 2° WEEC, organizado pela Fundação Oswaldo Cruz, pelo Conselho de Biologia e pela Academia Brasileira de Ciências no Rio de Janeiro. O evento contou com 1.500 participantes.	• Mudança ministerial e criação da Secretaria de Educação Continuada, Alfabetização e Diversidade (Secadi): Cgea com maior enraizamento no MEC e nas redes estaduais e municipais de ensino. • Consulta pública e lançamento da terceira versão do ProNEA (contribuições de mais de 800 educadores ambientais do país). • Estabelecimento da atuação efetiva do órgão gestor da Pnea. • Instituição da Câmara Técnica de Educação, Capacitação, Mobilização Social e Informação em Recursos Hídricos (Ctem) pelo Conselho Nacional de Recursos Hídricos (CNRH). • Primeiro Encontro Governamental Nacional sobre Políticas Públicas de EA (Goiânia, Goiás). • Criação do documento Compromisso de Goiânia (pacto governamental para a criação de políticas e programas estaduais e municipais alinhados ao ProNEA). • Criação e retomada de fóruns, revistas e formação de redes (por exemplo, Rede Brasileira de Educomunicação Ambiental – Rebeca). • Criação do Grupo de Trabalho de Educação Ambiental no Fórum Brasileiro de ONGs e Movimentos Sociais (Fboms).
2005	• Início da Década da Educação para o Desenvolvimento Sustentável – Unesco, conforme a Resolução n. 254 da Rio+10. • Plano Andino-Amazônico de Comunicação e Educação Ambiental – Panacea (Lima, Peru). • Publicação da Avaliação Ecossistêmica do Milênio da ONU – envolvimento de 1.360 cientistas. • Realização do Terceiro Congresso Mundial de Educação Ambiental – 3° WEEC (Torino, Itália). O evento consolidou a realização dos congressos mundiais de EA bianualmente. Contou com mais de 3 mil participantes de mais de 100 países.	• Comissões Estaduais Interinstitucionais de Educação Ambiental – Cieas (colegiados estaduais): determinação de diretrizes para espaços educadores democráticos (Pnea e ProNEA).

(continuação)

Ano/Período	Marco internacional	Marco nacional (Brasil)
2006	• Segundo Encontro da Comissão Econômica das Nações Unidas para a Europa (Unece): favoreceu o estabelecimento de indicadores para avaliar a educação para o desenvolvimento sustentável.	• Segunda Conferência Nacional Infantojuvenil pelo Meio Ambiente. • Quinto Congresso Ibero-Americano de Educação Ambiental (Joinville, Santa Catarina).
2007	• Quarta Conferência Internacional sobre Educação Ambiental – Unesco e Pnuma (Ahmedabad, Índia): 30 anos da Carta de Tbilisi, envolvendo 97 países (Tbilisi+30). • Alerta dos cientistas sobre as ameaças à vida e ao meio ambiente – carta publicada em 13 de novembro na revista *BioScience* e assinada por mais de 15 mil pesquisadores de 184 países. • Relatório AR4 do IPCC: evidência do aquecimento global pelos gases de efeito estufa (GEEs) antrópicos. • Realização do Quarto Congresso Mundial de Educação Ambiental – 4° WEEC (Durban, África do Sul).	• Decreto n. 6.101, de 26 de abril de 2007 – Departamento de Educação Ambiental (DEA/MMA). • Extinção da Cgea com a Divisão do Ibama e a instituição do Instituto Chico Mendes de Conservação da Biodiversidade (ICMBio).
2009	• Conferência de Copenhagen: 15° Convenção-Quadro das Nações Unidas sobre Mudança do Clima e Quinta Reunião das Partes (MOP-5) para o Protocolo de Kyoto.	• Criação da Política Nacional sobre Mudança do Clima – PNMC (Lei n. 12.187, de 29 de dezembro de 2009).
2010	• Conferência Internacional Infantojuvenil pelo Meio Ambiente (50 países participantes). • COP-16: Criação do Fundo Verde para o combate às mudanças climáticas pelos países subdesenvolvidos.	• Estabelecimento da Política Nacional de Resíduos Sólidos – PNRS (Lei n. 12.305, de 2 de agosto de 2010).

(continuação)

Ano/Período	Marco internacional	Marco nacional (Brasil)
2011	• COP-17: 17ª Conferência das Partes da Convenção do Clima das Nações Unidas (Durban, África do Sul): fórum multilateral para discutir e adotar medidas contra o aquecimento global (195 países participantes). • Debate sobre uma nova governança com aliança global para a proteção dos oceanos, promovido em um *workshop* no Programa Internacional sobre o Estado do Oceano (International Programme on State of the Ocean – IPSO).	• Realização do Sexto Encontro de Pesquisa em Educação Ambiental (Ribeirão Preto, São Paulo). • Manifestações e intensos debates sobre os impactos das mudanças previstas no Código Florestal Brasileiro, que resultou no Novo Código Florestal – Lei de Proteção da Vegetação Nativa (LPVN) – no ano seguinte.
2012	• Rio+20: a educação não foi o foco do evento oficial, sendo abordada principalmente na Cúpula dos Povos, evento paralelo responsável pela Segunda Jornada Internacional de EA e pelo lançamento da Rede Planetária de EA como parte da implantação do Tratado de EA. • Fórum da Sustentabilidade Corporativa do Pacto Global: Inovação e Colaboração para o Futuro que Queremos (adesão voluntária). • Estabelecimento da Intergovernmental Science-Policy Platform on Biodiversity and Ecosystem Services (IPBES).	• Aprovação das Diretrizes Curriculares Nacionais para a Educação Ambiental, na educação formal, pelo Conselho Nacional de Educação (CNE). • Instrução Normativa n. 2, de 27 de março de 2012, do Ibama: trata da EA nos processos de licenciamento ambiental federal, com diretrizes e procedimentos que orientam a elaboração, a implementação, o monitoramento e a avaliação de programas e projetos de EA em empreendimentos. • Publicação da LPVN – Lei n. 12.651, de 25 de maio de 2012.
2013	• Sétimo Congresso Mundial de Educação Ambiental – Educação Ambiental em Cidades e Áreas Rurais: a Busca por Maior Harmonia (Marrakech, Marrocos): promovido pela International WEEC Association. Contou com 2.400 participantes de 105 países. • Publicação do *Call of Marrakech* para ampliar a EA.	• Decreto n. 7.957, de 12 de março de 2013: institui o Gabinete Permanente de Gestão Integrada para a Proteção do Meio Ambiente e regulamenta a atuação das Forças Armadas na proteção ambiental, inclusive na prevenção a crimes e infrações ambientais. • Publicação do quarto relatório utilizando dados das Conferências Nacionais Infantojuvenis pelo Meio Ambiente, uma iniciativa do órgão gestor da Pnea.

(continuação)

Ano/Período	Marco internacional	Marco nacional (Brasil)
2014	• Primeira publicação do Relatório de Avaliação do Painel Intergovernamental sobre Mudanças Climáticas (IPCC). • Realização de uma série de encontros pelo Pnuma em vários países. Em março, por exemplo, pesquisadores renomados, diversas organizações e mais de 300 jovens se juntaram na celebração do escritório regional do Pnuma na África, intitulada Juventude – Curando a Terra: Ambiente, Educação e Empoderamento. • Último ano da Década da Educação para o Desenvolvimento sustentável declarada pela ONU.	• Decreto n. 8.235, de 5 de maio de 2014: normatiza os programas de regularização ambiental dos estados e inclui a EA como processo apoiador da regularização ambiental de imóveis rurais; integração à LPVN – Novo Código Florestal Brasileiro (Lei n. 12.651, de 25 de maio de 2012).
2015	• Acordo de Paris – COP-21: aprovado como lei em 184 países, incluindo Brasil. • Estabelecimento dos novos Objetivos de Desenvolvimento Sustentável globais (ODS) – Agenda 2030/ONU (Nova York, Estados Unidos). • Realização do Oitavo Congresso Mundial de Educação Ambiental – 8º WEEC (Gotemburgo, Suécia). O evento contou com 800 delegados de 73 nacionalidades.	• Lançamento da Articulação Nacional de Políticas Públicas de Educação Ambiental (Anppea), formada pelo Centro de Ciência do Sistema Terrestre do Instituto Nacional de Pesquisas Espaciais (CCST/Inpe); pelo Fundo Brasileiro de Educação Ambiental (Funbea); pelos Movimentos Engajados e pela Oca, com apoio do MMA e do MEC. • Portaria Interministerial n. 390, de 18 de novembro de 2015: instituí o Plano Nacional de Juventude e Meio Ambiente (PNJMA). • Rompimento da barragem de Fundão da Samarco, em Mariana, Minas Gerais. O incidente matou 19 pessoas, removeu milhares de famílias de suas casas e afetou a biodiversidade de toda a bacia do Rio Doce e as comunidades locais.
2016	• Início da implementação da Agenda 2030.	• Plano Nacional de Adaptação à Mudança do Clima – PNA (Portaria n. 150, de 10 de maio de 2016). • Criação da Comissão Intersetorial Permanente de Educação Ambiental (Cipea), das Linhas de Ação e das Diretrizes da Educação Ambiental do Ibama; retomada e fortalecimento dos encontros de EA (até 2018).

(continuação)

Ano/Período	Marco internacional	Marco nacional (Brasil)
2017	• Realização do Nono Congresso Mundial de Educação Ambiental – 9º WEEC (Vancouver, Canadá). O evento enfatizou a importância da diversidade cultural e celebrou os 40 anos da Declaração de Tbilisi e os 30 anos do Relatório Brundtland, entre outros marcos da área.	• Consultas e eventos para a formulação da quinta versão do ProNEA. • Nono Fórum Brasileiro de Educação Ambiental (Balneário Camboriú, Santa Catarina).
2018	• Conferência do Clima – COP-24/ONU (Katowice, Polônia): implementação do Acordo de Paris e revisão dos compromissos para a redução dos GEEs no Diálogo de Talanoa. • Destaque da Juventude Ativista nos movimentos pela segurança ambiental global. • Retomada das Marchas pelo Clima e Greve Global pelo Clima. • Publicação do sexto Relatório Especial do IPCC.	• Publicação da quinta versão do ProNEA. • Anppea: lançamento de indicadores-base de estruturação da Plataforma Nacional de EA (substituição do Sibea). • Publicação do quinto relatório utilizando dados das Conferências Nacionais Infantojuvenis pelo Meio Ambiente.
2019	• Quarta Assembleia Geral das Nações Unidas para o Meio Ambiente (Nairóbi, Quênia). • Publicação do artigo "Alerta dos cientistas mundiais sobre a emergência climática" na revista *BioScience*, assinado por mais de 11 mil pesquisadores. • Lançamento do Relatório da IPBES, que avalia biodiversidade e serviços ecossistêmicos (SE) para as Américas. • Protagonismo da juventude mundial: discurso da ativista Greta Thunberg no Fórum Econômico Mundial. • Greve da Juventude para o Futuro (#FridayforFuture). • Décimo Congresso Mundial de Educação Ambiental – 10º WEEC (Bangkok, Tailândia). Enfatizou os conhecimentos locais e a conectividade local-global. Contou com 1.800 participantes de 70 países. • O coronavírus SARsCOV-2 é identificado em dezembro e descrito como causador de uma nova doença respiratória, a covid-19.	• Estabelecimento da Frente Parlamentar em Defesa dos Povos Indígenas (Brasília, DF), coordenada por Joenia Wapichana (primeira deputada federal indígena no Brasil). • Lançamento da Plataforma Brasileira de Biodiversidade e Serviços Ecossistêmicos (BPBES), que atua nos moldes do IPBES como um grupo de trabalho da Sociedade Brasileira para o Progresso da Ciência (SBPC) para a produção e disponibilização de sínteses da produção acadêmica e dos saberes tradicionais sobre biodiversidade, SE e suas relações com o bem-estar humano. • O rompimento de uma barragem de rejeitos de minério de ferro em Brumadinho, Minas Gerais, em 25 de janeiro, foi considerado o maior acidente de trabalho no Brasil, com, pelo menos, 259 mortes reconhecidas. Trata-se do segundo maior desastre industrial do século, que afetou a bacia do Rio Paraopeba.

(continuação)

Ano/Período	Marco internacional	Marco nacional (Brasil)
2020	• A covid-19 é elevada à categoria de pandemia em 11 de março pela Organização Mundial de Saúde (OMS). Até o final do ano, causou 1,8 milhão de óbitos e impactou as sociedades de todos os continentes. • Uma diversidade de eventos virtuais sobre EA e as questões ambientais relacionadas à pandemia é produzida por especialistas e organizações por todo o mundo.	• Desmatamentos e incêndios florestais nos biomas amazônicos e no pantanal batem recordes e geram esforços multissetoriais. Além dos especialistas, agentes da cultura e das artes envolvem-se para comover e promover compromissos para a conservação e o cuidado com a fauna afetada, sobressaindo-se ações de ONGs e da sociedade civil. • Brasil, Estados Unidos, Índia e México lideram as taxas de adoecimento e morte causadas pela covid-19. Os fatores causadores tornaram-se tema de pesquisa e reflexão na área ambiental. • Programas de ensino a distância são impulsionados em todos os níveis diante da conjuntura e do agravo da pandemia em todas as regiões do Brasil. Alguns estados e o setor privado se destacam no apoio tecnológico e na inclusão digital, com distribuição de equipamentos eletrônicos, *chips* e internet para os estudantes no ensino remoto.
2021	• COP-15: 15º Conferência das Partes da Convenção da Diversidade Biológica – CDB (Kunming, China). • Fórum Social Mundial, realizado de forma virtual, com a participação de debatedores em *lives*. Gerou documentos e um amplo acervo de materiais disponibilizados *on-line*. • COP-26 (Glasgow, Escócia). • Gigantes do setor financeiro firmam compromisso no combate às mudanças climáticas no encontro virtual Net Zero Asset Managers, coordenado pela ONU.	• Ampliação do uso de plataformas de interação *on-line* para encontros e estudos, dado o agravo da pandemia no país, a exemplo do Sétimo Congresso Brasileiro de Educação Ambiental Aplicada e Gestão Territorial. • Fortalecimento das redes indígenas e do diálogo internacional para a defesa de seus direitos e a conservação da natureza, liderado pela Articulação dos Povos Indígenas do Brasil (Apib).
2022	• Prevista a realização do 11º Congresso Mundial de Educação Ambiental – 11º WEEC (Praga, República Tcheca).	• Prevista a realização da Conferência Internacional de Educação Ambiental (CIEducA) em Bento Gonçalves (Rio Grande do Sul). • Prevista a realização do Primeiro Congresso Internacional de Educação Ambiental Interdisciplinar (Cineai) em Natal (Rio Grande do Norte).

Fonte: Elaborado com base em Unicef, 1948; Daltro, 2002; Raymundo et al., 2019; WEEC Network, 2021; Barbieri, 1997; Mendonça, 2002; Dias, 2004; Sato; Carvalho, 2005; Reigota, 2009; Gadotti, 2009a, 2009b; PHI, 2011; Veiga, 2012; Brasil, 2005a, 2005b, 2015b.

RESPOSTAS

CAPÍTULO 1

Atividades de autoavaliação

1. d
2. b
3. e
4. d
5. a

CAPÍTULO 2

Atividades de autoavaliação

1. c
2. c
3. b
4. d
5. e

CAPÍTULO 3

Atividades de autoavaliação

1. b
2. b
3. e
4. a
5. d

CAPÍTULO 4

Atividades de autoavaliação

1. b
2. a
3. d
4. d
5. e

CAPÍTULO 5

Atividades de autoavaliação

1. a
2. b
3. d
4. e
5. a

CAPÍTULO 6

Atividades de autoavaliação

1. d
2. b
3. e
4. d
5. e

SOBRE A AUTORA

Aline Lopes e Lima é doutora em Meio Ambiente e Sociedade pelo Núcleo de Estudos e Pesquisas Ambientais da Universidade Estadual de Campinas (Nepam/Unicamp), mestra em Biologia Vegetal pelo Instituto de Biologia da Unicamp e graduada em Ciências Biológicas pela mesma instituição. Atuou em pesquisas nas áreas de etnobotânica, cultura de tecido vegetal, ecologia vegetal, agroecologia e desenvolvimento rural sustentável, ecologia funcional de plantas, fitorremediação, diagnósticos ambientais, gestão de recursos da biodiversidade e conservação e desenvolvimento integrados. Atualmente, é professora de Ciências no ensino fundamental do sistema público e atua em projetos educacionais e de extensão.

Impressão:
Setembro/2021